本书得到国家自然科学基金（"技术并购的门槛效应"，NO：71602127
首都经济贸易大学科研基金2017年度项目资助

中国企业的创新路径

孙忠娟◎著

THE INNOVATION PATH FOR
CHINESE FIRMS

经济管理出版社
ECONOMY & MANAGEMENT PUBLISHING HOUSE

图书在版编目（CIP）数据

中国企业的创新路径/孙忠娟著 . —北京：经济管理出版社，2017.4
ISBN 978 – 7 – 5096 – 4931 – 2

Ⅰ. ①中…　Ⅱ. ①孙…　Ⅲ. ①企业创新—研究—中国　Ⅳ. ①F279.23

中国版本图书馆 CIP 数据核字（2017）第 025207 号

组稿编辑：张永美
责任编辑：梁植睿
责任印制：黄章平
责任校对：赵天宇

出版发行：经济管理出版社
　　　　　（北京市海淀区北蜂窝 8 号中雅大厦 A 座 11 层　100038）
网　　　址：www. E – mp. com. cn
电　　　话：（010）51915602
印　　　刷：北京九州迅驰传媒文化有限公司
经　　　销：新华书店
开　　　本：720mm × 1000mm/16
印　　　张：16.25
字　　　数：283 千字
版　　　次：2017 年 4 月第 1 版　　2017 年 4 月第 1 次印刷
书　　　号：ISBN 978 – 7 – 5096 – 4931 – 2
定　　　价：58.00 元

自　序

　　企业创新路径是政策制定者、企业管理者和学者所共同关注的关乎企业存亡、民族进步的核心问题。因为对于全球经济，创新是生命之源；对于国家，创新是发展的不竭动力；对于企业，创新是生存和发展的灵魂。

　　事实上，近年来，加大内部研发、进行模仿创新、搭建研发合作、购买外部技术、实施技术并购、深化管理学习、提高沟通效率、利用新兴技术手段和借力国家政策等路径成为越来越多的中国企业寻求创新的路径。然而，关于中国企业创新路径的研究一直是充满争议且有待成熟的话题。在不断更新的技术和迅速变化的商业时代环境中，不同创新路径对企业创新的确切影响是什么？在资源有限的前提下，不同创新路径之间应该如何选择？不同创新路径之间的关系如何？

　　本书不仅会回答这些问题，还会为企业管理者、学术研究者和政策制定者带来更多的启示。本书的写作源于我对中国企业技术并购、模仿创新、商业模式创新等领域的浓厚兴趣，并且我已经在这些领域展开了大量的研究工作。对于中国企业的创新路径，我关心的第一个研究问题是中国企业如何通过技术并购获取创新知识和技术，以及其相关的创新能力是如何提升的，这个问题奠定了我对创新路径研究的浓厚兴趣。随后，我开始逐步研究不同创新路径的创新条件、过程、效果以及不同路径之间的关系，包括外部技术购买、研发合作、内部研发、模仿创新、企业内部能力和外部环境对创新的影响路径等。在研究中，我厘清了中国企业创新不同路径之间的关系、各种路径的优缺点和有效性。此外，我在教学工作中涉及了大量的互联网时代的商业模式创新、互联网企业创新战略的案例和相关研究，都有助于我从互联网时代的角度理解中国企业新兴的创新路径。以上内容构成了本书的基本结构和研究范式。

本书包括过去我所发表的部分学术期刊论文的节选和近期我对处于互联网时代中国企业创新过程中所面临的挑战的一些最新研究成果。针对中国创新路径这一主题，我对所有已发表论文和未发表论文进行了系统而全面的整理，并在精心组织的基础上对某些数据进行了更新。我特别感激以下合作者允许将这些已发表论文和未发表论文的全部或部分修订后编辑到本书中。

本书的第二章"技术获取模式影响创新绩效的作用机制"是在与英国海外发展研究院侯俊高级研究员和首都经济贸易大学本科生胡永杰合作的最新的一篇未发表论文的基础上修改而成的。

第三章"中国技术并购企业吸收能力对创新绩效的影响"是在自然科学基金项目和首都经济贸易大学校级项目资助下，对中国企业技术并购（1998～2015年）数据的收集整理，并结合博士学位论文《中国企业技术并购研究》的相关数据而成。

第五章"模仿创新的过程、陷阱、关键成功要素及保障机制"是基于与清华大学谢伟教授合作发表的多篇有关模仿创新的论文总结、修改而成。

第六章"管理学习对技术进步的贡献及影响路径"是在与清华大学张娜娜博士合作的最新的一篇未发表论文的基础上修改而成的。

第七章关于"科技政策的创新效果"是基于与清华大学李纪珍教授和首都经济贸易大学本科生冷建和合作的关于中小企业创新政策的研究课题的部分成果上进一步研究总结形成的文章。

另外，感谢我的学生对本书所采用的部分资料收集和数据收集所做的工作。其中，第八章的材料整理工作由首都经济贸易大学研究生刘丽华完成，第九章的数据收集和材料整理工作由首都经济贸易大学研究生唐士玉完成，第十章的数据收集和材料整理工作由首都经济贸易大学研究生曹晓芳完成，第三章的数据收集和全书部分材料整理工作由首都经济贸易大学本科生冷建和和胡永杰完成。

在这里我要特别向众多给予我无私帮助的老师和组织致以衷心的感谢。自2009年以来，我对中国企业创新的研究一直受到清华大学谢伟教授、牛津大学傅晓岚教授、清华大学李纪珍教授、英国海外发展研究院侯俊高级研究员、首都经济贸易大学柳学信教授、首都经济贸易大学范合君教授等老师的帮助和支持。在此感谢各位专家对我的支持和指导。

另外，还要感谢经济管理出版社的张永美编辑对本书出版的必不可少的支持。感谢首都经济贸易大学工商管理学院在写作工程中对我的支持。感谢国家自然科学基金项目（No：71602127）、首都经济贸易大学校级课题（No：00191654490317 和 No：00191654810107）在写作过程中对数据收集、整理等工作的资助。

最后，很难用言语来表达我对家人的感激。感谢家人给予了我无私的爱和支持。没有他们的理解、支持和帮助，就不会有这本书的问世。尤其感谢姐姐王华芳、爱人杨重阳在此书写作过程中的陪伴。

2016 年 11 月 21 日晚此书完稿，22 日 22 时 22 分我的儿子杨梓灏出生，作为母亲我将此书作为第一份礼物送给他。

孙忠娟于北京大学人民医院

目　录

第一章 导　言

过去的30多年里，中国的经济与工业迅猛发展，成功完成了从以农业为主导的经济向"世界制造工厂"的转变，从小型的低端资源和劳动密集型产品出口国成为工业制成品的主要出口国，中国的经济增长经历了华丽的巨变（Fu，2015）。然而，随着中国因非熟练劳动供给不足而导致的贸易顺差缩水，以及资源和环境的制约对可持续增长的影响越发明显，中国企业不得不开始寻求创新（吴敬琏，2013）。

那么，企业创新路径都有哪些？不同创新路径的有效性如何？不同创新路径之间应该如何选择？不同创新路径组合应用的效果怎样？随着技术更新换代的加快，商业环境的日新月异，创新路径的选择与建设，这些问题成为众多企业在资源约束下的艰难抉择和关乎企业生死存亡的问题。

作为经济发展仍然快速稳定的世界第二大经济体，中国企业的发展和创新能力对全球商业和经济都具有重要的影响。全球产业结构的变化、全球技术走势、全球商业模式都受到中国市场的重大影响。因此，无论是发达国家还是新兴经济体的企业，都在密切关注中国企业的创新和能力提升路径。因此，本书将会对发达国家和其他发展中国家的企业发展具有重要启示意义。

一、企业创新及其路径

创新是一种"不断内生变革经济结构，不断破坏旧的并创造新的产业变革过程"（Schumpeter，1942），它被广泛认为是推动经济长期发展的主要驱动力（Romer，1990），是企业生存和发展的灵魂。一个完整的创新链（innovation chain）既包括新知识的创造，也包括新知识的商业化（Fu，2015）。

本书所指的创新不仅是指新的创新（novel innovations），还包括基于现有思想和技术的传播扩散而产生的创新；不仅包括技术创新，也包括非技术的创新，如新的管理实践和新的运营结构。也就是说，创新不仅是对新的产品、新的生产工艺、新的组织管理方法、新的市场营销方式和新的商业模式的引进或应用，还包括对原产品、原生产工艺、原投入要素的新型组合。

伴随着创新范式从封闭到开放的转变，越来越多的企业通过结合企业内部及外部的创新资源，依靠内部与外部两种通向市场的路径进行创新（Chesbrough，2003）。具体而言，企业创新可能来源于企业内部的努力，如研发活动或企业通过提高管理学习水平所促进的创新；可能来源于企业外部，如从其他组织或该技术使用者那里购买或并购的有用技术和知识；也可能来源于企业内外部之间的合作，如研发合作；还可能来源于外部环境所推动的影响，例如企业创新政策中的资金、技术、人才等支持所实现的企业创新。具体而言，本书所涉及的企业创新路径包括：①内部研发；②技术购买；③研发合作；④模仿创新；⑤并购（跨国并购、技术并购等）；⑥管理学习推动；⑦ICT 改善创新；⑧商业模式驱动；⑨创新政策的供给和需求要素的支持等方面。

内部研发是指在企业实验室内开展的技术研发活动，是企业创新能力积累的源泉，也是企业创新能力中最具影响力的变量。国内外学者探索了研发与创新绩效的关系（Scherer，1965；胡永平，2014；Hu & Jefferson，2004；刘小鲁，2011；尤建新、陈震和邵鲁宁，2011；梁华、张宗益，2011；孙早、宋炜，2012）。然而，随着企业竞争的加剧，越来越多的企业难以通过一种技术获取模式实现创新，多种创新模式的同时采用成为研发投入的一个重要趋势，例如越来越多的企业将本企业一些非核心的工序外包给国内外其他企业进行加工或者生产，越来越多的企业通过外部技术购买提高创新绩效。因此，一部分学者开始探索内部研发、技术购买和研发合作对创新的影响路径及其效果。

技术学习和管理学习是企业和国家积累技术知识与管理知识的两个重要途径，其中，技术学习在经济增长和技术进步中的作用已经得到企业界和学术界的广泛认可。在管理方面的贡献主要体现在经济体的管理水平提升所带来的资源配置效率的提高上（李子奈、鲁传一，2002）。管理创新源于管理学习中知识的积累。

模仿是中国企业产品开发的重要机制之一，对于中国企业完成生存和发展的任务非常关键（谢伟，2006）。本质上讲，模仿与创新是同一个东西，只是二者高度不同而已。创新是率先模仿，是超越式模仿。模仿不是单一式的，模仿的过程是一个学习、研究、消化、与自身实际情况结合的多阶段序贯连接的过程，是一个很复杂的系统工程。一个企业的发展首先要去学习、模仿，在学习（模仿）的过程中根据自己和市场的特点，再进行创新，即模仿是基础性学习，而创新则是模仿的升华。到 20 世纪 70 年代，日本、韩国等国的中小企业纷纷模仿欧美企业取得巨大成功，从此，模仿作为一种重要的企业战略得到了学者越来越多的关注。

ICT（Information & Communication Technology）是一组用于创建、存储、检索、排序、过滤、发布和共享信息无缝连接和管理的技术工具和资源，能够大幅度提高生产、渠道和分销的效率收益（Blurton，1999），是 IT（信息业）与 CT（通信业）两种服务的结合和交融（王文剑，2007）。在信息通信技术成为当前信息化、网络化时代最鲜明的企业生存技术的背景下，ICT 的发展和应用不仅提高了信息效率效应和信息协同效应（Dewett & Jones，2001），而且降低了企业的内部生产成本和市场交易费用（Afuah，2003），影响了企业边界（Clemons & Row，1992；Earle，Pagano & Lesi，2006）和企业组织管理模式，改变了时空制约，致使空间破碎化，增加"多任务"现象，从而改变了企业的创新行为。

技术并购是并购企业通过并购标的企业以提高其自身技术能力的一种战略性并购活动，旨在获取能够使企业获得具有竞争优势的、有价值的、稀缺且难以模仿的战略性能力。在商业实践中，技术并购正在成为获取外部技术的重要学习模式，也是企业获得技术并提升能力的重要方式。根据本研究统计，1998 ~ 2015

年中国企业的技术并购事件达到 9370 例，其中 87% 的技术并购发生在制造业。大量技术并购促进了中国企业的创新和技术商业化。

商业模式概念的兴起得益于 20 世纪 90 年代互联网经济的蓬勃发展。它从全新的角度来分析企业，是一个正在形成和发展中的理论体系。商业模式的定义主要有财务视角（Stewart et al. , 2000；Hawkins, 2001；Rappa et al. , 2002）、运营视角（Timmers, 1998；Applegate, 2001；Magretta, 2002）、营销视角和战略视角（Magretta, 2002）。本质上讲，商业模式是企业的价值创造逻辑。总结来说，商业驱动企业的技术创新、产品/服务创新和营销创新三个维度，典型商业模式驱动的创新战略主要包括四类："微创新（micro – innovation）"、逆向创新、整合式创新和生态系统创新。

二、学术文献

中国企业在创新和创新路径方面的经验，是经济学、管理学和商业实践领域共同关注的焦点。这方面的学术文献大致可分为以下四类。

第一类是研究中国企业的创新源泉，包括研发与创新（Scherer, 1965；胡永平, 2014；Jefferson et al. , 2004；刘小鲁, 2011；尤建新、陈震和邵鲁宁, 2011；梁华、张宗益, 2011；孙早、宋炜, 2012）、研发合作与创新（Nieto & Santamar, 2007；Caloghirou, Kastelli & Tsakanikas, 2004；张中元, 2015；陈轩瑾, 2015）、技术并购与创新（Cohen & Levin, 1990；Ahuja & Katila, 2001；Ranft & Lord, 2002；Cloodt et al. , 2006；孙忠娟、谢伟, 2010, 2011, 2012；孙忠娟, 2010；Sun et al. , 2014）和模仿与创新（Levitt & March, 1988；Huber, 1991；年志远, 2004；彭灿, 2003；孙忠娟等, 2011），这些研究分别探讨了不同创新源泉对企业创新的影响。

第二类是探索不同创新路径之间关系的研究。例如 Chnag 和 Robin（2006），Cassiman 和 Veugelers（2006），李琳（2009）等学者探讨了技术购买和内部研发的关系；Pisanos（1990）、严焰和池仁勇（2013）等验证了内部研发和研发合作之间的关系。

第三类研究是基于当前互联网经济背景下，企业内部结构变化对创新的影响。例如，商业模式与创新（Sosna，2010；Chesbrough，2002；Hamel，2000；Osterwalder，2005）、互联网企业创新战略与创新（Wu，Guo & Shi，2013；Clive & Joyce，2015；Chiara & Maria，2016；Nham，Nguyen & Pham，2016；刘建刚、钱玺娇，2016；李红，2016）、ICT与创新（Schwanen et al.，2008；Couclelis，2004；Kenyon & Lyons，2007；Earle，Pagano & Lesi，2006；Afuah，2003；Dewett & Jones，2001）。

第四类是企业外部环境引起内部结构变化从而促进创新的研究。例如创新政策对需求（如开拓国内、国外市场）、供给（如技术、财政资源）、环境（如创新的资源、环境、协调等）三方面的作用常常会影响企业的创新效果（相关研究有 Rothwell & Zegveid，1981；伍蓓、陈劲等，2007）。

以上这些研究对于中国企业的创新路径和技术能力的升级提供了有益的见解。然而，这些研究都是基于某一个视角驱动企业创新的研究，或者是基于一个特定行业、特定类型的创新，并没有从整体上思考中国企业创新路径的有效性、权衡选择与演进。中国企业通过什么样的路径实现创新，中国企业怎样选择不同创新路径，中国企业如何结合创新的内外部资源形成具有竞争力的创新路径组合，中国企业在面临新兴互联网经济环境时又将如何选择创新路径，这一系列问题有待我们进一步深化研究。

三、本书的研究目的和结构

本书的研究目的在于通过对中国企业创新路径的系统、全面且严谨的研究，全面提升中国企业的创新水平。本书的研究基于创新理论、企业管理理论、科技政策理论和应用经济学相关理论，应用现代管理学的实证方法和规范的案例研究深入分析代表性行业的领先公司。本书是以文献整理、二手数据收集和企业调查数据为基础解释中国企业创新路径的选择、有效性、创新机制和不同路径之间的关系等问题。

本书实现了三个方面的结合：第一，本书不仅探讨了传统的创新路径，例如内部研发、模仿创新、合作研发和技术并购等方式，还探讨了在新兴互联网经济背景下，ICT 驱动、商业模式驱动企业创新的路径和互联网企业的创新路径。第二，本书不仅探讨了单个创新路径的模式、有效性，还综合性地分析了不同创新路径之间的关系、不同路径组合的有效性。第三，本书不仅研究了企业的具体创新路径，还探讨了企业内部的管理学习能力、通信效率和企业外部创新政策环境对企业创新的影响路径，实现了基于企业运营的全视角的创新路径的研究。

本书分为三个部分，第一部分总结了中国企业传统创新路径的创新效果及其不同创新路径组合之间的关系；第二部分分析了企业内部管理能力和外部政策环境对创新的影响；第三部分基于互联网经济背景，探索 ICT、商业模式和互联网企业与创新问题。

第一部分包括五章内容。第一章是导言部分。第二章基于 2012 年世界银行关于中国 25 个主要城市有关新产品和流程创新，研发活动的企业层面数据，分别采用 Tobit 和 Probit 回归分析不同技术获取模式及其相互关系对创新密度和创新可能性的影响。研究发现：①作为最重要的创新来源之一，内部研发部门通过直接提高创新绩效来推动中国企业的产品和过程创新；②企业内部研发与研发合作对创新的影响表现为替代性，而与技术外部购买对创新的影响表现为互补性；③研发合作和技术外部购买二者的相互关系只有结合内部研发时才显著。

第三章的研究目的是界定中国技术并购企业吸收能力对创新绩效的影响。本章根据泊松回归，分别从总体均值上和序列年值上验证吸收能力与技术并购绩效的关系。结果表明，整体均值上，企业累积的吸收能力与技术并购创新绩效正相关；序列年值上，年吸收能力与技术并购创新绩效无显著正向影响。本章的贡献主要有两点：①揭示了吸收能力累积与技术并购绩效具有高度的正相关关系；②提出的管理启示有助于中国企业实施未来的技术并购活动。

第四章的研究目标是基于案例分析，探索中国跨国企业国际化进程中跨国并购的学习路径和企业能力提升问题。本章以联想集团为典型案例，通过对联想集团的国际化经历、跨国并购效果的分析，总结出联想在跨国并购中的学习路径及其能力累积机制。具体研究发现包括：①跨国并购的学习路径主要有获取、并购后整合和内化三种。其中，获取是通过跨国并购获取研发团队和全球化品牌，整合是通过并购后整合实现内外部资源对接，而内化则通过构建海外研发中心实现知识深化累积和商业化。②提出三种学习路径、两个学习阶段和两个能力累积阶段的系统性学习与企业能力累积模型，即三种学习路径分为两个阶段，分别是以直接获取和并购后整合学习为路径的学习阶段和以设立海外研发中心为路径的内化学习路径阶段，企业能力累积也相应地分为能力追赶阶段和能力超越两个阶段。

第五章的研究目标是探索模仿创新的过程、陷阱、关键成功要素及保障机制。模仿广泛存在于现实中，不仅是重要的学习机制之一，而且是重要的创新机制之一。然而，对模仿的研究还比较脆弱，很少有学者关注模仿的相关研究。本章基于软件、建材、家居、照明和制药五个行业进行多案例研究，首先总结了企业模仿的动力来源、发生方式、信息来源和实施过程，其次运用理论与实践、现状与问题的双重对比分析，总结企业模仿的陷阱，最后基于模仿的过程研究、陷阱，提出模仿创新的关键成功要素及保障机制。

第二部分包括两章内容，主要分析了中国企业的内部管理水平与外部供给、需求和环境政策因素对企业创新的影响路径。第六章基于 1978～2013 年宏观经济数据的实证研究与企业微观行为路径的研究，探索了管理学习对技术进步的贡献与路径。研究结果表明，管理学习不但在中国经济增长中发挥了重要作用，其对中国社会的技术进步也具有重大贡献。另外，研究从微观层面探讨了管理学习对企业技术进步的促进机制。具体而言，管理学习对企业技术进步的作用机制主要体现为两种方式：第一种是技术轨道内的进步。企业通过管理学习，运用科学的知识管理手段对企业技术学习中的知识进行管理，从而提高企业的学习效率；或是企业通过管理学习，形成科学的管理体系，进而对企业的一些非技术要素进行科学化的组织与管理，从而有效地降低了一些源于管理方式落后而产生的学习成本。在上述两种情况下，企业开展现有技术轨道下的技术学习，其技术进步体现为原技术轨道内的进步。第二种作用机制体现为轨道跨越式的技术进步。企业通过管理学习，不仅能够有效地对企业内的技术要素与非技术要素进行整合，而且能够对企业内外部的资源进行有效的利用，进而开展系统性的创新，推动企业发现新的技术机会，发现现有技术轨道外的其他轨道。

第七章源于"供给侧改革"在中国广泛应用的思考，从理论上度量供给面、需求面和环境面政策的工具及衡量指标，并根据中小企业创新政策的实证分析界定供给面、需求面和环境面创新政策的效果区别。研究发现，在创新政策显著的背景下，环境面和供给面政策的创新弱于需求面政策的创新效果，间接创新显著高于中值。可见，技术创新的成功与否，需要创新供给面、创新产品的需求面和创新环境面的共同作用。因此，有必要在制定政策的时候，强调供给面、需求面与环境面的协调运用，激发创新需求，结合知识或技术与市场，用商业价值提高创新动力，实现创新政策供给面、环境面和需求面的有机结合，并在不同的创新方面强调不同的作用面。

第三部分包括三章，主要介绍在互联网经济背景下，中国企业的创新路径、创新战略与创新的关键影响因素。第八章的研究目标是探索ICT对企业创新路径的影响机制。研究首先梳理ICT定义及其对创新的重要作用，包括ICT在农村金融服务、生产性服务、交通运输、教育、节能减排、国家创新系统、农业、旅游业和电子商务等应用领域创新方面的重要影响。其次，厘清ICT对创新的影响方式，包括改变时空制约、破碎化视角、"多任务"、降低交易费用、改变企业边界、信息效率效应和信息协同效应等方面。最后，综合分析ICT基于自身的影响方式对"创新的主要路径"（内部研发、合作研发、模仿创新、技术并购）的作用机制。

第九章立足"互联网+"背景，系统分析"互联网典型商业模式对新兴制造企业创新战略的影响"。基于手机制造企业的多案例研究，本章发现存在于新兴制造企业中典型商业模式与其创新战略之间的关系，在新兴的手机制造企业中，消费者导向的商业模式和长尾商业模式倾向于采用逆创新和微创新战略，平台商业模式倾向于采用生态系统创新，跨界商业模式倾向于采用整合式创新。

第十章基于互联网经济背景、互联网企业创新活动特征和表现，以互联网经济理论为支撑，探索互联网企业创新机制。通过文献回顾、互联网经济理论的梳理及多个互联网企业的案例分析，对互联网企业创新活动、创新表现和创新影响因素进行系统归纳，得出如下结论：①影响互联网企业创新的因素可归结为消费者导向、知识网络、研发水平、商业模式、企业战略、行业地位、企业控制权和管理水平八大方面；②互联网企业创新主要由四个维度组成，分别是商业模式创新、技术创新、营销创新和管理创新；③互联网企业创新机制由互联网企业四个维度的创新影响因素组成，四个维度的创新影响因素在相互影响和各自影响作用下，通过对不同创新维度的影响，推动企业创新，即互联网企业创新机制为多维度创新子系统协同创新机制。研究结果有助于政府采取相应的政策措施，引导和鼓励互联网企业的创新活动，有助于互联网企业进行自我定位和纵向比较，为互联网企业创新发展提供经验和理论依据。

第二章 技术获取模式影响创新绩效的作用机制

——基于中国企业数据的实证研究

基于 2012 年的世界银行关于中国 25 个主要城市有关新产品和流程创新、研发活动的企业层面数据，分别采用 Tobit 回归和 Probit 回归方法分析不同技术获取模式及其相互关系对创新密度和创新可能性的影响。研究发现：①作为最重要的创新来源之一，内部研发部门通过直接提高创新绩效来推动中国企业的产品和过程创新。②企业内部研发与研发合作对创新的影响表现为替代性，而与技术外部购买对创新的影响表现为互补性。③研发合作和技术外部购买二者的相互关系只有结合内部研发时才显著。研发对创新体系研究和中国企业技术获取方式的实践选择具有重要意义。

一、引言

研究与开发（Research & Development，R&D）、研发合作、技术购买在企业的创新过程中是至关重要的技术获取模式，也是形成企业核心竞争力的重要途径。其中，R&D 被认为是影响企业创新能力、衡量企业创新性能力的一个重要指标，大部分研究结果显示，R&D 投入与企业创新绩效显著正相关（程宏伟、张永海和常勇，2006；Ehie & Olibe，2010；Beneito，2003；何庆丰、陈武和王学军，2009；张小蒂、王中兴，2008）。另外，一些学者通过研究也论述了企业外包（张中元，2015）和技术购买（Berchicci，2012；冯锋、张雷勇和高牟等，

2011）对创新的积极影响。

随着企业竞争的加剧，越来越多的企业难以通过一种技术获取模式实现创新，多种创新模式的同时采用成为研发投入的一个重要趋势。针对这种现象，部分学者开始探讨不同技术源泉之间的关系以及它们对企业创新绩效的影响，但是结论却相差甚远。例如 Aggarwal（2000）基于印度企业数据的研究发现，技术引进对印度国内的企业研发投入呈现负面的影响，李正卫和池仁勇（2010）通过建立在浙江高技术问卷调查的数据研究之上认为：体现性技术的引进对企业的自主创新呈现出负面影响。

然而，部分学者却持相反的研究结论，例如陈启斐、王晶晶和岳中刚（2015），王燕妮和张永安（2013），徐欣（2013）的研究则认为在技术外包和技术引进两种不同的模式中，技术引进在中国企业对发达国家的技术赶超方面扮演着重要的角色，而且技术引进离不开企业对内外部技术创新的协调。

基于实践需求和理论争论，本章创新性地探讨不同企业技术获取模式的相互作用对企业创新绩效的影响。研究对进一步明确 R&D 投入、技术购买、研发合作之间的关系及其对创新绩效的作用机理具有重要理论意义，对企业创新路径的选择具有重要的指导意义。同时，研究以中国企业为研究对象展开实证研究，研究成果能够为我国企业提升技术创新绩效提供参考和建议。

本章的主要框架主要由五部分组成。第一部分是引言部分，提出研究背景和问题。第二部分是文献综述与假设提出。第三部分是方法论介绍，包括模型的设定、数据获取和变量度量等。第四部分是实证分析，通过描述性分析和回归结果分析，对假设进行验证，本部分也是本章的核心部分。第五部分是结论与讨论，指出研究的关键结论、贡献及不足之处。

二、文献综述与假设提出

（一）研发与创新

内部 R&D 是指在企业实验室内开展的技术研发活动，是企业创新能力积累的源泉，也是企业创新能力中最具影响力的变量。国内外实证研究大多表明，内部 R&D 与创新绩效正相关（胡永平，2014）。Scherer（1965）以美国 500 强企业为样本最早探讨了企业 R&D 对产业创新绩效的影响，发现企业 R&D 可显著地提升产业创新绩效。此后，Griliches 和 Hsieh（1980）等学者以美国企业为样本的研究均显示，企业 R&D 对创新绩效有显著的正影响。Griffith 等（2000）基于 12 个 OECD 国家的研究也发现了技术研发对企业技术创新水平的积极影响。类似地，Jefferson 等（2004），刘小鲁（2011），尤建新、陈震和邵鲁宁（2011），梁华和张宗益（2011），孙早和宋炜（2012）等基于中国企业数据的研究表明 R&D 对创新绩效的积极影响。

据此，本章提出假设：

H2 - 1：R&D 对企业创新具有积极影响。

（二）内部研发、外包与创新

随着经济全球化的深入发展，越来越多的企业将本企业一些非核心的工序外包给国内外其他企业进行加工或者生产。然而，技术、研发和工序外包对企业创新的影响却成为学术界研究的一大争论。

部分学者通过研究论述了企业外包带来的积极影响。例如张中元（2015）通过建立内生增长理论模型，说明技术研发外包活动会促进企业产品创新，又根据多层混合效应 Logistic 模型，验证企业研发外包会显著提高该企业引入新产品的概率5.6 倍；来自市场的竞争也会使得企业引进新产品的可能性提高40% ~ 50%，提高企业竞争力，但随着竞争越发激烈，研发外包企业通过外包提高新产品引进的促进效应却逐渐降低。陈轩瑾（2015）利用世界银行营商环境调查对中国企业的问卷调查，验证外包对中国制造业企业研发创新行为的积极影响。

然而，一部分学者却认为企业间研发合作、竞争者之间的研发合作（Nieto & Santamar，2007）以及和研发机构的研发合作（Caloghirou，Kastelli & Tsakanikas，2004）实践的失败率非常高，研发合作不利于企业创新。

实际上，研发合作对创新的负面影响主要体现在以下几个方面：

（1）管理失控。因接包商是企业外部独立运作的实体，双方是合作伙伴关系而不是隶属关系，如发包商高层管理人员无法对外包的内容和进度进行掌控，必将对业务失去控制（汪应洛，2007）。

（2）技术失控。一方面，当企业将所有的技术创新活动外包，尤其是具有前瞻性的技术外包，很可能导致企业失去自身的核心竞争力和构建未来核心竞争力的机会，从而错失技术追赶和技术转换的机会；另一方面，企业过多地利用外部技术资源，很可能形成对外部技术的过度依赖，影响企业内部研发部门的战略地位和在关键技术上受制于合作伙伴的尴尬（陈钰芬、陈劲，2004）。

（3）知识与技术的流失。委托方企业在研发外包时面临的另一个重要风险是机密外泄，包括研发战略、关键技术专利、技术合作模式等（方厚政，2005）。这种外泄，很可能是在供应商掌握企业的核心技术后，转为自主开发或直接向竞争对手出售相关信息（苏敬勤、孙大鹏，2006）。

（4）隐藏成本。研发外包企业常常忽视长期的、隐藏成本。例如对供应商的管理与监控成本、转换成本和环境动荡性成本（蒋为、陈轩瑾，2015）。其中，供应商管理与监控成本主要指企业投入研发外包管理的人力资源和运作成本。转换成本主要是培育、发展和完善供应商技术能力和研发能力的成本（汪应洛，2007）。另外，搜寻和选择合作伙伴，配置各种附加资源，协调和管理合作成员的研发活动也会产生高额交易成本，降低外部创新活动的收益，甚至会对企业带来组织结构调整的挑战（Gulati & Singh，1998）。

据此，本章提出假设：

H2 - 2：研发合作不利于企业创新。

（三）内部研发、研发合作与创新

很多学者认为，内部研发和研发合作常常是替代关系。Pisanos（1990）认为外部技术中可以作为内部技术研发所用的技术可以视作内部研发的代替。Love 和 Roper（1999）通过三步程序法验证了内部研发和外部研发之间更多的是替代作用而非互补作用。该研究还发现，进行外部研发活动和同时在企业设立研发机构会提高企业的创新绩效，但是研发合作对企业的创新绩效并没有任何显著的影响。近年来，中国学者也发现了相同的结论，例如严焰、池仁勇（2013）基于浙江高技术企业调查问卷数据的分组回归，发现企业 R&D 投入与创新绩效显著正相关；以自主研发作为企业主要技术来源，以及以购买技术资料或专利作为引进国外技术的主要方式，对企业 R&D 投入与创新绩效的关系起正向调节作用；以研发合作为主要技术来源，以及以购买设备、购买样品、聘请国外技术人员等为引进国外技术主要方式，对企业 R&D 投入与创新绩效的关系起反向调节作用。

实际上，企业内部研发与研发合作的替代作用可以从以下几个方面发现：①企业的资源有限性，企业在研发投入的财务、人力、物力方面都是有限的，因此，二者之间在投入上是替代的。②创新成果的出现也会产生潜在的替代性，当企业依据研发合作实现创新时，创新技术的累积与内部技术研发的累积程度、方式都有所不同，长期上，会影响内部研发的潜力。③企业技术获取模式常常会形成路径依赖，基于"取长补短"、依靠研发合作实现创新的企业很少去关注弥补自己的"短处"，久而久之，形成内部研发在某方面的短板。

据此，本章提出假设：

H2 - 3：内部研发、研发合作之间常常表现为替代关系。

（四）内部研发、技术购买与创新

随着技术的进一步提高和研究的逐渐深入，我们企业越来越依赖外部技术的获取。然而大部分学者都认为通过获取外部技术可以提高企业的创新绩效，但随着获取的技术超过一定量以后就会降低企业的创新绩效（张米尔、田丹，2009；Luca Berchicci，2012），原因很可能是企业随着发展内部技术知识存量的逐渐增加，研发边界的开放会导致机会成本的增加，对企业的创新绩效的负面影响会趋近明显（Berchicci，2012）。因此，技术购买对创新的影响可以结合内部研发进行讨论。

很多学者论证了技术购买和内部研发之间的互补关系（Chnag & Robin，2006；Cassiman & Veugelers，2006；李琳，2006）。其中，Chang 和 Robin（2006）通过技术引进在中国台湾地区的运用研究认为技术的引进和自主创新具有很好的互补促进作用。Cassiman 和 Veugelers（2006）通过研究发现企业特征在外部技术获取和自主研究创新存在互补关系方面扮演着重要的角色。李磊（2007）利用 1998 ~ 2003 年上海市大中型工业企业的一个面板数据发现，从事研发活动的企业明显更倾向于引进技术，技术引进行为对其 R&D 投入规模也有显著的促进作用，即技术引进对技术研发投入之间存在着促进作用，是一个良性互动。

可见，技术购买和内部研发的互补关系在基于韩国（典型的通过外部技术获取提升技术能力的案例，参见李琳，2009）、中国台湾（Chang & Robin，2006）、中国上海（李磊，2007）和中国制造企业（毕克新、杨朝均和艾明晔，2012）等数据中都已经得到证实。

实际上，技术购买和内部研发的互补关系一方面是因为外部技术的引进和模仿可以减少自主研发的成本，减少企业在技术研发面的高投入；另一方面，外部技术的引进和溢出效应可以帮助企业在短时间内缩小与技术发达企业的差距，并通过消化、吸收，为长期内实现技术升级奠定基础，甚至在一定程度上可以提高企业的核心竞争力和技术创新能力。

因此，本章提出假设：

H2－4：技术购买与内部研发之间存在互补性。

三、方法论

（一）模型设定

本章基于产品和过程创新两个方面来衡量创新。创新的绩效可以被技术获取模式及其相关关系和企业特征（规模、行业和区域范围）等因素解释。考虑到被解释变量的有偏性，接下来的模型将采用 Tobit 回归和 Probit 回归。

$$PD_i^* = A + \beta_{df}Firmspecifics + \beta_{ds}Size_i + \beta_{dc}City_i + \beta_{di}Industry + \varepsilon_i \tag{2-1}$$

$$PD_i = \begin{cases} PD_i^*, & \text{if } PD_i > 0 \\ 0, & \text{otherwise} \end{cases}$$

$$PC_i^* = A + \beta_{cf}Firmspecifics + \beta_{cs}Size_i + \beta_{cc}City_i + \beta_{ci}Industry + k_i \tag{2-2}$$

$$PC_i = \begin{cases} PC_i^*, & \text{if } PC_i > 0 \\ 0, & \text{otherwise} \end{cases}$$

$$A = \delta_1 x_1 + \delta_2 x_2 + \delta_3 x_3 + \delta_{12} x_1 x_2 + \delta_{13} x_1 x_3 + \delta_{23} x_2 x_3 + \delta_{123} x_1 x_2 x_3 \tag{2-3}$$

其中方程（2－1）中的因变量 PD_i 表示产品创新，定义为新产品的开发，已建立产品的设计变化或在已有产品的制造中使用新材料或组件。方程（2－2）中的 PC_i 表示过程创新，指的是实现传统上以不同方式完成的输出的新方法（由于使用新技术、设备等)。PD_i 和 PC_i 分别通过产品创新和过程创新的销售百分比来衡量,它们都是连续变量和对数。产品和过程创新共享同一组决定因素。

在上述三个方程中,A 包括的变量为技术获取模式和不同模式之间的关系。x_1 代表内部研发,x_2 代表外部技术采购,x_3 则代表研发合作;α 和 β 则是要估计的系数的向量(关于变量的详细定义如表 2 – 1 所示);ε_i 和 k_i 是扰动项。

(二) 数据和变量

本章所采用的分析数据来自 2012 年的世界银行关于中国公司层面的数据,即投资气候调查(ICS),主题涉及范围广泛,包括基础设施、经济绩效和投资环境。该调查收集了中国 25 个主要城市的信息,包括有关新产品和流程创新、研发活动的信息。

ICS 定义的创新为基于技术新知识,并以新的(或显著改进的)产品或服务(产品创新)或新过程(过程创新)的形式成功实施。然而,值得注意的是,创新可以是仅对相应公司而言是新的或显著改进的技术,不一定是市场上的新发明。表 2 – 1 定义了所有变量,也显示了相应的汇总统计。在清除了缺失值后,我们的最终样本为 1418 家公司。

表 2 – 1 变量信息

变量(符号)	定义	中值	偏差	最小值	最大值
被解释变量					
创新可能性(Inno)	是否有新产品或过程创新,01 变量	0.69	0.46	0	1
产品创新可能性(Product Inno)	是否有新产品创新,01 变量	0.44	0.50	0	1
过程创新可能性(Process Inno)	是否有新过程创新,01 变量	0.65	0.48	0	1
产品创新密度(Product Inno)	新产品导致的创新占比	0.11	0.17	0	1
过程创新密度(Process Inno)	过程创新导致的创新占比	0.14	0.17	0	1
解释变量					
内部研发(R&D)	研发支出总额	1.65	12.18	0	30
技术购买(Tech Buy)	技术购买总额	0.69	16.10	0	1
研发合作(R&D Contract)	研发外包总额	5.92	136.04	0	1

变量（符号）	定义	中值	偏差	最小值	最大值
控制变量					
外资比例（Foreign%）	外资产权比例	4.94	19.16	0	100
国有比例（SOE%）	国有产权占比	5.08	20.64	0	100
出口（Export）	直接出口销售比例	0.09	0.22	0	1
企业年龄（Age）	企业年龄对数	2.44	0.52	0	4.83
企业规模（Scale）	员工总数的对数	4.44	1.30	1.61	10.31

在模型中，被解释变量包括创新可能性、产品创新可能性、过程创新可能性、产品创新密度和过程创新密度。其中，创新可能性、产品创新可能性、过程创新可能性都是 01 变量，分别由是否有新产品或过程创新、是否有新产品创新、是否有新过程创新度量。产品创新密度和过程创新密度分别由新产品导致的创新占比和过程创新导致的创新占比度量。

解释变量包括内部研发、技术采购和研发合作。内部研发投资包括与研究和开发相关的资本、人工和设计成本。公司加强其技术专长的另一种方式是从国内或国际供应商外部购买技术。技术购买在调查表中定义为企业花费在外部购买技术的金额。研发合作则由研发外包总额度量。

除了假设部分确定的一系列因素来解释创新绩效，我们还控制可能影响企业竞争力和技术能力的几个变量。外资企业通常资本强度较高，人力资本质量高，管理效率高。许多以前的研究表明，外国公司比国内公司更有生产力和创新（Kimura & Kiyota，2007）。相反，国有企业的特点通常是冗员和管理效率低下。它们不太积极地参与创新，因为地方政府对它们的生产和利润负全部责任（Acquaah，2005）。因此，我们预计外资企业对创新的影响是正面的，而国有企业的创新影响将是负面的。

另外，出口活动很可能会促进经济增长并提高相关企业的生产率（Bhagwati，1988），因为参与出口的公司面临国际市场的激烈竞争，创新压力也会更大。因此，它倾向于增强其效率，我们预期积极的创新效应（Wagner，2012）。企业规模通过员工人数的平均值来衡量，以 2013 年底的员工总数对数进行衡量，因为一些关于大公司往往因为有足够的创新资源是创新的，而小公司更灵活。年龄的度量为自企业开始生产以来到 2013 年的历史年份的对数。年轻公司预计更加动态并灵活地进行变革（Katrak，1997），因此预期企业年龄会产生负面影响。工业和区域效应设置为相应的虚拟变量。

四、回归分析

表 2 - 2 展示了 Probit 回归结果，M2 - 1、M2 - 2 和 M2 - 3 分别表示以创新可能性、产品创新可能性和过程创新可能性为被解释变量的模型。

表 2 - 2 **Probit 回归结果（创新的可能性）**

变量	M2 - 1 创新	M2 - 2 产品创新	M2 - 3 过程创新
R&D	0. 091 *** (0. 028)	0. 072 *** (0. 017)	0. 052 ** (0. 023)
R&D Contract	- 0. 112 *** (0. 040)	- 0. 033 (0. 022)	- 0. 035 *** (0. 013)
Tech Buy	0. 009 (0. 010)	- 0. 001 (0. 004)	0. 014 (0. 010)
Foreign %	0. 002 (0. 002)	0. 001 (0. 002)	0. 002 (0. 002)
SOE %	- 0. 014 *** (0. 003)	- 0. 008 *** (0. 003)	- 0. 013 *** (0. 003)
Export	0. 287 (0. 194)	0. 252 (0. 184)	0. 381 ** (0. 189)
Age	- 0. 005 (0. 083)	- 0. 104 (0. 079)	- 0. 003 (0. 081)
Scale	0. 146 *** (0. 037)	0. 188 *** (0. 035)	0. 144 *** (0. 036)

续表

变量	M2 – 1 创新	M2 – 2 产品创新	M2 – 3 过程创新
Constant	– 0. 554 (0. 498)	– 1. 399 *** (0. 507)	– 0. 908 * (0. 494)
Observations	1418	1418	1418

注：*** p < 0. 01，** p < 0. 05，* p < 0. 1。括号中数字代表标准误。

结果显示：①不管是对于产品创新还是工艺创新，研发都是必要的投入，并且直接影响企业创新成功与否，H2 – 1 得证；②研发合作与企业创新成功率负相关，研发合作越多，企业创新就越困难，但结果只限于过程创新，H2 – 2 部分得证；③技术购买无论对过程创新和产品创新都没有显著影响，这很可能是需要结合内部研发与技术购买来探讨其对创新的影响；④从控制变量上看，企业规模和国有产权占比分别对企业创新具有正负向影响。

表 2 – 3 展示了 Tobit 回归结果，M2 – 4 至 M2 – 7 分别表示以新产品创新销售额、新过程创新营业额、新产品创新销售额和新过程创新营业额为被解释变量的模型。M2 – 6 和 M2 – 7 分别加入交叉项。

表 2 –3   Tobit 回归结果（创新密度）

变量	M2 – 4 新产品创新销售额	M2 – 5 新过程创新营业额	M2 – 6 新产品创新销售额	M2 – 7 新过程创新营业额
R&D	0. 002 ** (0. 001)	0. 002 *** (0. 001)	0. 005 *** (0. 001)	0. 003 ** (0. 001)
R&D Contract	– 0. 002 ** (0. 001)	– 0. 001 *** (0. 001)	0. 007 (0. 009)	0. 009 (0. 007)
Tech Buy	– 1. 19e – 04 (1. 67e – 04)	3. 56e – 04 (4. 41e – 05)	– 1. 18e – 04 (1. 7e – 04)	3. 57e – 05 (4. 39e – 05)
R&D × R&D Contract			– 3. 28e – 04 *** (1. 20e – 04)	– 2. 37e – 04 ** (9. 83e – 05)

续表

变量	M 2 - 4 新产品创新销售额	M2 - 5 新过程创新营业额	M2 - 6 新产品创新销售额	M2 - 7 新过程创新营业额
R&D × Tech Buy			1.73e - 05	4.39e - 05 **
			(2.34 - e05)	(1.94e - 05)
R&D Contract × Tech Buy			- 8.8e - 05	- 4.18e - 04
			(3.63e - 04)	(3.12e - 04)
R&D × R&D Contract × Tech Buy			1.25e - 06	1.99e - 06 **
			(1.12e - 06)	(9.48e - 07)
Foreign %	3.94e - 04	2.46e - 04	4.03e - 04	2.43e - 04
	(4.45e - 04)	(4.83e - 04)	(4.43e - 04)	(3.32e - 04)
SOE %	- 0.002 ***	- 0.002 ***	- 0.002 **	- 0.002 ***
	(0.001)	(0.000)	(0.001)	(0.000)
Export	0.044	0.074 **	0.041	0.075 **
	(0.041)	(0.030)	(0.040)	(0.030)
Age	- 0.027	- 0.005	- 0.027	- 0.006
	(0.017)	(0.013)	(0.017)	(0.013)
Scale	0.041 ***	0.025 ***	0.038 ***	0.023 ***
	(0.007)	(0.005)	(0.007)	(0.006)
Constant	- 0.138	- 0.119	- 0.150	- 0.114
	(0.109)	(0.082)	(0.110)	(0.082)
sigma	0.264 ***	0.215 ***	0.262 ***	0.214 ***
	(0.008)	(0.005)	(0.008)	(0.005)
Observations	1418	1418	1418	1418

注: *** $p < 0.01$, ** $p < 0.05$, * $p < 0.1$。括号中数字代表标准误。

根据综合模型 M2 - 6 和 M2 - 7 的结果，研究发现：

（1）变量内部研发与研发合作的交叉项对产品创新和过程创新的影响都是负向、显著的，即企业内部研发与外包研发之间的关系为替代关系，即 H2 - 3 得证。

（2）变量内部研发与技术外部购买的交叉项对过程创新的影响都是正向、显著的，即在过程创新中，企业内部研发与技术外部购买的关系为互补关系。尽管在产品创新中，企业内部研发与技术外部购买的互补关系并不显著，但是也表现出了互补倾向（系数为正）。也就是说，H2－4 得证，即研发投入的增加能有效提高技术购买的创新效益，同时技术购买力度增加也会提高研发的创新产出边际效应。

（3）研发合作和技术外部购买交叉项对产品创新和过程创新都没有显著影响，这很可能说明无论是研发合作还是技术购买都需要结合内部研发才能发挥影响，而单独的两种外部技术获取方式是很难对创新产生影响的。

（4）内部研发、研发合作和技术外部购买交叉项（R&D × R&D Contract × Tech Import）对企业创新的影响是难以界定的，这点在 M2－6 和 M2－7 的不同结果方面就可以看出。

（5）从控制变量上看，企业规模和国有产权占比分别对企业创新仍然具有正负向影响。

五、结论与讨论

（一）结论

基于 2012 年的世界银行关于中国 25 个主要城市有关新产品和流程创新、研发活动的企业层面数据，分别采用 Tobit 回归和 Probit 回归以创新密度和创新可能性为因变量进行回归分析。研究发现：

（1）作为最重要的创新来源之一，内部研发通过直接提高创新绩效来推动中国企业的创新，无论产品或过程创新如何。表 2－2 显示，不管是对于产品创新还是工艺创新，研发都是必要的投入，并且直接影响企业创新成功与否，H2－1得证，而且与外部采购技术和研发合作相比，积极采用内部研发令企业更有可能成为创新者。同时，在表 2－3 中，可以发现内部研发对创新的影响也明显强于技术购买和研发合作，即内部研发更有助于公司通过产品和过程创新实现更高的销售额。

（2）研发合作不利于企业创新可能性和创新密度。表 2－2 显示，企业外部研发合作越多，企业过程创新就越困难。表 2 - 3 则进一步显示了研发合作对新产品创新销售额和新过程创新营业额的负向、显著影响，进一步证实了 H2 - 2，即研发合作对创新的消极影响。研发合作对创新的负向影响很可能是源于管理失控、技术失控、知识与技术的流失和隐藏成本等原因。

（3）企业内部研发与研发合作之间的关系为替代关系。表 2 - 2 显示，研发合作的交叉项对产品创新和过程创新可能性的影响都是负向、显著的。表 2 - 3 则进一步显示了变量内部研发与研发合作的交叉项对产品创新和过程创新销售额的影响都是负向、显著的，证实了 H2 - 3，即企业内部研发与研发合作之间的替代关系。替代作用很可能源于企业的资源有限性、潜在的替代性、路径依赖等几个方面。

（4）企业内部研发与技术外部购买的关系为互补关系。表 2 - 2 显示，技术外部购买对创新的可能性影响都是正向、显著的。表 2 - 3 则进一步显示了变量内部研发与技术外部购买的交叉项对过程创新的影响都是正向、显著的，证实了 H2 - 4，即内部研发与技术外部购买的互补关系。二者的互补性表现为：一方面，外部技术的引进和模仿可以减少自主研发的成本，减少企业在技术研发面的高投入；另一方面，外部技术的引进和溢出效应可以帮助企业在短时间内缩小与技术发达企业的差距，通过消化、吸收，为技术的长期升级奠定基础。

（5）另外，根据全模型 M2 - 6 和 M2 - 7，研发合作和技术外部购买交叉项对产品创新和过程创新都没有显著影响，内部研发、研发合作和技术外部购买交叉项对企业创新的影响也并不确定，说明无论是研发合作还是技术购买都需要结合内部研发才能发挥影响，但是具体如何影响还不能确定。

（6）关于控制变量，产品和过程创新可能性与密度的结果表现出高度一致的结论。鉴于国有企业的性质，拥有较大政府所有权份额的公司对变化不灵活，因此与具有其他所有制结构的公司相比，进行创新的效率较低（Zhang，2014）。然而，外国公司和本地公司之间的创新绩效没有显著差异。这可能是因为外国控股公司更有可能将其研究和开发集中在本国（OECD，2003）。拥有大量员工的公司似乎有更多的资源来支持创新。因此，它们的创新销售额明显高于那些雇员少的公司。虽然全球舞台上的激烈竞争可能推动企业成为创新者，但由于相对投入成本，来自中国的出口企业通常利用已有产品的价格优势在国际市场上竞争。引入新产品不是它们获得进入全球市场的核心竞争力。这就解释了为什么出口在促进产品创新方面并不重要。

（二）理论贡献与不足

本章是关于不同技术获取模式的关系及其对创新绩效的研究，至少有以下几个理论贡献：第一，研究有助于我们更好地理解创新体系（Carlsson & Stankei-wicz，1991；Smith，1997；Woolthuis et al.，2005；Lau et al.，2013），进一步解决关键创新投入要素之间的相互作用，理解不同创新源泉作用的差异。第二，有助于理解过程创新的影响因素。虽然产品和过程创新在促进创新方面同样重要，但以前的研究很少关注过程创新的研究，例如以前对创新的研究上，尽管学者们分别研究了内部研发、研发合作和技术采购对创新的影响，或者探讨了它们之间的相互影响，但是以前对创新度量往往是基于新产品创新一个视角的衡量。第三，学者们研究内部研发、研发合作和技术采购对创新的影响中，常常关注基于回归的相关或因果分析，很少探讨不同技术获取模式对创新产品和过程的不同影响方式和渠道，这是本章研究的一个重要贡献。第四，在研究方法上，本章不仅探讨了创新可能性和创新密度，而且区分了产品创新和过程创新，细化了研究方法。

当然，研究也存在着一些不可避免的不足。首先，理论上，我们没有讨论产品的属性，忽略这些属性将增加丢失变量的偏差。其次，数据限制了研究结论的推广，特别是行业差异在未来的研究中需要进一步分析，而不是仅仅用虚拟变量来界定。另外，数据的横截面性质也可能由于不可观察的异质性，导致偏差，未来的研究需要在更大范围的区域内，基于标准化问卷提供纵向数据。

第三章 中国技术并购企业吸收能力对创新绩效的影响

本章的研究目的是界定中国技术并购企业吸收能力对创新绩效的影响。根据泊松回归，分别从总体均值上和序列年值上验证吸收能力与技术并购绩效的关系。结果表明，整体均值上，企业累积的吸收能力与技术并购创新绩效正相关；序列年值上，年吸收能力与技术并购创新绩效无显著正向影响。本章的贡献主要有两点：第一，揭示了吸收能力累积与技术并购绩效具有高度的正相关关系。第二，提出的管理启示有助于中国企业实施未来的技术并购活动。

一、引言

"没有金刚钻，不揽瓷器活"。众所周知，吸收能力（absorptive capacity）是决定企业外部技术获取绩效的关键因素（Cohen & Levin，1990）。目前，已经有学者基于案例研究（case studies），在国际学术期刊发表文章，指出"TCL 并购汤姆逊电视业务的失败主要是因为缺乏相应的吸收能力"（Deng，2010，2009，2007）。但吸收能力是否是决定中国企业技术并购绩效的关键因素，在学术界目前缺乏相应的实证研究（empirical studies）。

本章的研究目的在于初步填补这一学术空白，基于实证研究回答这一命题，即"吸收能力是否是决定中国企业技术并购绩效的关键因素"。

本章共分为六个部分：第一部分为引言，提出问题；第二部分总结有关技术并购的中国实践现状和分布特征；第三部分回顾吸收能力相关的经典文献，并据此构建假设；第四部分介绍本章研究方法，包括模型设定、样本获取和变量操作化等；第五部分是描述性分析和实证结果；最后即第六部分，总结研究发现、管理启示，讨论未来研究工作。

本章的贡献有两点：第一，揭示了吸收能力与技术并购绩效具有高度的正相关关系；第二，提出的管理启示有助于中国企业实施未来的技术并购活动。具体地说，近年来，尽管学者们已经使用吸收能力分析了大量且复杂的各种组织现象，而且吸收能力的概念已经在众多的学科中得到了详细研究，例如战略管理领域（Lane & Lubatkin，1998；Nahapiet & Ghoshal，1998）、技术管理（Schilling，1998）和组织经济学（Glass & Saggi，1998）。但是，学术界存在的一个空白是，在技术并购领域，尽管有学者 Deng（2010，2009，2007）基于案例研究指出吸收能力是决定并购绩效的关键因素，但却缺乏相应的实证研究支持。

二、技术并购现状与分布特征

（一）技术并购的现状

技术并购是并购企业通过并购标的企业以提高其自身技术能力的一种战略性并购活动，旨在获取能够使企业获得具有竞争优势的、有价值的、稀缺且难以模仿的战略性能力。在商业实践中，技术并购正在成为获取外部技术的重要学习模式，也是企业获得技术并提升能力的重要方式。

本章确定了 1998 ~ 2015 年中国企业的技术并购事件，并对其进行深入的分析。本章从《中国企业并购年鉴》和 Wind 数据库获得 1998 ~ 2015 年中国企业为并购企业的原始并购事件，依据对技术并购的一系列"正向选择"和"逆向删除"标准筛选出 1998 ~ 2015 年中国企业为技术获取方的技术并购事件 9370 例，分布如图 3 – 1 所示。

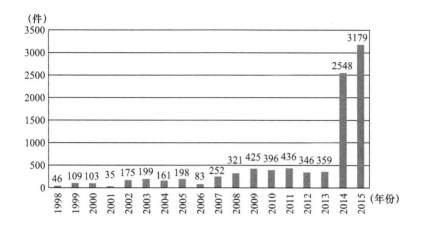

图 3 - 1 技术并购事件统计

从统计数据上看，1998～2015 年，技术并购事件呈波动增长趋势。尽管 2001 年的技术并购事件发生（35 件）比较少，但是该年的技术并购事件所属行业比较广泛，包括机械、设备、仪表，电子制造业和计算机应用服务业等。例如，发生在电子制造业的技术并购事件是广东美的电器股份有限公司在 2001 年 10 月收购日本三洋电机的微波炉事业部，获得微波炉核心部件磁控管的生产技术，为美的电器的技术发展奠定了坚实的基础；发生在机械、设备、仪表行业的技术并购事件包括杭州华立股份有限公司收购飞利浦 CDMA 移动通信部门（目的是拟获得 CDMA 的核心技术）和万向钱潮收购美国上市公司 UAI 公司（目的是得到先进技术的支撑，打开新产品的国际市场渠道，扩大市场份额）等。

整体而言，中国企业的技术并购活动不断增多。2002～2007 年技术并购的年发生率大约都在 200 件以下，是技术并购的起步阶段。其中，联想并购 IBM 的 PC 事业部就发生在 2004 年，被称为"蛇吞象"、"谨慎试水"，引起了较多的关注。同年，TCL 集团股份有限公司收购阿尔卡特手机，欲获得全球移动电话核心技术，超越知识产权壁垒，打通通向国际市场的道路。之后，德豪润达、大连机床集团、北京第一机床厂、飞跃集团、上海汽车集团股份有限公司等处于不同行业的企业都进行了技术并购。

2008～2012 年，技术并购开始快速增长，基本年发生率达到 200 件以上。直到 2014 年之后，技术并购实现了井喷式增长。

（二）技术并购分布特征

本章进一步分析技术并购的行业分布情况、重组类型、标的分类、是否关联交易、支付方式和国内外并购类型的比例。

1. 行业分布情况

经过对中国企业技术并购事件进行统计，发现具有以下特征。第一，对制造业的技术并购事件，远高于对其他行业的并购，约占总额的 87%，计算机行业的并购占 8%，其他行业只占 5%（见图 3 – 2）。

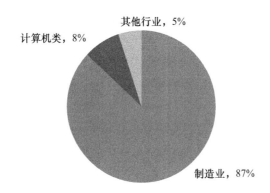

图 3 – 2　技术并购行业分布

在制造业和计算机行业的技术并购中，主要集中在化学原料及化学制品制造业，医药制造业，专用设备制造业，电气机械及器材制造业，计算机、通信和其他电子设备制造业，软件和信息技术服务业，互联网和相关服务等行业。各行业分布情况如表 3 – 1 所示。

表 3 – 1　并购企业所属行业统计

行业	并购事件数	行业	并购事件数
农副食品加工业	209	非金属矿物制品业	386
食品制造业	124	黑色金属冶炼及压延加工业	208
酒、饮料和精制茶制造业	85	有色金属冶炼和压延加工业	195
纺织业	301	金属制品业	180

续表

行业	并购事件数	行业	并购事件数
纺织服装、服饰业	159	通用设备制造业	443
皮革、毛皮、羽毛及其制品和制鞋业	25	专用设备制造业	667
木材加工及木、竹、藤、棕、草制品业	20	汽车制造业	240
家具制造业	40	铁路、船舶、航空航天和其他运输设备制造业	173
造纸及纸制品业	200	电气机械及器材制造业	702
印刷和记录媒介复制业	30	计算机、通信和其他电子设备制造业	1089
文教、工美、体育和娱乐用品制造业	42	仪器仪表制造业	155
石油加工、炼焦及核燃料加工业	67	其他制造业	229
化学原料及化学制品制造业	899	电信、广播电视和卫星传输服务	103
医药制造业	800	互联网和相关服务	241
化学纤维制造业	144	软件和信息技术服务业	402
橡胶和塑料制品业	338		

注：行业分类依据中国证监会的行业分类。

2. 重组类型

企业并购重组以资产回购、股权转让和资产剥离为主，占到全部并购类型的94%以上。而要约回购、债务负担、吸收合并、资产置换仅占6%（见图3-3）。

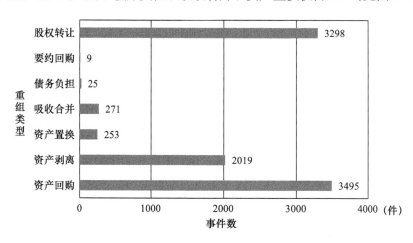

图3-3 重组类型

3. 标的分类

中国企业技术并购标的分类以股权标的为主，占比 74%，资产标的占 24%，资产和股权标的仅占 2%（见图 3-4）。

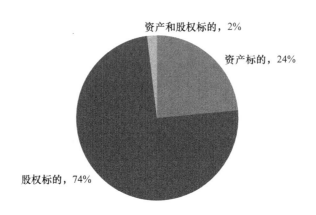

图 3-4 标的分类

4. 关联交易

中国企业技术并购的一个非常有意思的现象是并购双方常常是有关联的。根据统计，中国企业技术并购交易中涉及关联交易的占比 61%，不涉及关联交易的占比 39%（见图 3-5）。

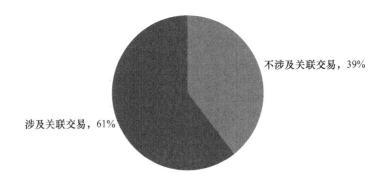

图 3-5 是否涉及关联交易分布

5. 支付方式

国内企业进行技术并购超过 89.5% 的企业采用现金支付，其他支付方式采用较少，仅占 10.5%。国内企业并购的支付方式，急需改变传统上以现金支付的方式，加大采用其他方式进行支付（见图 3 - 6）。

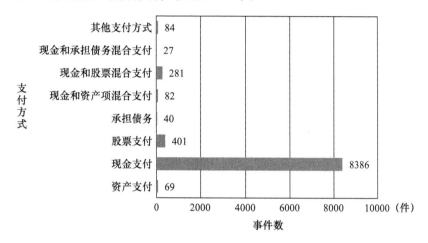

图 3 - 6　支付方式分布

6. 国内外并购类型

国内企业进行技术并购中，技术获取方是中国国内企业的有 9000 起，占全部技术并购事件的 96.05%，港澳台地区和国外企业分别为 155 起和 215 起，两者共占 3.95%。

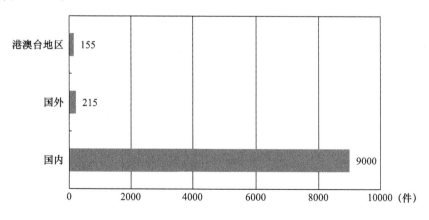

图 3 - 7　国内外并购类型分布

其中，国外企业技术并购获取方又以欧、美、日和加拿大等国家和地区为主。在215起海外技术并购中，标的企业所在国家排在前10位的分别为美国、德国、日本、英国、加拿大、新加坡、澳大利亚、意大利、法国和韩国，其并购数量分别是67、31、27、22、14、8、6、5、5和5（见表3－2）。也有学者指出，这是中国企业技术并购技术获取明显区别于其他新兴经济体的典型特点，即中国MNCs更多考虑投资环境、高技术和先进管理方法，更趋向于投资在收入更高或者更工业化的国家（Deng，2007；Wang，2002）。Wang（2002）指出，除中国香港和澳门地区外，中国海外子公司超过70%都建立在工业化国家，尤其是，中国企业在工业化国家建立研发中心和设计机构非常活跃。根据美国经济分析署统计，到2002年为止，中国企业已经在美国建立了646个研发中心，其中有609个制造业研发中心和33个化学部门研发中心（BEA，2005）。

表3－2　标的企业所属国别统计

被并方所属国别	并购事件数	被并方所属国别	并购事件数
中国大陆	9000	加拿大	14
中国香港	142	新加坡	8
中国台湾	13	澳大利亚	6
美国	67	意大利	5
德国	31	法国	5
日本	27	韩国	5
英国	22	其他国家	25

三、文献回顾与假设

（一）技术并购与创新绩效的相关研究

技术并购在业界不断发生的同时，学术界也开始了关注技术并购与创新的研究（见表3－3），研究得到有以下四个方面结论。

表3-3　技术并购与创新的国外典型学术研究

研究者	研究方法	研究问题及重点
Al-Laham 等（2009）	模型研究（美国生物科技行业）	以往的并购经历和目标企业的相似性对并购企业专利申请的影响
Marín（2006）	模型研究（西班牙制造业）	国内并购和跨国并购对企业技术活动的影响
Vega-Jurado 等（2009）	模型研究（西班牙制造业）	外部知识获取对产品创新和工艺创新的影响
Cassiman 等（2005）	模型研究（高科技行业）	并购企业之间的关系对研发的影响
Ahuja 和 Katila（2001）	模型研究（化学工业）	技术并购与非技术并购、被并购企业知识库绝对值和相对值、技术相似性对创新绩效的影响
Ernst 和 Vitt（2000）	模型研究（德国专利申请较多的行业）	关键技术人员的挽留和激励，对创新很重要
Ranft 和 Lord（2002）	跨行业多案例研究	被并购企业的知识基础资源和多视角的并购执行对并购方的技术和能力成功比例具有独立和相互影响
Simonin（1999）	模型研究（美国）	技术知识的"因果模糊性"对知识转移具有一定的影响
Cloodt 等（2006）	模型研究（四大高科技行业）	相对于并购企业知识库的规模及其整合对企业的创新
Zollo 和 Sing（2004）	模型研究（美国银行业）	整合程度与绩效的关系
Homburg 和 Bucerius（2006）	统计分析	高的整合程度与技术并购绩效
Puranam，Singh 和 zollo（2003）	模型研究（美国 IT 硬件行业）	技术并购可以促使新产品快速推向市场，并丰富产品线
Tallman 和 Ferreira（2005）	理论探讨	扩大技术知识的运用范围
Granstrand 和 SjÖlander（1990）	案例研究为主，定性和定量结合	并购是外部技术为动力源

第一，企业知识绝对规模对技术并购绩效具有正向影响，而并购双方知识基础的相对规模差距则负向影响技术创新绩效（Cohen & Levin，1990；Ahuja & Katila，2001；Ranft & Lord，2002；Cloodt et al.，2006）。Cohen 和 Levin（1990）知识库绝对规模的扩大，可以增加并购企业的知识吸收能力。Ahuja 和 Katila 研

究了美国化学行业并购企业的创新绩效，指出技术并购具有扩大并购方的知识基础，提供规模经济、范围经济和重新结合的利益，对并购企业创新绩效的提升具有显著影响。另外，被并购企业知识基础绝对规模提高了创新绩效，而相对规模却降低了创新绩效，并购双方知识基础的相关性对创新绩效具有非线性的影响。Cloodt 等（2006）通过对四大高科技行业的研究，认为相对于并购企业知识库的规模，被并购企业知识库的相对规模越大，整合过程消耗的资源就越多，余下的可用于研发创新的资源就越少，进而不利于企业的创新。

第二，技术人才规模和挽留对并购后技术创新具有积极的影响，例如 Ernst 和 Vitt（2000）认为关键研发人员在具有专利申请的数量和专利申请的质量两方面都做得很优秀、能带动整个企业研发且人数较少三个特点，并购后对关键技术人员的挽留和激励，对创新很重要。Ranft 和 Lord（2002）根据跨行业多案例研究也指出了关键技术人员对创新的重要作用。

第三，整合程度对创新绩效的影响并不确定。Zollo 和 Sing（2004）对发生在美国银行业的 228 起并购的实证研究表明，企业双方的整合程度越高，并购后企业的绩效就会越好。Homburg 和 Bucerius（2006）通过统计分析，得出高的整合程度利于技术并购绩效，但当把并购整合和并购后公司价值联系起来时，整合程度对并购价值创造没有显著影响。Cloodt 等（2006）的研究则认为整合过程消耗的资源越多越不利于企业的创新。

第四，还有一些学者研究了技术并购的动因（Hitt et al., 1991；Granstrand & SjÖlander，1990；Tallman & Ferreira，2005；Puranm & Singh，2003）和技术并购后创新绩效的影响因素。其中，影响因素主要包括并购经验（Al - Laham et al., 2009）、并购企业之间的关系（Cassiman et al., 2005；Marín，2006）、技术知识的"因果模糊性"（Simonin，1999）、并购类型（Marín，2006）和外部知识获取（Vega - Jurado et al., 2009）等。

（二）吸收能力与技术并购创新绩效

Stock（2001）总结了吸收能力的相关研究领域，包括研发投资、制药企业的生产率、金融服务业的创新、对内技术许可、知识转移、战略联盟和组织学习几个方面。本章进一步总结了有关吸收能力与创新绩效之间的实证研究（见表 3 - 4）。具体来讲，国外对吸收能力与创新关系的典型实证研究，结论包含以下三个方面。

表3-4　国外关于吸收能力与创新绩效的典型实证研究

作者	研究样本	结果
Cohen 和 Levin (1990)	美国 297 家行业公司的 1302 个经营单位	研究研发支出/销售与吸收能力的关系，证明吸收能力是存在的，二者是相关的
Veugelers (1997)	荷兰 1992 年和 1993 年 290 家企业的研发支出	如果存在吸收能力，研发合作对自己拥有的研发投资具有正向影响
Luo (1997)	1988~1991 年中国当地和跨国企业之间建立的合资企业	当地合作者的吸收能力对任何合资经营都是至关重要的
Liu 和 White (1997)	中国 19 个制造行业五年的大中型企业数据	发展中经济体，创新是吸收能力（最重要的变量私人研发）和新知识资源投资（外国技术）的协同产物
Lane 和 Lubatking (1998)	在 1985~1993 年医药公司的国际双边合作协议	决定吸收能力与联盟内企业成功关系（学习组织技巧）的关键成功因素包括：①学生企业的基本知识和传授企业的相关性；②支付和获益实践之间的相似性；③研发领域的相似性；④组织结构之间的相似性
Mangematin 和 Nesta (1999)	法国科学国家研究中心和格勒诺布尔市企业的 400 个研发合同	一定程度吸收能力的存在阻碍了研发中的合作；假定在这种环境下吸收各种知识是可能的，包括基本的和不同工具的全体范围（博士学生，及其科学研究员工）。存在吸收能力可以发生的机制的多样化
Becker 和 Peters (2000)	1993 年德国 2900 家创新制造企业	不包括吸收能力的回归意味着与科学知识相联系的资源对德国制造企业的创新活动有重要的影响，当包括吸收能力时，企业执行 R&D 的概率提升。吸收能力和创新产出之间存在正相关关系
Stock 等 (2001)	在 1976~1993 年，开发调制解调器，并将它们带入市场的企业	吸收能力和开发新产品之间的关系不是线性的，而是倒"U"型的关系，吸收能力减少了收益

续表

作者	研究样本	结果
Tsai 等（2004）	1994～2000 年 45 家中国台湾大的制造企业（研发密集型电子相关行业）	检验了企业技术能力累积的动态、非线性特征；并根据 CD 函数，验证了企业技术能力对生产率增长具有重要的影响，且影响力高于其他传统因素
Mariano 和 Pilar（2005）	西班牙 406 家制造企业	研究了吸收能力、技术机会、知识外溢和创新努力之间的关系。结论是：吸收能力比行业结构（技术机会和知识外溢）更多决定创新努力，吸收能力调节技术机会和创新努力之间的关系
Q. Tu 等（2006）	全球制造工程领域问卷调查的 303 个样本	证实了吸收能力和时限性（time - based）制造实践、时限性制造实践和顾客价值之间具有强烈的正相关关系
Escribano 等（2009）	西班牙 2265 家企业	拥有更高层次吸收能力的企业可以更有效地管理外部知识流动，刺激创新产出
Cepeda 等（2010）	286 家西班牙大公司	研究了吸收能力与创新的现存基础和提升之间的关系，指出吸收能力是企业提升创新能力的重要动态决定因素
Liao 等（2010）	中国台湾知识密集行业的 362 个样本	调查了知识并购、吸收能力和创新能力之间的关系，结论是：吸收能力调节了知识并购和创新能力，知识并购对吸收能力有正向影响；行业调节了知识并购和创新能力之间的关系

资料来源：根据参考文献整理。

第一，证实研发支出与吸收能力之间的正相关关系。Cohen 和 Levin（1990）提出了吸收能力的定义，即企业识别具有新的价值的外部信息，吸收并进行商业化应用的能力，且与企业相关知识层次密切相关。他们进一步构造了企业的 R&D 投资模型，该模型中 R&D 构成了企业的吸收能力。Veugelers（1997）用荷兰 1992 年和 1993 年 290 家企业的研发支出为样本数据，证明：当吸收能力存在时，研发合作对研发投资具有正向影响。

第二，吸收能力与 R&D 合作之间的关系并不确定。一部分学者认为吸收能力促进了企业合作或联盟进行 R&D（Luo，1997；Lane & Lubatking，1998），而另一部分学者却认为吸收能力的存在阻碍了企业合作或联盟进行 R&D（Mangematin & Nesta，1999）。

　　第三，吸收能力对开发新产品具有重要的影响，但影响方向不确定。Becker 和 Peters（2000）用1993年在德国收集的曼海姆创新制造企业的2900个面板数据，验证了吸收能力和创新绩效之间存在正相关关系，持类似观点的学者还有 Tu 等（2006）、Escribano 等（2009）、Liao 等（2010）、Mariano 和 Pilar（2005）和 Cepeda 等（2010）。然而，另外一些学者却持不同观点。例如 Stock 等（2001）用1976～1993年开发调制解调器并将其投入市场的企业为样本，证明了吸收能力和开发新产品之间的关系不是线性的，而是倒"U"型的关系；Tsai 等（2004）对1994～2000年45家中国台湾大的制造企业（研发密集型电子相关行业）的研究也证明了企业技术能力累积的动态、非线性特征。

　　可见，至今关于吸收能力与技术并购之间的研究还很少，而对中国企业技术并购创新绩效与吸收能力的研究则更为少见，这个缺口正是本章的研究目标。

　　目前，关于中国企业的技术并购研究主要集中在并购动机（Deng，2010；Lin et al.，2009；Rui & Yip，2008；Child & Rodrigues，2005；Boisot，2004；Zhang，2003；Makino et al.，2002；Wesson，2004；Guthrie，2005）、政府推动和支持（Child & Rodrigues，2005）、投资倾向于发达国家（Deng，2007；Wang，2002；美国经济分析署，2005）、面临的障碍（Boisot，2004；Fang，2002；He，Marjorie & Lyles，2008）和关键成功因素（Child & Tse，2001；Liu，2007；Deng，2010）。

　　也有一些学者基于案例研究探讨了吸收能力与中国企业技术并购的创新绩效问题。例如，Deng（2010）基于 TCL 并购汤姆逊失败的典型案例分析，指出吸收能力较弱的并购企业，阻碍了吸收、整合与应用外部技术，并购企业多层面的吸收能力，很大程度上影响中国企业海外并购绩效。Buckley 等（2004）用四家企业的多案例研究也指出，中国跨国企业海外分支向国内转移技术时，也受到吸收能力的影响。

　　还有一些学者在研究技术创新绩效的时候，将吸收能力视为重要的影响因素。例如，Liu 和 Buck（2007）用面板数据，实证调查国际技术外溢不同渠道对中国高技术行业创新绩效的影响时，指出只有当吸收能力被考虑进去的时候，在东道国的外国研发活动明显地影响了国内企业的创新绩效。Guan 等（2006）基于国家关于2334家工业企业的调查，检验了技术转移活动和创新绩效之间的关系。研究揭示中国企业的创新活动不是大量的出现，仅仅是从海外并购关键设备的并购和器械，建议中国企业应该发展技术吸收能力和转移能力，促进技术转移和贸易合作者交流。文中还指出，"模仿—创新"的技术进步轨道是由并购、吸收和技术提升组成的，对技术追赶国家是成功的，例如，日本从微小的经济变成了世界第二大经济体（Narin，1989），韩国从农业经济转变成新兴的繁荣工业化国家（Kim，1997）。然而，很多中国企业的技术并购发生在技术进步轨道的最早阶段，在第二阶段（吸收）与日本和韩国相比，中国企业培养技术吸收能力和转移能力花费甚少，导致中国企业的技术并购仅仅是从海外并购关键设备和器械。

基于 Cohen 和 Levin（1990）对吸收能力的定义，吸收能力对企业创新过程是至关重要的，包括对外部知识的学习和商业化。Zahra 和 George（2002）将吸收能力划分为获取、同化、转移和利用四个阶段。可见，吸收能力是企业实现技术提升的前期准备，而创新产出是与前期投入密切相关（Acs & Audretsch，1988；Liu & White，1997；Stock，2001）。据此，本章提出假设：

H3：企业累积的吸收能力与技术并购创新绩效正相关。

H3-1：整体均值上，企业累积的吸收能力与技术并购创新绩效正相关。

H3-2：序列年值上，企业吸收能力年值与技术并购创新绩效正相关。

四、数据和方法

（一）模型设定

本章设定了三个模型，分别从总体上和时间序列上验证吸收能力与技术并购绩效的关系。其中，时间序列模型与其他研究所提出的"创新产出是与前期投入相关"思路相同（Acs & Audretsch，1988；Liu & White，1997；Stock，2001），选取滞后效应模型。Ahuja 和 Ktila（2001）研究"技术并购与创新绩效"时，指出技术型企业并购的典型特征是企业的创新绩效随着时间变化，在研究中采取分布滞后模型确认并购对创新绩效的影响。Stock 等（2001）研究"吸收能力与新产品开发"时，也采用了分布滞后模型确认吸收能力和产品开发之间的关系。相似地，我们的模型假设中，认为企业前期吸收能力对技术并购创新绩效的影响也是滞后的。

同时，很多文献考虑了企业规模和创新之间的关系（Kamien & Schwarz，1982；Stock，2001）；另外，本章考虑企业拥有的子公司数量和并购经验越多，则管理能力越强，对并购双方的整合能力越有利。所以，本章变量也包括了企业规模、子公司数量和并购经验作为控制变量，分离这些变量含混在吸收能力中的影响。

M3 – 1：$AP = \exp(\alpha_{11}ARD + \beta_1 Lnsize + \gamma_1 dvst + \delta_1 AE + \varepsilon_1 TM)$

M3 – 2：$AP = \exp(\sum_{i=1}^{5}\alpha_{21}RD_i + \beta_2 Lnsize + \gamma_2 dvst + \delta_2 AE + \varepsilon_2 TM)$

M3 – 3：$AP = \exp(\sum_{i=1}^{5}\alpha_{31}RD_i + \sum_{i=1}^{5}\theta_{31}RD_i^2 + \beta_2 Lnsize + \gamma_3 dvst + \delta_3 AE + \varepsilon_3 TM)$

其中，AP 是技术并购绩效；ARD 是并购前五年研发投入密度的均值，代表吸收能力；RD_i 分别代表并购前 i 年的研发投入密度；RD_i^2 代表并购前第 i 年研发投入密度的平方；i 为 1，2，…，5，分别代表并购前第 1 ~ 5 年；Lnsize 是企业员工数的对数，代表企业规模；TM，dvst 和 AE 分别代表并购时间、管理基础和并购经验。

Cohen 和 Levin（1990）强调吸收能力是一个动态累积的知识存量，吸收能力的五年均值相比单独年份而言更具可信性，故本章采用模型 1（M3 – 1）。"创新产出与前期投入的滞后关系"常常体现在时间序列中，故本章采用模型 2（M3 – 2）和模型 3（M3 – 3）验证时间序列吸收能力对技术并购创新绩效的影响。M3 – 3 较 M3 – 2 多加入了研发投入密度平方变量，目的是进一步清晰化时间序列吸收能力对技术并购创新绩效的影响情况。

（二）数据来源

现存的数据库中并不存在技术并购的相关统计和相关专利数据，所有技术并购事件的获取需要手动查询。学者在 1998 ~ 2015 年的技术并购中，随机抽选了 300 例技术并购事件，但因为专利数据的可获得性、考虑数据的滞后性和异常值删除，最终获取并购事件 206 例。

（三）变量度量及来源

因变量创新绩效（产出）的测量是专利数量（AP）与 Ahuja 和 Katila

（2001）的研究相似，采用并购后五年专利数量，其数据来源是"专利搜索引擎（http：//www. soopat. com/Home）"。对于自变量企业的吸收能力的测度，学术界存在众多不同的测度方式，最为经典的是直接采用研发投入、研发投入密度作为吸收能力的一种测度（Cohen & Levin，1990；Tsai，2001；Griffith et al. ，2006）。自变量吸收能力的度量指标是研发投入密度（ARD，RD_1 – RD_5），其数据来源是上市公司年报、公司网站和网络公开信息，ARD 采用因数据缺失，也可能是四年、三年、两年或某一年的（均）值。控制变量企业规模（lnsize）的测量采取的是员工数量的对数（五年内均值），与 Kamien 和 Schwarz（1982）和 Stock 等（2001）的研究相同，其数据来源同于研发投入密度的来源；控制变量企业拥有的子公司数量（dvst）的度量采取的是企业实际拥有的子公司数量；控制变量并购经验（AE）是 0 – 1 变量，没有经验以 0 表示，具有并购经验以 1 表示。控制变量时间（TM）是离散变量，数值 1~8 分别代表并购发生在 2001~2008 年。

五、分析与讨论

（一）描述分析

因为 M3 – 2 选取滞后变量，要用逐年信息，样本量小于 M3 – 1，故分别列出变量信息（见表 3 – 5）。M3 – 1 相关信息中各变量的相关系数并不是很高，吸收能力与企业规模、子公司数量、并购经验和并购时间之间的相关系数分别是 0. 364、0. 339、0. 083 和 0. 093，说明变量之间并没有相互影响，较好地保证了研究结果的可信性。表 3 – 5 中 M3 – 2 和 M3 – 3 相关信息中各期吸收能力与企业规模、子公司数量、并购经验和并购时间之间的相关系数也都比较低。需要注意的是，M3 – 1、M3 – 2 和 M3 – 3 变量信息中的 AP、Lnsize、dvst 和 AE 的均值、最大值和最小值等信息并不相同，这是因为在 M3 – 2 的样本是在 M3 – 1 样本的基础上，采用了研发投入密度并购前五年内信息完全的数据，即 M3 – 2 的样本是 M3 – 1 的子样本。

表3-5　变量与描述性统计

M3-1 变量信息

	mean	min	median	max	sd	AP	ARD	Lnsize	dvst	AE	TM
AP	20.026	0.000	4.000	291.000	46.324	1					
ARD	0.035	0.000	0.022	0.257	0.040	0.187	1				
Lnsize	7.527	2.398	7.651	10.576	1.290	0.364	0.068	1			
dvst	6.259	0.000	5.000	25.000	5.226	0.339	-0.072	0.33	1		
AE	0.345	0.000	0.000	1.000	0.477	0.083	-0.02	0.089	0.142	1	
TM	5.466	1.000	5.000	8.000	2.023	0.093	0.096	0.025	0.07	-0.213	1

M3-2 和 M3-3 变量信息

	mean	min	median	max	sd	AP	RD_1	RD_2	RD_3	RD_4	RD_5	AE	dvst	Lnsize	TM
AP	14.968	0.000	4.000	88.000	22.814	1									
RD_1	0.057	0.002	0.033	0.275	0.064	0.234	1.000								
RD_2	0.040	0.002	0.028	0.145	0.035	0.101	0.475	1							
RD_3	0.043	0.002	0.029	0.154	0.039	-0.083	0.189	0.856	1						
RD_4	0.044	0.000	0.026	0.155	0.043	-0.24	0.067	0.742	0.914	1					
RD_5	0.041	0.001	0.028	0.193	0.042	-0.243	0.101	0.365	0.601	0.764	1				
AE	0.323	0.000	0.000	1.000	0.475	0.293	-0.003	-0.094	-0.063	-0.115	-0.043	1			
dvst	7.742	1.000	6.000	21.000	5.865	0.49	0.179	-0.114	-0.267	-0.296	-0.197	0.306	1		
Lnsize	7.688	3.912	7.950	9.417	1.116	0.314	-0.371	-0.177	-0.241	-0.176	-0.224	0.133	0.43	1	
TM	7.194	4.000	8.000	8.000	1.078	-0.04	0.313	0.068	0	0.095	0.202	0.199	-0.187	-0.122	

（二）结果分析

在 M3 - 1 中（见表 3 - 6），所有因素都高度相关。具体地说：第一，吸收能力、企业规模、子公司数量和并购经验都与创新绩效显著相关。其中，ARD 对 AP 的影响系数是 6.867119，且高度相关，H3 - 1 得证，即吸收能力与技术并购创新绩效显著正相关。第二，四个解释变量的影响程度并不一致，吸收能力（ARD）的系数最大，说明了吸收能力对创新绩效的影响极其重要，企业规模次之，并购经验也具有一定的影响，子公司数量的影响系数最低。这充分反映了，企业技术并购后，创新绩效是否能提升，很大程度上受制于企业累积的吸收能力。

表 3 - 6　回归结果

	M3 - 1	M3 - 2	M3 - 3
（Lntercept）	- 2.586521 ***	- 2.30442 ***	- 4.93 ***
ARD	6.867119 ***		
Lnsize	0.588220 ***	0.37338 ***	0.57 ***
dvst	0.058787 ***	0.05750 ***	0.08 ***
AE	0.232354 ***	0.48049 ***	- 0.29
TM	- 0.004067	0.18951 **	0.44 ***
RD_1		- 0.25260	- 34.83 ***
RD_2		10.49827 *	88.75 ***
RD_3		14.83014 ***	- 86.75 **
RD_4		- 34.29583 ***	- 6.28
RD_5		2.71234	15.51 .
RD_1^2			145.60 ***
RD_2^2			- 1134.00 ***
RD_3^2			1457.00 ***
RD_4^2			- 437.10 *
RD_5^2			- 116.90

注：*** $p < 0.01$，** $p < 0.05$，* $p < 0.1$。

在 M3 - 2 中，并购前五年企业规模、子公司数量和并购时间与并购创新绩效之间都相关。而吸收能力的影响则出现了有意思的结果，即并购前一年和前五年的影响并不显著，而并购前二年到前四年却对创新绩效具有显著影响。同时，并购前四年的影响系数较大，影响方向是负向的，并购前三年的影响系数次之，影响方向却是正向的。也就是说，逐年来看，并不存在每一年中研发投入较多的企业并购后创新绩效就优于其他企业的现象，H3-2未得证。

在M3-3中，企业规模和子公司数量与并购创新绩效之间显著相关，而滞后第一年、第二年和第三年的吸收能力及其平方与创新绩效显著相关，滞后第四年吸收能力的平方与创新绩效显著相关。从影响强度看，滞后第一年、第二年和第三年的吸收能力对创新绩效的影响系数都较大，滞后第四年和第五年的吸收能力对创新绩效的影响系数明显减小。从影响方向看，并购前五年中的吸收能力对技术并购绩效的影响方向不定，其平方对创新绩效的影响方向也不定，且前五年中的吸收能力与其平方对并购绩效的影响方向也不是相反的。可见，从吸收年值来看，吸收能力与技术并购绩效不存在非线性的影响关系，也不存在显著的正相关关系，H3-2未得证。

根据三个方程的回归结果发现，累积吸收能力对技术并购后的创新能力具有极大的影响，整体累积的吸收能力存量对创新绩效的影响是正向的，M3-1中五年内吸收能力均值对技术并购后创新绩效的影响是正向的；具体到某年来讲，吸收能力对创新绩效的影响却是不定的。M3-2中并购前第一年和第五年的吸收能力对创新绩效的影响是不显著的，而M3-3中，吸收能力年值及其平方对技术并购绩效的影响并不存在明显的趋势，年值上看，并不存在显著的影响。

另外，在三个回归方程中，以人才数量衡量的企业规模和子公司数量对技术并购创新绩效的影响都是正向显著的，说明企业规模和子公司数量对技术并购创新能力都具有重要的影响，即人才和管理基础都非常重要。然而，并购经验对绩效的影响却不确定，即并购经验很可能随企业的不同情况产生不同影响。

六、结论与讨论

（一）结论

本章实证研究了中国企业吸收能力与技术并购创新绩效之间的关系，具有一定的学术价值。第一，揭示了吸收能力累积与技术并购绩效具有高度的正相关关系；第二，提出的管理启示，有助于中国企业实施未来的技术并购活动。

（二）管理启示

本章的文献总结和研究结果，对致力于提升企业技术能力的管理实践提出了一些思考。具体而言，主要有以下几点：

第一，对于技术追赶国家，创新是吸收能力和技术获取的协同产物（Liu & White，1997），企业应注重二者的整合。没有吸收能力，企业的技术并购将变成技术设备、器材或技术成品的简单购买，不会产生创新（Guan et al.，2006）；没有技术并购，则失去了技术的外部源泉，降低了技术提升速度。

技术并购是企业获取外部资源、提升技术能力的捷径，吸收能力是对获取的外部技术能力的消化系统，是转化外部技术为企业能力的"孵化器"。例如，联想集团并购 IBM 的 PC 业务被称为中国企业的"蛇吞象"行为，其特点是用资金换取技术、品牌和国外市场。经历了五年时间验证，企业和学者逐渐认识到尽管这种并购是中国本土企业快速全球化和能力提升的捷径，但是最大的障碍是如何消化和融合并购的企业（李国刚、许明华，2010）。

第二，本章根据三个模型分别从总体上和时间序列上验证吸收能力对技术并购绩效的影响及其影响路径，结果显示累积的吸收能力正向影响技术并购绩效，但吸收能力的影响方向不定。可见，吸收能力只有作为整体"存量"时，对技术并购绩效才具有显著影响。也就是说，影响技术并购绩效的吸收能力是长年累月中形成的整体水平，而不是朝夕之功。据此，中国企业需要时刻注重技术能力的累积，夯实吸收能力整体基础，将累积吸收能力的提升作为长期工作。

在联想并购 IBM 的 PC 事业部之前，为了不断地提高科研能力，联想于 1999 年开始酝酿，于 2000 年开始构建两级架构体系，并于 2001 年正式建立联想中央研究院，实现了能力复制和技术积累，形成了市场和技术的无缝连接，大大提高了创新效率。同时，2001~2003 年是联想向技术和服务转型三年：2001 年联想制定以"服务的联想，国际化的联想，技术的联想"为技术转型口号，把联想发展成技术驱动型的企业，真正逼近核心技术领域；2002 年是联想的技术收获颇多的一年，业界普遍认为是"联想的技术元年"，并举办首次联想技术创新大会，推出"关联应用"技术战略；2003 年联想成功研发出"深腾 6800"高性能计算机，在全球前 500 名运算最快的电脑中名列第 43 位。在并购前的 5 年左右，联想大幅度增加 R&D 费用，致力于提升技术能力。联想多年的技术积累对吸收 IBM 先进技术并实现技术的不断创新具有极大的贡献。

中国企业对吸收能力的累积应该是连续的，不应该是"临时抱佛脚"。研发投入对创新绩效的影响短期内出现正负向不定的原因，很可能是与企业内部"技术研发投入"滞后和创新周期有关。根据 M3 - 2 和 M3 - 3 的研究结果发现，通常并购前第二年至第四年的研发投入对创新绩效的影响程度更大。所以，中国企业不仅关注行业内技术所处的周期，也应该关注企业内技术研发的周期位置。

第三，在吸收能力的培养中，不仅需要关注研发投入的累积，也需要关注企业人力资源和管理基础。在三个回归模型中，子公司的数量都显著地影响了技术并购创新绩效，在一定程度上反映了管理基础的重要性，尤其是对子公司的管理、协调和整合能力，因此，企业应该注重管理经验的累积和学习。同时，以企业员工人数衡量的企业规模在 M3 - 1 和 M3 - 2 中都与创新产出显著正相关。Chaudhuri 和 Tabrizi（1999）指出，在高科技领域的并购中，依附于技术人员的经过充分训练的技术能力相对于实物资产而言具有更长期的正面作用，部分企业因为对实物资产过分重视损害了最初的目标。尤其是关键技术人员更多地影响了企业的吸收能力。关键研发人员在具有专利申请的数量和专利申请的质量两方面都做得很优秀、能带动整个企业研发、人数较少三个特点（Ernst & Vitt，2000），因此，致力于技术能力提升的企业，尤其是高科技企业应该注重人才的累积。

以联想为例，联想在向技术和服务转型的三年中，在大幅度增加研发费用的同时，还在全球范围内广纳贤才。2001 年，当受市场因素影响大幅度削减预算支出之时，联想的研发费用却比 2000 年几乎增加了 1 倍。2002 年，联想的研发费用比 2001 年增长了 100% 还多，达到了 8 亿元。这些经费用于基础设施建设、实验室建设、人员薪酬、研发材料投入等。另外，联想在全球范围内广纳人才，包括研发人员和管理人员，曾经一年内实现研发人员增加 300 人，并更换联想内部领导人，使联想的文化由"创业、客户"文化过渡到"严格、亲情、创业"文化，既保持了创业的激情，又增加了亲情般的温暖，为进一步联想国际化做了充分的准备。

人尽皆知，中国企业缺乏懂国际化运营的管理人才和掌握核心技术的技术人才。然而，这两种人才对实施技术并购，尤其是海外技术并购的中国企业来说更加迫切；这两种人才的缺乏对中国企业的挑战更大。中国企业对技术进行引进的同时，也可以考虑技术引进和培养相结合的提升路径。

第四，并购经验对技术并购企业创新绩效具有正向影响趋势。根据表 3 - 6 显示，并购经验在 M3 - 1 中与创新产出显著负相关，但不显著，而在 M3 - 2 和 M3 - 3 中则对创新产出具有显著正向影响。原因很可能是并购经验对技术并购绩效的影响，使得并购组织通过接触大量的事情和观点形成了更加丰富的知识结构（Levinthal & March，1993），从而，使得企业更具有弹性，更有能力适应新的、变化的环境（Hitt et al.，1998）。因此，企业需要注重并购经验的累积，同时还需要避免因管理者盲目自信或者管理风格僵化而错失对环境的适应性变化。

（三）局限性与研究展望

本章仍然存在一定的局限。一方面，本章的样本数据是根据技术并购定义标准的中国情景化，在并购数据中筛选出来的，又根据研究内容对专利能力的度量一般会考虑时滞，例如 Acs 和 Audretsch（1988）、Liu 和 White（1997）和 Stock 等（2001）对"创新投入与产出关系"的研究都采取了 3 ~ 5 年的时滞效应模型，Ahuja 和 Ktila（2001）对"技术并购与创新绩效"的研究也采取了四年的时滞模型，所以本章以并购后五年的专利申请均值（向上求整）衡量技术并购绩效，这在一定程度上限制了样本数量。另一方面，为保证指标测量的有效性，指标的测量方法都选用经典研究文献的测量方法，但是在某些方面也存在一定的不足。例如，本章参考现有的经典研究，采取专利申请数量代表创新绩效，进而表示技术能力，并没有考虑专利的质量、稀缺性和关键性等因素，尽管有学者宣称专利与创新性直接相连（Walker，1995），专利数量可以测量技术创新性（Griliches，1990）、专利与新产品（Comanor & Scherer，1969）、销售增长（Scherer，1965）和发明数量（Achilladelis，Schwarzkopf & Cines，1987）、企业技术强度的专家评定（Narin，Noma & Perry，1987）等，创新产出的测量指标紧密相关、专利授权与商业化紧密相连（Griliches，1990），并且用专利数量衡量创新绩效和技术能力存在大量的研究先例（Ahuja & Ktila，2001；Walker，1995；Griliches，1990；Schankerman & Pakes，1986；Narin，Noma & Perry，1987；Comanor & Scherer，1969），但是单一指标难免缺乏说服性，有些企业的绩效衡量也不能完全显示在专利数量上。但为了测量技术能力，目前为止，专利申请数量是最经典、最可行的数据。

第四章 跨国并购中的学习路径与能力累积机制

本章的研究目标是基于案例分析，探索中国跨国企业国际化进程中跨国并购的学习路径和企业能力提升问题。本章以联想集团为典型案例，通过对联想集团的国际化经历、跨国并购效果的分析，总结出联想在跨国并购中的学习路径及其能力累积机制。研究发现：①跨国并购的学习路径主要有获取、并购后整合和内化三种。其中，获取是通过跨国并购获取研发团队和全球化品牌，整合是通过并购后整合实现内外部资源对接，而内化则通过构建海外研发中心实现知识深化累积和商业化。②提出三种学习路径、两个学习阶段和两个能力累积阶段的系统性学习与企业能力累积机制模型，即三种学习路径分为两个阶段，分别是以直接获取和并购后整合学习为路径的学习阶段和以设立海外研发中心为路径的内化学习阶段，企业能力累积也相应地分为能力追赶阶段和能力超越两个阶段。

一、引言

近年来，技术密集型企业经营不仅局限在中国，而是已经拓展到以前由西方发达国家企业所占据的海外市场（Zheng，2014）。尽管这种国际化在中国通信产业的技术开发和能力提升中起到了尤为重要的作用，却很少有研究关注这种国际化行为所创造的学习过程。相关的研究关注中国企业计划战略（Prange，2012）、创新能力开发（Fan，2006；Zhou & Li，2008）、通信市场和行业（Chang，Fang &

Yen, 2005)、创新能力和出口绩效(Guan & Ma, 2003)、技术学习和开发 (Jin & von Zedtwitz, 2008)、研发和市场的相互作用(Li & Atuahene - Gima, 2001),但是这些研究并没有关注国际化背景下的学习和战略能力构建的问题。

后发企业能力积累的研究文献中,大多是从国内 FDI 带来的知识溢出的视角,探讨本国的企业如何在国内学习、追赶外资企业的。即使在海外技术并购或跨国并购的研究中,也多侧重于并购中母公司与海外公司的整合问题,并未从国际化视角探讨其中的学习路径和创新能力积累机制。近年来,尽管一些学者开始探索海外子公司、并购、海外进入模式等国际化路径对创新能力提升的影响,例如 Fu 和 Sun(2015)以华为和中兴为案例,探讨了海外子公司驱动的逆向学习机制;孙忠娟(2012)以联想为典型案例,探讨了并购后整合过程中技术能力提升的过程。然而,目前为止,却没有深入探讨跨国并购中的学习路径和能力累积机制的系统研究。这个主题随着中国企业跨国并购的不断升温,对以提高创新能力为重要目标的企业国际化具有重要的实践指导意义,值得深入研究。

我们的研究关注中国企业国际化过程中的学习和能力构建问题。除技术开发这个中心问题外,发展中国家的跨国企业作为追随者学习知识和开发能力是至关重要的挑战(Gassmann & von Zedtwitz, 1998;Wagner & Boutellier, 2002)。在过去的 30 多年,关于这个问题的研究主要关注发展中国家的项目、企业、行业和国家层次(Kim & Lee, 2003;Lee et al., 1988;Kim, 1997;Kim & Nelson, 2000),很少研究探讨 IT 行业具体技术学习过程和企业能力提升机制问题。具体将回答三个问题:第一,跨国并购中的学习路径是什么?第二,跨国并购中的企业能力累积方式是什么?第三,跨国并购中的学习路径与能力累积的系统性综合机制是什么?

本章接下来的结构安排是:第二部分介绍方法论,案例信息展示在第三部分,第四部分基于案例的深入分析和理论实践对标,探讨中国企业国际化过程中的逆向学习和企业能力提升问题。研究结论和研究意义在最后一部分讨论。

二、方法论

（一）研究方法

本章的研究问题是中国企业如何通过跨国并购进行知识学习和创新能力积累。案例研究有助于解答是什么、为什么和怎么样这些类型的问题，是回答本章问题的最佳方法。除此之外，选择案例研究法的原因还有以下两点：

首先，国际化中能力积累的机制属于探索性的研究问题，相关研究非常有限，案例研究有助于研究者在具有丰富历史性资料的情况下对问题进行较为深入的分析，以及在相对新的领域构建理论。

其次，能力积累以及国际化过程是一个较为复杂而且是动态变化的过程，案例研究有助于研究者对复杂事物进行分析，透过复杂现象发现本质。

（二）分析步骤

本章对数据的分析贯穿于从数据的收集到理论模型的整个过程之中，具体的分析步骤如下：

第一步：依据初始数据，拟定访谈提纲。基于研究前期所掌握的案例企业公开信息，对案例企业跨国并购实践进行初步分析，提炼要点；依据要点拟定访谈提纲，以进一步收集数据。

第二步：撰写单主题研究报告。根据收集的第一手资料和二手资料，依照分析框架（企业跨国并购的过程—学习途径—能力的变化和提升的路径），对案例企业进行分析。

第三步：撰写总研究报告。在单主题研究报告的基础之上，综合案例企业的学习路径和能力累积路径的信息，提炼系统性"学习与能力累积机制"。

第四步：根据总研究报告，通过理论与实践对接，最终提炼出跨国并购中学习与能力累积机制。在这一过程中，研究者需要不断将理论与数据信息进行对接，在不断的修正与调试后形成最后的理论模型。

（三）案例选择

近年来，中国逐渐成为全球新兴市场的代表，中国企业的国际化进程逐渐加大，从一开始的外资进入中国逐渐演变为中国企业进入海外市场。鉴于此，中国企业的国际化实践为研究企业国际化与创新能力积累之间的关系提供了很好的样本。联想作为中国优秀的本土企业，以海外并购的方式开展国际化并创造了"蛇吞象"的奇迹，为本章研究的开展提供了丰富的素材。

我们选取联想跨国并购实践作为研究对象，从案例研究方法对案例选择的要求来看，满足理论抽样的原则：

首先，联想集团在国际化运营过程中，基于独特技术和能力的不断升级和累积，最终成为全球领先的 IT 企业，是众多企业学习的榜样。2004 年，营业收入不过 30 亿美元的 20 岁年轻企业——联想集团收购了营业额大约 90 亿美元的 93 岁 IBM 的 PC 业务，神话般的"中国蛇吞外国象"引起商界的轩然大波和学者的密切关注（王海，2007；武亚军，2007，2009）。2011 年，联想集团成为全球第二大 PC 生产厂商，超越了最初成为全球第三大 PC 生产厂商的并购目标，这样显赫的成绩不得不令人思考 2004 年跨国并购对联想集团的重要影响。

其次，联想国际化的路径是通过海外并购优秀品牌直接进入发达国家的国际化模式，具有长久而丰富的国际化经验，为案例内研究提供了足够的数据信息，便于研究者开展纵向的案例研究以发现案例企业国际化进程中能力积累路径。另外，案例企业较高的文献储存与管理水平，为研究者查阅与获取数据提供了便利。

最后，跨国并购成为越来越多的中国企业普遍采用的国际化发展模式，能力的培养与积累又是中国企业面对的一大挑战，本章对二者间关系的研究结论，能够帮助更多的中国企业通过跨国并购实现知识学习和创新能力积累。

（四）数据来源

本章中的数据主要有以下来源途径：第一，通过对案例企业高管及员工的访谈以及高管的专题演讲；第二，源自媒体中案例企业高管的访谈资料；第三，内部文本资料以及外部公共出版物。其中，我们在 2007 ~ 2009 年对联想公司的相关高管进行了访谈；剩余的资料也都基本是在 2007 ~ 2014 年通过多种渠道获得的。

在数据的获取方面，我们依照三角测量法的要求，通过对高管及员工进行直接访谈、高管的主题报告等方式收集第一手资料（9 次调研访谈，董事局主席柳传志和联想控股常务副总裁杨元庆的 4 次专题演讲）；基于主流会议、报纸和商务杂志的访谈受到大众的普遍认可，故我们通过关键人物的媒体访谈资料进一步丰富数据信息；通过内部的文本资料以及外部资料（网络信息，公开出版物，案例研究书籍、报纸和杂志等）对所获取的数据信息进行补充和验证。以上数据收集渠道保证了数据的客观性和有效性，有助于保障研究结论的科学性（见表 4－1）。

表 4－1　数据来源

数据来源	主题	渠道	获取时间
柳传志（董事局主席）	联想集团管理特色	《联想集团管理特色》专题演讲	2007 年 6 月
柳传志（董事局主席）	联想集团战略规划、领导力、人才培养、企业文化创建和执行力建设	访谈	2007 年 6 月
杨元庆（首席执行官）	联想集团国际化的战略选择、国际化战略的执行、技术发展战略	访谈	2007 年 12 月
吴亦兵（联想控股常务副总裁）	联想集团战略转型与业务重组	《联想集团战略转型与业务重组》专题演讲	2008 年 5 月
吴亦兵（联想控股常务副总裁）	中国企业管理特色，并购战略选择与整合	访谈	2008 年 5 月
刘军（联想集团高级副总裁）	联想集团发展历程、国际化决策与整合、核心竞争力建设	访谈	2008 年 10 月
吴亦兵（联想控股常务副总裁）	联想集团战略问题等	访谈	2008 年 11 月
杜建华（联想集团副总裁、中国平台总经理）	联想集团国际化过程中的文化管理、平台建设和人力资源管理等方面整合	访谈	2009 年 1 月
尉伟东（联想集团产品链管理部高级总监）	联想集团技术创新内容及研发组织与管理	访谈	2009 年 1 月
夏立（联想集团副总裁、中国区总经理）	联想集团国际化战略的实施、金融危机对联想集团的影响	访谈	2009 年 7 月

数据来源	主题	渠道	获取时间
吴亦兵（联想控股常务副总裁）	联想集团国际化之路	《联想集团国际化之路》专题演讲和访谈	2009 年 9 月
柳传志（董事局主席）	联想集团国际化之路	《联想集团国际化之路》专题演讲	2011 年 5 月
联想员工	企业发展，研发，销售等	访谈	2012 年 1 月

资料来源：《中国式企业管理成功之道研究——联想集团有限公司》（2011），孙忠娟和谢伟（2012）等。

三、案例描述：联想的国际化历程及跨国并购效果

（一）联想的国际化历程

1984 年，柳传志等 11 名中国科学院计算所的科技人员怀揣 20 万元开始了创业之路，经过了 27 年的奋斗，先后经历了贸易阶段—工业化阶段—技术阶段—国际化阶段，如今联想已经成为以生产多种 IT 产品为主的大型国际化集团，全球第二大 PC 生产厂商。

贸易阶段（1984~1990 年）：联想开展了广泛的贸易，通过与贸易对象合作，积累了市场运作、渠道建设、管理方法和企业管理经验及规模销售、财务分析等知识，不断提高管理水平和运作能力。

工业化阶段（1991~2000 年）：逐渐形成自主的技术与品牌，并通过学习获得了典型管理方法 ERP、物流、库存和成本控制等方面的知识。

技术阶段（2001~2004 年）：2000 年，联想建立两级架构体系，包括中央研究院、平台和事业部研发机构两级，提升了研发与创新能力。

国际化阶段（2004 年末至今）：2004 年，联想签署了收购 IBM 的 PC 事业部的协议，开展了国际化之路。通过此次技术并购，联想获取了使用 IBM 品牌和

Thinkpad 商标权的权利，并通过一系列附属协议获取了非技术类知识。通过国际化，联想从事业部研发为主发展为规划清晰、相互协调的全球研发体系；从主要从事贸易的小公司成长为拥有核心技术，并且可进行大规模自主创新的知名企业。联想的发展历程如表4-2所示。

表4-2 联想的发展历程

时间	事件	主要技术	特征
贸易阶段 (1984~1990年)	进行广泛贸易，并向其接触的公司学习市场运作、渠道建设、管理方法和企业管理经验及规模销售、财务分析等知识，不断提高管理水平和运作能力。同时，此阶段也形成了联想文化的雏形	主要技术包括1987年研发的联想汉卡和1990年推出的联想286电脑	从研发和创新的角度来看，联想是以短期盈利为导向进行的研发和创新 公司业务单元单独摸索用户需求进行的创新，例如研究计算机如何在中国推广、汉字模式和字符如何转化等研发活动。此阶段联想在代理其他产品的同时，也做出了一些自主创新的产品
工业化阶段 (1991~2000年)	成长为一个成熟的公司，形成了核心业务，推出了自有品牌，公司管理日趋正规化。依托于事业部进行研发和创新，形成了两个快速成长的业务和一批新技术。其一是在1994年成立的追求自主品牌的微机事业部，研发了包括主板技术、一体机和千禧电脑等技术；其二是海外事业部研发了掌上电脑和主板免跳线技术。其中，主板免跳线技术是1994年推出的一个核心技术，其技术是联想的一大进步	继1990年联想推出第一台自有品牌286电脑之后，相继推出了386、486、586和"奔腾"处理器的新型计算机 1992年在全球率先提出"家用电脑"概念，坚定地走上了自有品牌产品的发展道路	1994~1999年，联想事业部制得到蓬勃发展 1996~2000年，联想连续4年实现国内市场占有率第一 技术成果的转化价值方面也存在很大的问题

续表

时间	事件	主要技术	特征
技术阶段 （2001～2004 年）	1999 年开始酝酿、2000 年开始建立两级架构体系，包括中央研究院、平台和事业部研发机构两级 基本建成符合企业发展战略的研发机构和管理体系，设置的两级研发体系较好地保障了研发和创新能力不断提升，并为后期较快的研发能力良好发展奠定了坚实的基础	2001 年，联想开发出了"英特尔 i845"芯片主板加液晶显示器的新计算机 2002 年是"联想的技术元年"，其中以 8 月 29 日联想万亿次机研制成功为转折点 同年，举办第一届联想技术创新大会，正式地确定并推出"关联应用"的技术战略 2003 年"深腾 6800"高性能计算机成功研制	2001 年正式建立了联想中央研究院，其目标主要是实现三种功能：一是研究与公司核心业务相关的核心技术，支持核心业务即公司现金流的支撑业务的成长；二是探索研发驱动的新业务机会，寻找公司未来增长的空间；三是培养公司人才和树立技术品牌。联想通过两级架构，实现了能力复制和技术积累，形成了市场和技术的无缝连接，大大提高了创新效率。例如，联想祥云火炬就是在两级架构体系下设计出来的，工业设计达到了世界一流水平
国际化阶段 （2004 年末至今）	2004 年 12 月 8 日，联想集团和 IBM 正式签署协议，收购 IBM 的 PC 事业部	到 2011 年 9 月，联想已拥有 46 个世界一流实验室，持有 6500 件全球级专利，其中近 5000 项是发明专利，单在 2010 年就新增 500 个专利，而且联想也是中国企业里为数不多的能够从专利上获取收入的企业，2010 年专利收入就达到 2000 万美元	联想收购 IBM 的 PC 事业部之后，由北京的联想研发中心、日本大和研发中心和美国罗利研发中心组成的全球协同高效的创新体系，实现了研发机构国际化

（二）并购后效果

联想进行跨国并购为的是拓展市场、强化地位、扩大公司规模，分散公司风险、实现协同效应，最终获取竞争优势的需要。经过早期和中期的国际化经验积累和实力铺垫后，联想尽管缩小了与行业内顶级企业的差距，但在企业规模、国际市场份额、产品技术和品牌知名度等方面尚存很大缺口，再加之联想集团作为中国民族企业肩负着走向世界的神圣使命。因此，在自身发展和成长目标、动力以及国内外竞争压力的推动下，联想集团开始了跨国并购。

从 2004 年宣布并购开始，联想对"象"消化得如何了呢？本章从盈利指标、联想愿景、业务布局和创新能力四个方面进行分析，其中盈利指标用定量的指标测量联想是否做大做强了，联想愿景的实现情况用定性分析来测量联想并购整合是否遵循战略目标。

1. 创新绩效

目前，联想已经从事业部研发为主发展为规划清晰、相互协调的全球研发体系；从主要从事贸易的小公司成长为拥有核心技术，并且可进行大规模自主创新的知名企业。并购后，联想实现了品牌能力的提升，拥有全球领先的研发和智力管理流程，把握业务最新发展趋势；公司级研发总部拥有多领域技术创新的能力和人才，具有成本优势；具有世界一流的笔记本创新能力，全球顶尖的笔记本研发团队和"尽善尽美"的独特文化特质。

到 2011 年 9 月，联想已拥有 46 个世界一流实验室，持有 6500 件全球级专利，其中近 5000 项是发明专利，单 2010 年就新增 500 个专利，而且联想也是中国企业里为数不多的能够从专利上获取收入的企业，2010 年专利收入就达到 2000 万美元。

在美国《商业周刊》近两年评出的全球最具创新精神的前 50 家企业中，联想赫然在列。技术创新无疑已经成为国际化联想进步的动力源泉，而"全球创新三角"正是创新的保障。

2. 愿景分析

几乎每一个了解联想的人都知道，联想千年之后的目标是"做服务的、高科技的和国际化的"联想，接下来我们将从三个维度进行测度。对于"服务的联想"，联想在 2001~2003 年试图进行业务模式向服务业转型，但 2003 年基本放弃了服务业务，该目标未能实现；对于"高科技的联想"，如前所述，通过并购得到了 IBM 的 PC 事业部的全部产品与研发技术，并保持稳定状态，直接实现了该目标；对于"国际化的联想"，2008 年联想海外营业收入占到财年收入的66%；2009 年实现了 57% 的占比，即联想近六成的营业收入来自海外市场，可以说基本实现"国际化的联想"。从三大愿景的简单相加可以看出，联想的战略目标实现了 2/3。

3. 盈利与业务分布

盈利能力分析将从并购后盈利相关会计账目的绝对值以及变化率两方面入手，主要包括营业额、经营盈利和除税后盈利，如表 4-3 和图 4-1 所示。我们可以看出，并购后联想的销售收入、经营盈利以及除税后盈利（即净利润）前三年增长都是比较平缓的，尽管 2008 年出现了剧烈震荡，但是考虑经济危机的影响可以视为特殊情况，尤其是 2009 年度联想的盈利情况又恢复乐观。简单地说，联想并购后五年中，有四年实现了盈利。

表 4-3　2004～2009 年联想集团盈利情况　　　单位：亿港元

年份	2004	2005	2006	2007	2008	2009	2010
营业额	225	1035	1135	1308	1155	1293	1682
经营盈利	11	11	15	38	－16	13	26
除税后盈利	11	2	12	37	－17	10	21

资料来源：根据公开资料整理。

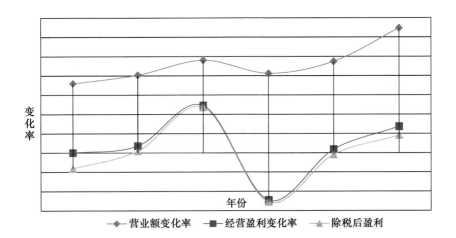

图 4-1　联想并购后整合效果

资料来源：根据公开资料整理。

2011 年 9 月 30 日，联想财年第三季度报表宣称：联想已成为全球第二大 PC 生产厂商。连续十个季度创造了超越市场平均增幅的神话，并连续八个季度成为四大电脑厂商中增幅最快的厂商，且季度内市场份额达13.5%，并进一步提升了在中国、成熟市场及新兴市场的市场份额（张小平，2012）。2011年年会中，联想报告了其当前业务布局遍布全球（见图4-2）。

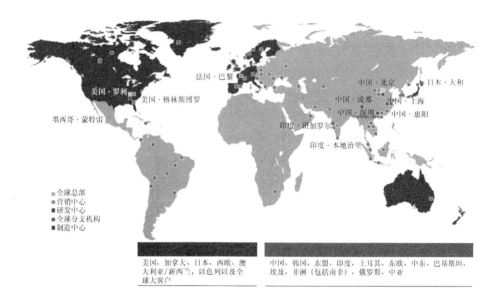

图4-2　联想业务布局

资料来源：联想集团内部资料。

四、案例分析

（一）跨国并购中的学习途径

2004年，联想收购了IBM的PC事业部，获取了世界领先的笔记本研发技术和研发团队，被称为"蛇吞象"。在收购完成后，联想在计算机行业中的品牌形象得到大幅度提升，技术能力不断提高，这得益于联想在国际化中积极学习先进知识。联想国际化中的学习途径主要表现为获取、整合和内化三种路径（见表4-4）。

表4-4 联想公司国际化中的主要学习途径

学习路径	知识流动方向	示例
获取	外到内	通过收购 IBM 的 PC 事业部，获得了 IBM 的 PC 事业部的全部产品、研发团队与研发技术
整合	外到内；下到上	对内外部资源的有效整合，将并购所得知识与内部已有知识进行融合、消化
内化	内到外	由中国、日本和美国三地的研发中心组成全球研发体系，助力新技术的落地

  联想在经历了贸工技发展阶段后，在国内计算机行业已经积累了一定的技术基础，但面对国际市场，联想既缺乏有利的品牌效应，又缺乏领先的核心技术。并购 IBM 的 PC 事业部为联想提供了一个双赢的方案。通过技术并购，联想首先获取了当前世界领先的笔记本创新能力和全球顶尖的研发团队以及全球化的品牌。其次，通过并购后的整合实现了企业内外部资源的良好融合，构建了联想的新体系。最后，通过全球三角研发中心的构建，实现了在全球范围内的研发协同，实现了技术深化和技术商业化的双向发展。

  具体而言，如果将并购之前的联想看作一个整体，则 IBM 的 PC 事业部是联想国际化中的主要知识输入方；联想总部在已有的技术和管理知识基础之上，将输入的新知识与已有知识进行整合，并形成新的知识体系；再通过海外研发中心探索、开发新的知识，实现创新；最后将创新的知识深化累积和商业化知识的内化（见图4-3）。

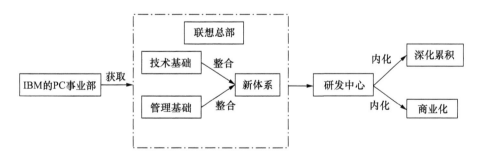

图4-3 联想跨国并购中的知识获取、整合和内化

  第一，获取：通过跨国并购获取研发团队和全球化品牌。通过此次技术并购，联想获取了使用 IBM 品牌和 Thinkpad 商标权的权利，并通过一系列附属协

议获取了非技术类知识。

第二，整合：通过并购后整合实现内外部资源对接。2004～2009年是联想并购整合时期。技术并购为联想带来的是先进的技术知识和企业文化，但是只有充分吸收这些先进的知识才能为企业带来效益。在并购之后，联想在文化、财务、营销、信息化、技术、人力资源以及组织结构等方面深化了内部整合；在实现政治合法性、保留客户资源以及品牌等方面深化了外部整合（见表4－5）。

表4－5　联想并购后主要的整合措施

内部业务整合		
整合部分	整合关键措施	整合特点
文化整合	成立专门的联想全球文化整合小组；以双方共同的企业文化要素为根基进行深入交流沟通	注重理解、兼容并包；注重交流，消除不安；达到深层共识后推行新文化
财务整合	与国际知名投资银行合作，引入战略投资	有效地利用全球资源，有效整合可调动的财务资金，弥补短板
营销整合	多种方式延续IBM高端品牌形象；输出国内优势营销方式至海外市场	首要的是保持各自优势，并在面对问题时果断移植优势、实现升级优势、创新
信息化整合	同时运行IBM和联想自有的两套系统后，引进优于任何一方的SCM管理系统，实现联想原有的ERP和IBM的ERP系统无缝连接	维持稳定，整合一段时间后，实现双方的共同升级
技术整合	在比较和学习中提升管理和运营方式；优势互补，分工合作 保留IBM的技术人员；延续IBM品牌的优势转移至联想	充分发挥和挖掘各技术中心的优势，在融合中实现良好合作，造就协同效应
人力资源整合	高层调整与员工整合有序进行；人力资源政策改革（先任用原IBM副总裁，后聘任戴尔副总裁阿梅里奥作为职业经理人，并随后引进一批戴尔的优秀人才，吸纳了戴尔的管理经验和做法）	实现人员优化、安抚现有员工和给员工美好愿景的有机结合
组织架构整合	多次调整组织架构	在维持稳定的前提下，吸收目标企业优势，成熟时推出升级版独特运营体系

外部环境协调		
整合部分	整合关键措施	整合特点
规避政治障碍	解决美国外国投资委员会（CFIUS）的延长审核问题	依靠可以发动的具有影响力的力量，例如 TPG 的全力斡旋
避免客户流失	应对同行的"IBM 客户追逐计划"	"保留 IBM 原来的一切做法"，每天都与客户沟通，直到客户对与联想的合作充满期待
延续、提升品牌	联想品牌并没有如预期的那样大幅度提升	广告中依托 IBM 显现联想，进行有影响力的赞助

资料来源：根据《中国式企业管理成功之道研究——联想集团有限公司》课题资料、参考图书和王谦（2010）等资料整理。

第三，内化：通过构建海外研发中心实现知识深化累积和商业化。为了创造新的资源和能力，联想并购 IBM 的 PC 事业部以后开始构建包括北京的联想研发中心、日本大和研发中心和美国罗利研发中心的全球研发三角，2005 年 10 月 1 日正式开始运转，名曰"联想全球协同高效创新体系"，形成了全球一体化的研发团队，建立了研发机构与各业务部门紧密协同、高效创新的链接机制和一流的试验环境（见图 4-4）。目前，联想基于此体系，已在全球内建立 46 个实验室，包括未来技术中心、技术创新中心、EMC 实验室、可靠性实验室、破坏性实验室、音响效果实验室、主板 4CORNOR 测试实验室等。2008 年 4 月，联想开发的全世界最薄的全功能笔记本就是联想高效整合积累技术的典型一例。这个产品因为 CPU 的主频很高，且紧凑、高密度以致信号互相干扰强，另外，总线的频率非常高，容易相互干扰，使产品的推出遇到了大量的困难。这一系列问题的解决得益于多地域的协作：主力是深圳和日本的合作，主板是联想深圳的板级技术平台研发的，采用主板最新的高密度集成 HBI 技术，最厚的地方仅 17 ～ 18 毫米，铝镁合金的框架结构和保护是日本研究中心进行了大量的结构仿真和设计来实现的，散热模组主要是日本研究中心做的，非常领先，器件级创新发挥了日本的传统优势，轻薄概念的大方向是研究院提出的，市场调研是事业部业务单元做的。

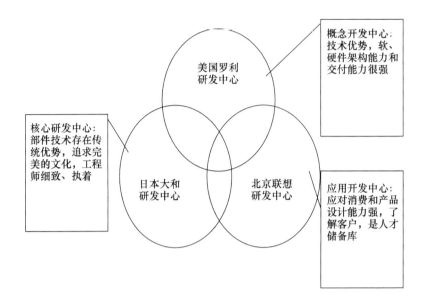

图4-4 联想的海外研发中心体系

（二）能力积累机制

获取、整合和内化是联想国际化中主要的三种学习途径，其中通过跨国并购的知识直接获取为联想输入了行业最先进的技术知识、研发团队和品牌；为了加深对新知识和技能的消化和吸收，联想通过对内外部进行整合。通过获取和整合，联想实现了能力的初次积累。海外研发体系的构建为联想进行产品创新、前沿技术研发等提供了可靠的支撑，推动了联想能力的内化、升级与再造。

根据图4-5，我们可以总结联想的学习路径为两个阶段。第一阶段是以直接获取和并购后整合学习为路径的学习阶段。联想公司通过并购行业中领先企业，获得全球先进的PC研发技术和团队，并通过后期的整合实现对新知识的应用能力。第二阶段是以设立海外研发中心为路径的内化学习路径阶段。通过第一阶段的获取和整合，联想集团基本掌握了现有行业内先进的知识，依赖于其在中国、美国和日本构建的海外研发体系，探索与开发行业领先的技术知识、市场知识和管理知识，该阶段称为内化学习阶段。

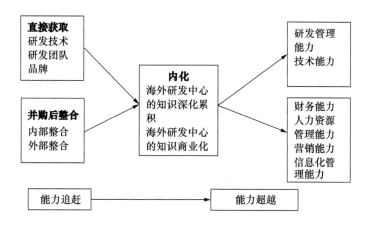

图 4 – 5 学习与能力积累机制

根据学习路径，相应的企业能力累积也可以分为两个阶段。第一阶段是能力追赶阶段。对于发展中国家的企业来说，国际化意味着企业能够直接接触先进的市场知识、技术知识和管理知识，它们通过在国际化过程中接触客户、与国外企业合作、母（子）公司知识传递以及并购先进企业等途径获取先进知识，不断追赶先进企业。该阶段中能力的积累主要依赖于企业通过对先进知识的应用，通过加快技术和知识的商业化而逐渐向国际先进企业靠近，最终实现能力追赶。第二阶段是能力超越阶段。通过能力追赶，企业的技术和管理能力不断逼近甚至超越国际先进企业。联想集团通过设立研发中心进行技术的深化和新技术开发，渐渐成为国际领先企业。

五、结论与讨论

（一）研究结论

本章对联想集团这样的后发企业的国际化战略和市场扩张之间的关系和基于不同学习路径的能力升级的研究有一些重要的发现。首先，探讨了跨国并购中的企业学习路径。具体来讲，主要有获取、并购后整合和内化三种路径。其中，获取是通过跨国并购获取研发团队和全球化品牌，整合是通过并购后整合实现内外部资源对接，而内化则通过构建海外研发中心的实现知识深化累积和商业化。其次，研究总结联想的学习路径为两个阶段，分别是以获取和并购后整合学习为路径的学习阶段和以设立海外研发中心为路径的内化学习阶段。再次，根据学习路径，研究将企业能力累积也分为相对应的能力追赶阶段和能力超越两个阶段。最后，提出三种学习路径、两个学习阶段和两个能力累积阶段的系统性学习与企业能力累积模型，即三种学习路径分为两个阶段，分别是以直接获取和并购后整合学习为路径的学习阶段和以设立海外研发中心为路径的内化学习路径阶段，企业能力累积也相应地分为能力追赶阶段和能力超越两个阶段。

案例为构建企业能力的新进入者开发新的学习路径，即获取、整合和内化。另外，学习与能力提升相互对应，密不可分。在每一个学习阶段中，它们有具体的学习路径和能力提升机制。这个跨国并购中的学习路径与能力累积机制，值得处于当前中国过渡性的制度和市场环境的其他企业模仿和学习。

（二）管理意义

联想集团的案例结果有明显的管理意义。首先，通过跨国并购实现了企业学习和企业能力累积的经验，企业可以通过跨国并购构建企业技术和整体能力，通过跨国并购获得知识和能力。

其次，它们应该将现有的资源和能力与新并购的资源和能力清楚地对接，以根据必要的调整提高竞争力。内外部资源的整合是实现学习的路径，更是实现知识累积的第一步。

最后，海外研发中心是企业研发创新的重要源泉。海外研发中心不仅可以实现知识累积、技术的商业化，还能实现新的探索式的技术创新。

案例企业的经验也特别适用于发展中国家的后发企业。虽然 R&D 的投资被视为对行业激烈竞争至关重要，但是切实评估机会成本和可能的收益，对一个相较于大型跨国企业而言，资源有限的企业投资是必要的。资源有限的公司对经营活动和学习努力的分配比例是能够成功地与它的竞争对手竞争。

然而，考虑到案例研究的探索性，本章的研究结果缺乏更多案例或实证数据的支持，结论需要进一步研究验证。

第五章 模仿创新的过程、陷阱、关键成功要素及保障机制

——多案例研究视角

模仿广泛存在于现实中，不仅是重要的学习机制之一，而且是重要的创新机制之一。然而，对模仿的研究还比较脆弱，很少学者关注模仿的相关研究。本章基于软件、建材、家居、照明和制药五个行业进行多案例研究，首先总结了企业模仿的动力来源、发生方式、信息来源和实施过程，其次运用理论与实践、现状与问题的双重对比分析，总结企业模仿的六大陷阱，最后基于模仿的过程研究、陷阱，提出模仿创新的关键成功要素及保障机制。

一、引言

模仿是中国企业产品开发的重要机制之一，对于中国企业完成生存和发展的任务非常关键（谢伟，2006）。首先，基于我国绝大多数企业仍不具备完全意义上自主创新的基础与能力的背景，模仿、消化发达国家的技术可减少重复性研发、降低成本、节省时间，实现技术追赶。正如林毅夫（2002）指出，发展中国家采取跟随策略静等发达国家的研发，然后采用购买专利的方式来取得技术，这样不仅可节约技术研发成本的2/3，并且规避了99%的失败风险，大大增强了资金的利用率。实践中，国内不乏通过模仿而实现企业能力迅速提升的经典案例，

如表 5 - 1 所示。

表 5 - 1 模仿行为经典案例

模仿方	模仿行为	实现效果
奇瑞汽车	模仿通用 Spark、丰田 RAV4 等	成功生产几个车型,提升了品牌知名度
比亚迪	宝马、起亚、丰田等	实现原始技术积累
吉利汽车	模仿奔驰、劳斯莱斯、吉利豪情,利用现有车型分拆并模仿	"模仿借鉴水平"奠定技术基础,进而自主创新
百度	模仿 Google 超链分析核心技术、地图、桌面搜索、工具栏、新闻快讯订阅、Google Answers 和 AdSense	节省调研费用,先后模仿新技术,实现丰厚利润
当当	全面模仿 AMAZON,尤其是网上书店,并致力于构建全球最大的中文网上书店	在中国成功复制亚马逊,重新建立适合企业本地化生存的新规
腾讯 QQ	模仿 ICQ 整个平台	技术实现了超越创新,成为领先者
团购网站	模仿 Groupon 的运营	迅速复制,快速兴起
国产汽车厂合资生产	进口国外的产品设计图纸、通过整车装配实践,提高国产率	实现技术累积,为自主创新打下基础

资料来源:根据参考文献及公开资料整理。

本质上讲,模仿与创新是同一个东西,只是二者高度不同而已。创新是率先模仿,是超越式模仿。模仿不是单一式的,模仿的过程是一个学习、研究、消化与自身实际情况结合的多阶段序贯连接的过程,是一个很复杂的系统工程。一个企业的发展首先要去学习、模仿,在学习(模仿)的过程中根据自己和市场的特点,再进行创新,即模仿是基础性学习,而创新则是模仿的升华。另外,尽管模仿和创新的高度不同,但模仿并没有完全弱于创新,二者相比各有优劣和适用环境(见表 5 -2)。

本章以中国传统的制造企业为研究对象,研究企业模仿创新的途径及其重要影响因素,进而分析模仿创新中存在的潜在陷阱。一方面,丰富过去关于模仿的理论研究;另一方面,指导企业的经营实践,提升企业技术进步的速度。

表 5 – 2　模仿和创新比较

	模仿	创新
优势	较低的研发成本； 开发时间较短； 从创新者经验中学习； 较低的需求不确定性； 避免技术和产品不确定性伤害的可能性高	声誉、分销渠道的先占优势； 获得特殊经验； 标准定义； 设定防止模仿的障碍； 先动者利润
劣势	进入障碍； 创新者已经成为技术和市场的领导者； 品牌形象收益低； 服从现有的标准	承担先动者成本； 需求的不确定性； 购买者需求的变化； 新产品缺陷及技术不确定性
适用环境	知识产权保护弱、技术相互依赖、技术和市场不确定性高、技术变化迅速和信息流动快的产业	知识产权保护较强、技术相互依赖、技术和市场不确定性较低、技术变化相对稳定的产业

资料来源：根据参考文献整理。

本章的主要框架主要由五部分组成。第一部分是本章的引言部分，提出研究背景和问题。第二部分介绍研究现状。第三部分是本章的研究方法，介绍相关的研究问题、案例信息和研究方案。第四部分进行多案例分析，指出模仿创新的主要路径及其影响因素和潜在陷阱，本部分也是本章的核心部分。第五部分对本章进行总结，指出研究贡献及不足之处。

二、研究现状

（一）国外已有研究成果

在国外早期的相关研究中，除 Levitt 和 March（1988）和 Huber（1991）认为模仿存在一定程度的正向效应外，其余研究基本认为模仿的绩效是负向的。直到 20 世纪 70 年代，日本、韩国等国的中小企业纷纷模仿欧美企业取得巨大成功后，模仿才作为一种重要的企业战略得到了学者越来越多的关注，并且 Levitt

（1966）在《哈佛商业评论》上发表的"创新性模仿"（*innovative imitation*）一文推动了经济学领域对模仿的广泛研究，并取得了一定的理论成果。当前，有关模仿的研究，主要集中在模仿的概念、基本理论、分类、动因及优势、劣势六个方面（谢伟等，2010）。

第一，关于模仿的最早研究源于社会心理学，研究学者有 Tarde（1903）和 McDougall（1928）。关于模仿的定义，主要有组织理论视角（Haunschild，1997）、技术学习理论视角（Kim，1997）和创新管理视角（Bolton，1993）等。

第二，目前涉及"模仿"的经济学和管理学方面的理论包括技术创新理论（熊彼特，2008）、企业模仿行为理论（Lieberman & Montgomery，1988；Fligstein，1985；Haunschild，1993）、羊群行为理论（Bikhchandani & Sharma，2001；Kennedy，2002；Bnerjee，1992）、行为经济学理论（Scharfstein & Stein，1990）和商业创新模式理论（Liebereman & Asaba，2006；谢伟、孙忠娟和周巍，2011）。

第三，关于模仿的分类总的来说有两类划分依据，且每种依据下有两种划分标准，即主要有四类分类标准对模仿进行分类，分别以身份、行为准则、模仿的相似程度和模仿目的为分类标准，如表 5 – 3 所示。

表 5 – 3　模仿的分类

以模仿者为分类依据	以身份为分类标准	新来者的模仿
		从业者的模仿
		零售商的模仿
	以行为准则为分类标准	寄生式的模仿
		竞争式的模仿
		诱发式的模仿
以模仿行为为分类依据	以模仿的相似程度为分类标准	克隆模仿
		增量模仿
		边际模仿
		创新模仿
	以模仿目的为分类标准	基于频率的模仿
		基于结果的模仿
		基于特色的模仿

资料来源：根据参考文献整理。

第四，模仿动机可以概括为以下八点：①汲取教训，避免资源浪费在没有市场潜力的项目上；②项目创新大量投入；③集中资源、改造和升级技术，提高效率；④节省产品推广、消费者认知和品牌树立的成本；⑤向创新成功者学习经验，降低进入门槛；⑥灵活面对市场，灵活供给不断增长的需求；⑦更快完善新创产品和服务，使其更符合市场需求的产品和服务；⑧简单从众，发送信号。

第五，模仿优势的研究主要集中在心理学、经济学、战略管理学、创新管理学、组织理论和制度理论六个领域（见图5－1）。然而，模仿的短板研究主要有资源观点（Barney，1991；Reed & Defillippi，1990）、博弈论的方法（Katz & Shapiro，1985）和企业战略研究（Rivkin，2000）。其中，模仿的主要短板包括模仿成本、模仿的障碍和风险。

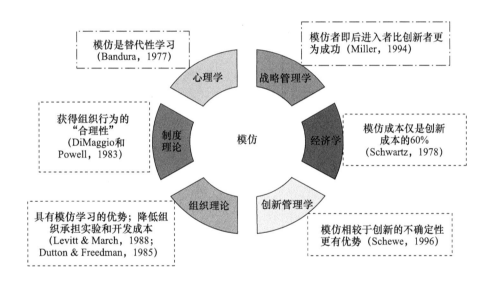

图5－1 模仿优势的研究领域

（二）国内已有研究成果

近年来，国内学者在模仿创新领域取得了显著的进展，主要体现在以下四个方面：第一，指出了模仿的重要性（施培公，1999；艾志红，2004）。其中，施培公（1999）指出模仿具有跟随性、创新性、"看中学"的学习积累机制、资源投入的集聚性和普遍性五个特征。第二，探讨了模仿的动因（年志远，2004；彭灿，2003）。其中，彭灿（2003）认为模仿可以实现复制效应、跨越效应和递增效应三个效应。第三，研究了模仿的特征，例如傅家骥（1998）根据创新计入市场时间的先后，将创新分为率先创新和模仿创新两个基本类型。第四，探讨了模仿创新能力（魏江、葛朝阳，1998；卢晓勇等，2005）。其中，卢晓勇等（2005）将模仿创新的知识运动过程分为模仿知识的引进、模仿知识的学习和模仿知识的创新三大阶段，并提出与此相应的模仿知识引进决策能力、模仿知识学习与掌握能力以及模仿知识创新能力三种模仿创新能力。

尽管有关模仿问题正在引起越来越多的国内外研究学者的注意，且国内关于技术学习的研究已经取得了重要的进展，但是，国内关于模仿的研究存在一个明显的问题，即缺乏对模仿活动的微观组织过程的深入研究。

（三）已有研究小结

总体来说，模仿的理论研究大部分还很脆弱，很少有学者在其研究领域内关注模仿的相关研究（Liberman & Asaba，2006），尤其是对模仿过程和陷阱的系统研究还没有。具体而言，有关模仿的研究主要有两个特点：第一，有关模仿的研究大部分是相伴创新展开的，一般采用 Levitt（1966）的定义，即"创新性模仿"或"模仿创新"，专门针对模仿的研究仍不够深入和系统，有关模仿的研究才刚刚处于起步阶段。第二，有关模仿的国外研究尚处于认知阶段，主要论证了模仿的概念、重要性、动因和优劣等问题，而对模仿的实现过程及其效果缺乏系统性的研究，包括模仿动力来源、发生方式、信息来源、模仿途径、组织形式、实施过程、模仿陷阱等实践问题。

三、研究设想

尽管模仿的重要性已经在理论和实践中被确认，但有关模仿的大部分研究并不成熟，很少学者在其研究领域内关注模仿的相关研究（Liberman & Asaba，2006）。尤其是缺乏对模仿真正的发生方式、信息来源、模仿路径、组织形式、实施过程、模仿陷阱以及关键成功因素的系统性研究。这正是研究的核心立意，即通过多案例分析，总结模仿的实践动因、发生方式、信息来源、模仿路径、组织形式、实施过程、模仿陷阱以及关键成功机制及保障机制的构建，将关于模仿的研究从认知性概念研究深化到系统性过程研究。

（一）研究方法

本章采用了案例研究的方法。所谓案例研究方法就是通过对一个或多个案例进行调查、研究、分析、概括、总结并发现新知的过程。案例研究法主要有以下三点好处：第一，是对现实中复杂的和具体的现象进行深入和全面的实地考察，属于经验性研究。第二，无须控制研究现象的背景和变化进程。第三，案例研究法通过所选择的一个或几个案例来说明问题，用收集的资料分析事件间的逻辑关系，所得出的结论不依赖于抽样原理。

多案例研究方法是案例研究的一个分支，是应用多个数据收集方法从多个实体取得信息并在某确定环境内调查某现象的研究。从模仿的研究上讲，案例研究有利于回避研究课题的敏感性。因为社会对模仿的认可度很低，甚至在很多情况下模仿行为存在法律风险，因此在国内很难通过大样本问卷调查等书面形式获得真实反馈。案例研究至少存在包括文献、档案记录、采访、直接观察、参与性观察、实物证据六种主要的证据来源，在很大程度上避免这个问题对研究的负面影响。同时，Yin（1994）认为案例研究适合回答"怎么做"和"为什么"的问题，使研究更全面、更有说服力，能提高研究的深度，属于探索式研究；而且该方法基于理论基础，被认为能增加研究方法的严格程度。

本章之所以采用案例研究具体的原因，主要有以下三个：

第一，企业模仿的问题处于探索阶段。目前的学术研究告诉了我们"模仿是重要的"，但并不能告诉企业"如何组织和实施模仿工作"，本章关于模仿过程的研究属于探索性研究，待研究的问题处于已有理论和实证研究的空白，已有的文献不能够解释和回答所要研究的问题，这就需要从实践中总结、归纳出理论框架和概念模型，这时需要采取理论构建过程而不是理论验证的过程，因此，最优的研究策略应该是案例研究这样一种定性的归纳方法，而不是也无法从已有的理论假设出发进行演绎分析和推导。

第二，企业模仿的问题具有整体性和复杂性的特征。本章试图研究模仿的动力来源、发生方式、信息来源、组织形式和实施过程等实践问题。对这些问题的研究需要在整体上来把握企业的模仿过程，基于宏观视角进行微观定位。另外，企业的模仿行为极其复杂，不适合简化，难以设计出标准化的问卷，如果通过定量研究方法反而容易缺失很多问题的细节。

第三，通过与第一线的管理者进行面对面沟通，能够更好地解决管理中的实际问题，挖掘被学术界忽视的问题。

（二）研究问题

本章通过对软件、建材、家居、照明和制药五个行业内企业的研究，对模仿的现实情况进行全面剖析，进而总结具有一般意义的模仿动力来源、发生方式、信息来源、组织形式和实施过程。

（三）案例选择及信息获取

为实现研究的典型性、可复制性、可比较性，本章选取来自软件、建材、家居、照明和制药五个行业的典型企业，进行多案例研究。这些企业具有管理的典型性、行业的领先性和研究内容的相似性，符合案例研究的要求。值得指出的是，案例企业的选择主要是根据方便性的原则来获取的。

案例研究的数据收集方法一般有三种：访谈、观察和企业文档等资料分析，其中访谈是最重要的一种直接接触企业、获取第一手资料的方法，主要有以下三个优点：第一，易于获取真实鲜活的第一手数据。第二，互动性沟通使研究问题容易辨识清楚，保证了数据的真实性和有效性，这是其他研究方法（像问卷调查和二手数据分析）所不具备的。第三，访谈还具有启发性，有机会发现实践中的新思想，利于构建新理论。基于此，本章的数据收集方法以访谈为主，预制访谈提纲，采用半结构化方法访谈目标企业的第一线管理人员，并辅以企业文档分析，分析企业的内部刊物、年度报告、历史总结、有关项目文档、内部网上信息资料，以及企业公开发表信息、对外网站资料、外部媒体的相关报道等。

（四）研究方案

本章遵循"复制性原则"，每个案例的研究方案基本相同，但行业及企业个案的特性也使得具体操作有所区别，关于证据来源的可靠性探索，本章的初探性质更接近于描述性、探索性案例研究，在企业时间序列分析的基础上做对比分析，保证了内部效度。根据 Yin（1994）提出来的两种途径，本章首先通过前述非正式途径中有意识的观察积累了经验，并在逻辑推理的基础上开展五个案例分析类推研究规范，确保了研究的外部信度。其次，选取在行业中具有较强的代表性的五家企业，尽量做到数据可靠，资料分类，减少研究中的错误和偏见，使得相同研究可以再现相同结果，保证了研究方法的"可复制性"，确保了研究的信度。综上所述，本章在力所能及的范围内尽可能满足了案例研究信度和效度的要求，研究结果是真实可靠的。

四、案例企业基本信息及模仿关键行为

（一）案例企业基本信息

A 企业属于软件行业，目前在国内软件业已经达到了领先者地位，在其主攻的细分市场，其技术水准相比国外软件巨头也不落后，针对国内客户的易用性甚至还要胜过国外企业一筹。A 企业的被访者将其模仿活动的原动力归结为满足客户的定制需求，且其模范行为随着企业成长阶段变化较大。

B 企业属于建材制造企业，在国内属于比较领先的数家企业之一，但是整个建材行业相对于国外领先企业来讲水平非常落后，B 企业也属于国外技术的跟随者。就 B 单位和其所在行业来讲，原创性的研发极少，大部分属于消化吸收、组装集成或是研发外包，尽管 B 企业的研发在行业中算是做得有声有色的，但原创性的很少。企业做事的目的比较强，形而下的东西比较多，往往并未意识到自己在模仿，但是现实的选择只能是模仿。

C 企业属于家居用品制造企业，旗下有整体厨房、整体家装、内门系统、整体卫浴和家具配饰等。C 企业所在的家居建材行业总产值近年来一直在稳步增长，但与国外顶尖企业相比都存在相当大的差距，同样面临着生存与发展的双重挑战。C 企业为客户提供近 1 万种个性化的产品，包括 50 种以上的整体橱柜款式、3000 种卫浴产品、100 款内门产品、1000 款以上的家具产品、数千种灯具配饰等。根据客户的个性化需求，为客户的家居量身设计，按客户预算选定个性化产品，C 企业于 2003 年提出整体家居解决方案的概念，并为此进行了大量的模仿。

D 企业属于照明行业中的中型企业，在区域（某几省）市场中能够取得稳定的市场份额。D 企业主要产品是照明整流器，即照明灯具里的电子部分，相对来讲技术并不复杂，模仿的难度不是太大，模仿活动也非常多，一直在做，遍布新产品的开发和原有系列产品的拓展。主要产品比较大众化，技术含量不高，主要模仿对象就是市场在销售的产品。D 企业现仅有百人左右，规模较小，实力不强，在行业中处于跟随者的地位，没有能力做大规模的自主研发，无力所以也无意定位于行业的"领头羊"。

E 企业主要从事特殊药品的生产，在其产品所属的国内细分市场上拥有稳定的份额。国内医药行业的率先创新很少，基本都是跟随国外领先企业的技术路线和产品序列。E 企业认为自身的模仿行为是基于市场的压力和自身研发能力的薄弱，一方面国内医药行业自主研发能力非常差，一般来讲国际上一款新药的初期研发投入可能要在 10 亿美元量级，后续还要有 10 年左右的试验阶段，这些对于国内医药企业来说都是很难承受的；另一方面国家在对药价进行监控，但是药价偏高往往是由于中间流通环节过多，监控的结果让医药企业的生存压力更大，企业势必要寻找突破口。一方面生存压力大，另一方面研发能力差，最后的结果只能是通过模仿寻求突破。

（二）案例企业模仿的关键信息

A 企业的模仿来源主要是为满足客户的定制需求，偶尔也是跟踪国际的乐观情况。该企业活动随着其成长阶段变动颇大：在尚未取得国内企业的领先的 1996 ~ 1998 年，对竞争对手的研究和模仿相对较多，并且存在硬性分析对手产品及企业吸收优势的要求。2000 年之后，A 企业的产品线大致划分为了高中低三个系列，从三个层面指定模仿和研发战略。

B 企业模仿的来源比较多样，主要有通过销售人员的咨询报告、商贸出版物、商业期刊、行业例会、商业会展览、对手的网页获取一些有用信息。B 企业的研发部门包括一个研究院和三个事业部，都会涉及模仿活动，但主要还是在研究院下属的规划研发部。研发过程本身中的模仿在开始时是想按照市场的需求来定位，然后要了解目标产品的构成，用什么样的工艺来加工，最后又回归到了自主研发的正常步骤。

C 企业的模仿活动更多地是依靠研发部门来策划、组织、实施，首要来源是每年派出设计师代表参加德国科隆展会、意大利米兰展会、英国伯明翰室内设计展、法国室内装饰展等。其次，会通过销售部门、安装部门、客服部门来收集客户对于自身产品和竞争对手产品的意见；此外，还有到互联网上查阅竞争对手的主页，考察对手的专利申请书，研究本行业的杂志、报纸和其他出版物，偶然地，也可能在对对手雇员的雇用中受益。C 企业的领导层对于企业的模仿活动非常重视，始终把模仿活动视为提升技术能力的首要手段之一，在实施企业的战略布局时，选择了依托企业的传统优势项目开展模仿创新。企业领导层对于模仿活动提出了具体要求：日常工作力求流程化，无法达到的则项目化。依据这样的方针，企业的模仿活动都在遵循着一套常规流程，即由研发部进行技术布局，选择技术方案，发送至产品事业部，由产品事业部实施具体模仿项目。遇到紧急项目，则视项目重要性或是项目类型临时成立项目小组专门实施。项目小组力求多数部门都能参与，但不鼓励多数部门参加，以避免扯皮现象。

D 企业的被访者将模仿动力的主要来源归结于市场和客户需要。产品比较大众化，技术含量不高，模仿的难度不大，最早期的是在国外购买回来的，D 企业现在仅有百人左右，没有能力做大规模的自主研发，无力所以也无意定位于行业的"领头羊"。存在进行模仿的常设机构，即新产品开发部，同时遇到紧急情况也会成立项目小组。回顾 D 企业十几年的模仿和模仿创新经历，企业的主要领导者庆幸自己选对了路子，囿于人力物力所限，企业无力做自主研发，只有定位于跟随者的角色，采用端正、务实、科学的模仿思路，D 企业稳固了市场地位，塑造了国内市场的良好品牌，达到了自己的战略定位。

E 企业模仿信息的来源比较特殊，其最终的客户是患者，但最重要的模仿来源是相关的医生，查阅国外期刊文献、研究专利申请情况、参加行业大会及商贸展会等也是模仿的来源。E 企业模仿创新的程序比较复杂，首先科研人员对于每个可能的模仿产品提交建议（必须提交一份查新报告），再由市场部和科研部负责直接收集模仿来源，这两者是 E 企业模仿组织的最上端，会把其认为有价值的模仿方向提交给总裁会权衡、拍板。拍板后 E 企业要完成严格的临床试验，完成评估。在这个过程中，利于与医院建立良好关系，为药品入市做准备的阶段。E 企业的模仿活动基本上从未出现过项目小组的形式，由于药品的研发周期非常长，基本上不会出现短平快的项目，项目小组的形式一般来说是不太合适的。

五、案例分析和启示

（一）模仿行为的关键信息

通过企业基本信息和模仿行为的关键信息介绍，可以发现案例企业在应用模仿行为上，都是很成功的企业。对成功运用模仿行为的共性研究，有利于指导后来企业迅速、成功地模仿和经营。本章基于一般性考虑，根据案例研究，总结了模仿的双重动因、行为方式及其选择标准、信息来源、组织形式、实施过程。由于篇幅原因，本部分简单介绍了案例企业的基本情况后，在此不详细介绍每个企业的具体模仿情况，而直接给出结论。

1. 模仿的双重动因

本章经调研发现企业模仿活动的原动力主要有节省研发时间、研发费用、市场开拓费用、规避率先创新的试错风险，并及时推出热门产品、提升企业技术水准，如表 5 - 4 所示。

表 5 - 4　各企业模仿活动的动力来源

企业	模仿活动的动力
A	满足客户的定制需求
B	行业的模仿惯例和激烈竞争下控制研发成本、研发风险的压力
C	紧跟潮流和节省研发成本
D	节省人力、物力，同时模仿市场上的成熟产品而非热门产品
E	企业竞争压力较大，同时研发能力较弱

资料来源：笔者整理而得。

尽管企业模仿存在以上各种动力，但是最普遍的动因无非是成本节约和技术升级。案例企业无一例外地肯定了模仿在节约成本和提升技术方面的重要优势。

A 企业现在是其细分市场上的全球领先者，B 企业、C 企业和 E 企业是在其细分市场上的国内领先者，D 企业在其细分市场上已经拥有稳定的市场份额，回顾它们的发展历程，模仿活动一直是它们获取、提升技术能力和节约成本的重要因素。A 企业模仿活动的动力是要以较低研发费用、较短的研发周期来实现在软件技术性上盯紧竞争对手、在软件易用性上超越竞争对手。B 企业将其模仿活动的动力归结为行业的模仿惯例和激烈竞争下控制研发成本、研发风险的压力。值得注意的是国内建材制造行业一般以模仿活动作为主要的研发支撑，其中原创性的研发都比较少，大部分属于消化吸收、组装集成或是研发外包。其原因是国内制造业大多数企业自身实力很弱，在国际产业链中处在利润最薄的中段位置，面对激烈的竞争，没有研发实力，资金、装备、人力、积累不足，且抗风险能力较差，所以以较低的费用提升技术，实现在价值链中端站稳脚成为建材行业提升技术的惯性方式。家居 C 企业将其模仿的动力来源归结为紧跟潮流，其次才是研发成本的节省，但是很多时候后者的重要性甚至比前者还要高。C 企业面对家居行业不断推陈出新的换代速度，考虑到自身薄弱的设计研发力量，使得企业对于研发成本非常敏感，从而模仿活动很自然地成为 C 企业达到其预期目的的首选。D 企业的规模较小，将自己的模仿动力来源归结为节省人力、物力，同时模仿市场上的成熟产品而非热门产品，从而最大限度地降低风险。其首要目的是模仿更适合原有的生产设备、工人技能，不需要付出太多额外的投资即可完成从原有产品到模仿产品转变的产品和工艺，在节省人力、物力的基础上，实现盈利和规避风险。E 企业属于特殊药品制药企业，存在竞争压力较大和自身研发能力较弱的矛盾，需要借助模仿节省研发费用和时间、跟随热门产品、降低试错的风险等优势来维持企业的生存，促进企业的发展。医药产品研发的周期长、竞争压力大，研发速度要求高，企业自身实力又不足以完成动辄数十亿美元的率先创新，企业必然借助于模仿活动。

2. 模仿行为方式及其选择标准

五家案例企业都存在着较强的模仿氛围，这也侧面反映了中国企业中模仿的普遍性。那么这些模仿活动是如何发生的呢？它们是自发性的、引导性的，还是强制性的呢？笔者对于访谈案例进行梳理，发现自发性的模仿、强制性的模仿以及中间程度的引导性的模仿都存在。A 企业的产品规格说明书、E 企业的查新报告、出差报告是强制性的模仿活动，B 企业和 C 企业的模仿活动强制性要弱一些，可以视为引导性的模仿活动，而 D 企业的模仿行为基本很少在规章规划下进行，更多地是研发人员的自发性模仿行为。

企业的模仿行为在自发性模仿和强制性模仿之间摆动，笔者对影响因素做了初步研究，认为企业的战略定位、企业技术水准、企业领袖领导力影响模仿行为的选择。模仿的发生影响因素示意图如图 5-2 所示。

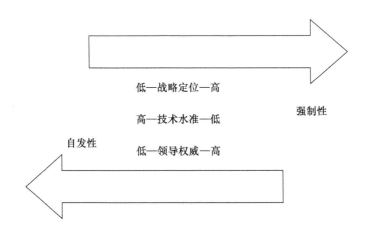

图 5-2　模仿的发生影响因素示意图

资料来源：笔者整理而得。

企业的战略定位越高，其强制性的模仿活动越多，自发性的模仿活动越少；相反，战略定位越低，强制性的模仿活动越少，自发性的模仿活动越多。在案例研究中，D 企业的战略定位最低，其强制性的模仿活动也最少。D 企业的信念是能让改制后的企业生存下去，企业中的模仿活动多是员工为了最小成本、最小风险而自发的选择，通过规章、规范来约束的强制性的模仿活动基本未见。

企业的技术水准越低，其强制性的模仿活动越多，自发性的模仿活动越少；相反，技术水准越高，强制性的模仿活动越少，自发性的模仿活动越多。以 A 企业为例，在 A 企业发展初期，企业用强制性的条文来强调模仿活动，每条规格说明书都必须有对手的比照说明，在企业技术大幅进步后，取消了强制性条文。原因主要有两点：第一，随着企业技术能力的提升，模仿活动的地位下降。第二，企业技术能力的提升伴随着研发人员素质的提升，机械的强制性模仿已经不再适应高素质人员的创新需要。

企业的领导权威越高，其强制性的模仿活动越多，自发性的模仿活动越少；相反，领导权威越低，强制性的模仿活动越少，自发性的模仿活动越多。相比其他企业，C 企业高层制定战略时对于模仿活动予以关注，对于企业模仿活动的参与程度最高，对企业模仿行为的影响力最强，在 C 企业技术水准不高、战略定位一般的情况下，其强制性模仿行为维持在较高水平。

3. 模仿活动的信息来源

本章归纳了企业模仿行为的信息来源，结果如表 5-5 所示。五家企业都将销售咨询报告作为信息来源，并且有四家企业将其作为重要的信息来源，其他的模仿信息来源都没有受到如此重视。其他被企业列为重要模仿来源的还有：关注产品计划，A 企业和 D 企业都将其作为重要来源，而 B 企业和 E 企业则由于其相关产品反求难度大，并没有将对手产品计划列入模仿来源；考察专利申请，B 企业将其作为重要模仿来源，C 企业和 E 企业将其列入模仿来源，A 企业和 D 企业则未将其作为模仿来源（A 企业、D 企业与 B 企业、E 企业刚好形成了互补，这可能是由于专利覆盖度和产品可反求性存在对立关系，从而企业的模仿来源选择也出现了互补现象）；参加商贸展览，是 C 企业的重要模仿来源，原因是 C 企业相关产品与艺术风格、流派密切相关，大型展会是其获得模仿来源的最佳场所，而其他企业的产品都没有这个特征，也就没有如此突出展会的重要性；参观对手企业，是 B 企业的重要模仿来源，同时没有其他企业选择该选项，究其原因，A 企业产品系统性突出，C 企业产品艺术性突出，D 企业产品技术含量较低，E 企业产品技术含量较高，参观对手企业并不是它们合适的选择。从上述分析中可以发现，企业会分析自身和自身产品的特质，然后选择能够提供最大、最优信息量的信息渠道。

表 5-5 企业模仿的信息来源统计

信息来源	A	B	C	D	E
分析承包契约	★				
销售咨询报告	★★	★★	★★	★	★★
关注产品计划	★★		★	★★	
考察专利申请		★★	★		★

信息来源	A	B	C	D	E
研究商贸刊物	★	★	★		★
参加行业例会	★	★	★		★
参加商贸展览			★★		★
关注报刊文章	★		★		
雇用对手雇员	★		★		
拥有对手股份					
参观对手企业		★★			
采访离职雇员					
上网查阅主页	★	★	★		

注："★"表示存在，"★★"表示重要。

资料来源：笔者整理而得。

同时还可以注意到，D 企业和 E 企业选择的模仿来源相对较少，而 D 企业和 E 企业恰好是五家企业中产品技术含量最低和最高的，很多模仿来源对于 D 企业没有必要，对于 E 企业则没有价值。可见，模仿的途径很多，而且随着技术水准不断提高，企业需要调整模仿途径，一成不变的模仿来源选择无法适应企业的所有技术阶段。过多的模仿来源可能会造成模仿投入的浪费，而过少的模仿将限制企业的技术进步速度。

4. 模仿活动的实施过程

本章研究了受访企业的模仿实施过程，过滤掉各个企业不同特质带来的实施手段的不同，本章归纳出具有一般性的企业模仿实施的六个步骤：战略定位、双目标确认、目标比照、实物开发、实物评价、入市和反馈，如图 5-3 所示。

第一个步骤是战略定位。这并不是所有受访企业都明确提出的开发步骤，但却是十分重要的步骤，模仿的初始动因、是否进行模仿活动，以怎样的投入来进行模仿活动等问题是企业的战略性技术选择，如何对行业、企业、部门、员工进行定位，会对接下来的模仿行为甚至是企业经营带来至关重要的影响。在这一步骤中，要求企业必须对未来的战略预期有清晰的定位，对自身的禀赋和不足有清醒的认识，从而做出尽可能理性的选择。第二个步骤是双目标确认，即被模仿的目标和模仿欲达到的目标。被模仿的目标要通过企业的努力，通过各种可能的信

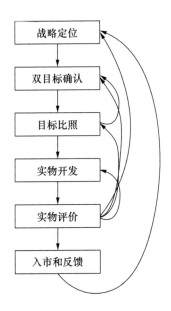

图 5 - 3 企业模仿活动的实施过程

资料来源：根据访谈资料整理。

息来源获取，企业设定的目标则是基于被模仿目标的特性以及上一步骤中企业的战略定位来确定。第三个步骤是目标比照。被模仿的目标和企业设定的目标都要被分解细化，按照一定的标准进行相互比照。常见的判断标准可能是产品性能、产品成本、产品销路、产品工期等因素，如果两个目标比照的结果错位严重的话，可能要返回第二个步骤进行目标的再设定。第四个步骤是实物开发，即把从被模仿的目标中获取的信息融会到自身所设定的目标中去。这一过程可能会涉及理念、风格、材料、工艺等冲突，企业需要调动相应的资源来实现。第五个步骤是实物评价，包括企业内评价和企业外评价两个阶段。企业内评价涉及企业内的各个部门，检测模仿所得实物是否达到企业设定的目标。企业外评价通常会选择与企业较默契的组织或个人，进一步验证企业设定目标的完成程度。实物评价步骤的不通过，可能会导致模仿活动退回到之前的某一步骤重新进行。第六个步骤是入市和反馈。入市是对于企业模仿活动是否达到设定目标，企业模仿活动是否帮助企业实现战略定位的最终检验。检验的结果会对企业后续的模仿活动产生反馈，指导企业改进和修正后续的模仿活动。

（二）模仿的陷阱

本部分基于一般性考虑，根据案例研究，分析模仿动因、模仿路径、信息来源和实施过程，总结模仿中的陷阱和模仿创新的关键成功因素（见表5-6）。

表5-6　模仿的陷阱与模仿创新的关键成功因素

模仿行为的关键信息	模仿的陷阱	模仿创新的关键成功因素
双重动因	①战略方向（strategic direction）模糊 ②偏重开发（exploit），忽视探索（explore） ③多为单回路学习（single-loop learning），缺乏双回路学习（double-loop learning）	清晰的战略 开发与探索合理布局 多渠道、多环路、多层次学习
行为方式	④模仿目标缺乏战略匹配性（fit in strategy）	在企业战略指导下进行模仿
信息来源	⑤只求显性知识（explicit knowledge），不究隐性知识（tacit knowledge）	探索隐性知识，实现知识的实际转移
实施过程	⑥成功标准（success criteria）不明	明确模仿目标和成功标准

1. 战略方向（strategic direction）模糊

战略方向来源于战略意图（strategic intent），界定了企业长期的形象、特征和运营的活动背景（迈克尔·希特等，2009）。研究表明，拥有有效的战略方向且对其进行适当强化，会对销售收入增长、利润增长、净现值和利润等产生积极影响（Baun，Lockeb & Kirkpatrick，1998）。魏江和勾丽（2008）指出一些集群内企业没有充分理解和运用模仿战略，它们往往进入战略短视的误区和一贯模仿的思维惯性，且模仿的战略执行中，存在严重的"近视"行为。研究发现，企业A模仿活动的动力是以较低研发费用、较短的研发周期来实现在软件技术性上盯紧竞争对手、在软件易用性上超越竞争对手。企业B将其模仿活动的动力归结为行业的模仿惯例和激烈竞争下控制研发成本、研发风险的压力。企业C将其模仿的首要动力归结为紧跟潮流，其次是研发成本的节省，但是很多时候后者的重要性甚至比前者还要高。规模较少的企业D将模仿的首要动力来源归结为节省人力物力。企业E借助模仿节省研发费用和时间、跟随热门产品、降低试错的风险等维持企业的生存和发展。

案例企业存在的共性问题是：发展战略不清，全力追求成本节约，忽视技术升级，尤其是企业 B、企业 C 和企业 E。企业 B 的模仿首要原因是行业跟风效应，而企业 C 和企业 E 都是为了模仿热门产品而进行模仿。尽管这种模仿在一定程度上实现了技术和利润的增长，但是这种模仿缺乏战略规划，甚至模仿已成惯性行为，常常并未意识到自己在模仿（见图 5 - 4）。

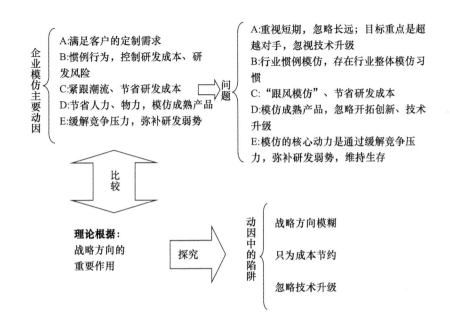

图 5 - 4　模仿路径中陷阱分析

资料来源：笔者整理而得。

2. 偏重开发（exploit），忽视探索（explore）

战略和组织理论都认为动态能力依附在探索和开发上（explore & exploit）（Ghemawat & Costa，1991；March，1993；Weick，1969），企业长时间的竞争能力依赖整合并强化当前的能力（exploit），并同时探索根本性的新能力（explore）（Teece，Pisano & Shuen，1997）。通过对五家案例企业的模仿动因、企业定位、模式和问题的分析（见表 5 - 7），发现模仿活动是案例企业研发活动的主体，且主要形式是在市场需求的导向下，模仿和改进已有产品，并没有累积和突破。例

如，企业 D 是行业跟随者，其模仿主要是为了获得生存，还没有涉及创新的相关
事宜。可见，企业模仿存在的通病是仅仅注重开发式模仿，忽略了探索式模仿，
即忽略了"对核心能力的模仿和创新"。

表 5-7　模仿模式、定位与陷阱

		技术升级动因	
		注重技术升级	忽略技术升级
成本节约动因	注重成本节约	模式：技术与成本并重型模仿 定位：行业领先者采用 问题：技术和成本都不能提升	模式：注重成本型模仿 定位：行业追随者采用 问题：忽视长远发展
	忽略成本节约	模式：专注技术型模仿 定位：独占性企业 问题：忽略成本，失去市场	模式：跟风型模仿 定位：不建议 问题：简单跟随，缺乏企业战略发展规划和清晰判断

资料来源：笔者整理而得。

3. 多为单回路学习（single-loop learning），缺乏双回路学习（double-loop learning）

学习的方式有很多，就学习的流程来看，可以将学习划分为单回路学习和双
回路学习（Argyris & Schon，1978）。单回路学习是在变化的环境中通过发现错
误、纠正错误以保持组织稳定的能力（Bateson，1972），关注的焦点是在现有规
范范围内如何实现现有目标并维持绩效，是一种较低层次的、非策略性的学习
（Guns，1996）；双回路学习则是通过建立新的优先权和权衡规范，或者通过重
构包括战略和假设的规范来解决组织规范的不匹配问题的一种组织探究
（Argyris & Schon，1978），关注的焦点不仅是绩效，而且包括重新定义有效绩效
的新规范，是一种较高层次的、策略性的学习（Guns，1996）。

综合五家案例企业模仿行为发现，模仿作为典型的外部性学习，几乎全部案
例企业都偏重单回路学习。案例企业在需求导向下，广泛模仿已有产品，且绝大
部分企业的首要目标都是成本节约。例如，企业 B、企业 C 和企业 D 都明确指出
首要模仿动因是降低研发成本，而企业 A 和企业 E 的模仿动因分别是超越对手
和弥补研发弱势，维持生存，可见案例企业都是通过技术或产品微调，以保持和
迅速产生绩效，是低层次的、非策略性的模仿；高层次的、策略性双回路学习很
少，尽管企业 A 实现了模仿行为的阶段性发展，但其也没有明确的战略指导。

4. 模仿目标缺乏战略匹配性（fit in strategy）

匹配性观念已经成为一些研究领域的理论基石（Aldrich，1979；Fry & Smith，1987；Thompson，1967；Van de Ven & Drazin，1985），包括在战略管理的研究中（Snow & Miles，1983；Venkatraman & Camillus，1984）。例如 Kaplan 和 Norton（2001）所提出的战略地图（strategy map）思想就认为战略要随着市场条件的变化进行调整，即追求战略与环境的高度匹配性（fit in strategy）。然而，战略定位与模仿目标不匹配也是存在于案例企业模仿行为中的一个严重问题。调查发现，中国企业有 77.6% 的经营者表示有战略，但是多数是书面或者远景规划，没有具体的实施方案或者仅存在于形式上（夏重川、徐静霞，2006）。案例企业模仿发生方式存在自发性、强制性和引导性三种，且受战略定位、企业技术水准和企业领袖领导力的影响，在自发性和强制性模仿之间摆动，如图 5－5 所示。具体而言，企业 A 的模仿行为具有明显的阶段性，先后经历了强制性和指导性。企业 B 的模仿行为往往源于相关人员的自发选择，根本谈不上战略目标与模仿目标的匹配问题。企业 C 的模仿活动在领导的指导下，格外强调了模仿活动与企业战略定位的契合。企业 D 模仿活动的发生更多地是基于员工的自发行为。企业 E 强制性要求市场人员和科研人员提交报告是其常规的模仿活动的最初的触发点。

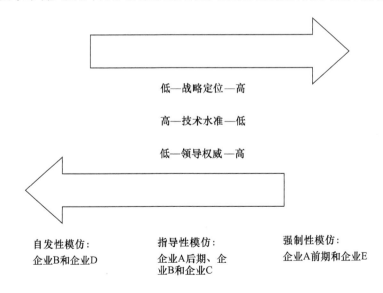

低—战略定位—高

高—技术水准—低

低—领导权威—高

自发性模仿：
企业B和企业D

指导性模仿：
企业A后期、企业B和企业C

强制性模仿：
企业A前期和企业E

图 5－5 模仿的发生方式

资料来源：笔者整理而得。

可见，企业模仿行为随着领导层重视程度的提升，其模仿目标与战略目标的匹配程度不断提升。就现阶段而言，大部分企业的模仿行为是自发性和指导性的（例如企业 A 后期、企业 B、企业 C 和企业 D），很少考虑战略目标与模仿目标的匹配问题。另外，执行强制性模仿的企业，也并不是十分清晰模仿目标与战略目标的匹配性问题，例如企业 E 模仿的目标更多地是考虑自己的生存，并非是战略发展。

5. 只求显性知识（explicit knowledge），不究隐性知识（tacit knowledge）

在知识经济时代，知识是企业制胜的关键。Nonaka（1994）和司徒达贤（1999）指出日本企业的成功就是归因于组织知识创新的能力和传播新知识。根据 OECD 的报告，知识可以分为事实知识（know - what）、原理知识（know - why）、技能知识（know - how）和源头知识（know - who）。其中，事实知识和原理知识可以通过读书、参加讲座和查阅数据库获得，被称为显性知识（explicit knowledge）；技能知识和源头知识主要根源于实践经验，被称为隐性知识（tacit knowledge）。显性知识与隐性知识的互动和整合构成了知识创新的过程，二者都是不可或缺的环节。综合五家案例企业的信息来源发现：案例企业共有的信息来源是："通过销售人员获取客户对竞争产品的看法"，并研究各种商贸出版物、参加本行业例会、大会、在互联网上查阅对手主页为主要信息获取途径，偏重地获取显性知识；很少参观对手企业以观察关键技术节点来分析隐性知识。这在某种程度上，反映了企业只求显性知识，不究隐性知识的偏好，这与重开发式模仿、轻探索式模仿的路径陷阱相似。

6. 成功标准（success criteria）不明

成功被定义为一些渴望的、计划的和尝试做的事情的完成（Maidique & Zirger，1985；MacMillan et al.，1987），也就是说成功的衡量标准要以动因为标准。同样，模仿成败也应该主要以动因为衡量标准。本章所调研的五家企业中都存在频繁的模仿活动，但是，除企业 B 外，其余案例企业都没有明确的模仿成功标准。在访谈中发现，案例企业通常是按企业经营状况评价模仿的成败，而几乎完全忽视模仿的最初动因，尽管企业 B 提出了评价模仿的标准，但也忽视了远期测量标准。可见，很大一部分企业存在企业模仿成功标准不明的问题，主要表现在企业经营绩效与模仿成败的标准混淆。模仿成功标准陷阱分析如表 5 - 8 所示。

表5-8　模仿成功标准陷阱分析

企业	模仿目标	模仿措施	模仿效果	问题
A	满足客户的定制需求	强制性模仿和自导性模仿	模仿提升技术，成就细分市场上的领先者	用企业经营效果衡量模仿成败
B	惯例行为，控制研发成本、研发风险	选择成熟的产品、注重思路和技术路线	技术迅速升级	动因遗失
C	紧跟潮流、节省研发成本	规范的模仿过程	从小公司发展为行业内知名、数个单项家居产品的领先者	用企业经营效果衡量模仿成败
D	节省人力、物力，模仿成熟产品	采购对手产品反求	实现一定技术升级，但常常最终产品以失败告终	基本产品模仿失败，远远达不到最初的模仿动因
E	缓解竞争压力，弥补研发弱势	高强制性、高时效性、高可靠性的模仿	缓解竞争压力，弥补研发弱势，实现国际跟随、国内领先	从模仿与企业经营成败双重标准考量

资料来源：笔者整理而得。

（三）模仿创新的关键成功要素与保障机制

模仿陷阱的存在，很大程度上打折了模仿行为的效果，甚至影响企业的生存和发展。对此，笔者认为应该构建一系列机制避免陷阱，提高模仿创新的成功率，表5-9展示了模仿创新的关键成功因素与保障机制。

表5-9　模仿创新的关键成功因素与保障机制

模仿行为	双重动因	行为方式	信息来源	实施过程
陷阱	①战略方向模糊 ②偏重开发，忽视探索 ③多为单回路学习，缺乏双回路学习	④模仿目标缺乏战略匹配性	⑤只求显性知识，不究隐性知识	⑥成功标准不明
保障机制	多层次战略布局体系	实践控制机制	模仿创新转换机制	标准评估机制

续表

模仿行为	双重动因	行为方式	信息来源	实施过程
关键成功因素	①清晰的战略布局 ②开发与探索合理布局 ③多渠道、多环路、多层次学习体系	④在企业战略指导下进行模仿	⑤探索隐性知识 ⑥尝试创新	⑦清晰定位成功标准 ⑧实时监控 ⑨建立纠偏机制和应急小组

首先，通过构建多层次战略布局体系，基于战略恰当定位模仿动因。具体而言，完成三部分工作：①构建清晰的战略布局，让所有的行动遵从统一指挥；②开发与探索合理布局，不仅注重模仿技术的商业化应用，也要探索技术的深化发展，实现商业与技术累积的互动和相互保障与支持；③搭建多渠道、多环路、多层次学习体系，拓展模仿学习的渠道，进行及时的沟通、反馈和再学习的学习过程，对不同层次的知识进行相应的学习支持，尤其注重提升探索性学习，使得模仿真正成为技术升级的重要途径。

其次，构建模仿创新转换机制，改造和升级模仿路径，探索隐性知识，实现知识的实际转移。模仿创新的转换机制，一方面要求在模仿中，企业要深入探索隐性知识，了解技术知识的表现形式与深层原理；另一方面要进行创新尝试，结合企业累积的知识体系、前沿知识和商业环境，对模仿的技术知识进行改造、升级和深化。

再次，构建实践控制机制，实现模仿强制性与自导性有机结合和战略目标与模仿目标的良性互动。要在企业战略的指导下定制企业模仿创新的目标，让企业模仿创新的目标助力企业战略的实现，实现二者的有机结合和相互提升。

最后，构建标准评估机制，清晰定位成功标准和实时监控、纠偏，提升管理能力，确保模仿行为的切实有力执行。具体的步骤包括：①清晰定位成功标准，将各标准进行可操作化细分，保证实施过程按标准要求进行；②实时监控，用新型通信技术等多种方式对模仿工作进行实时监控，保证模仿行为与模仿目标、成功标准和企业战略相匹配；③建立纠偏机制和应急小组，对出现问题的模仿行为进行恰当的管理和改进。

六、结 论

本章通过跨行业多案例研究，总结了模仿的动力来源、发生方式、信息来源、实施过程及其潜在的陷阱。一方面，从具体案例实践的研究模仿，使得理论问题落地于实践情况，并从案例企业模仿实践的全面、深入、系统的研究模仿行为中提炼理论；另一方面，从理论上，使得模仿重要性的研究推进到模仿实施过程的具体研究，进一步推进了学术界对模仿的研究。

具体而言，本章得出一些重要结论。第一，模仿不仅是重要的学习机制，也是重要的创新机制。第二，模仿存在多种动力，但最直接的是成本节约和技术升级。第三，模仿存在自发性、引导性和强制性三种行为方式，且具体方式的选择受到企业战略定位、企业技术水准、企业领袖领导力三个因素的影响。第四，企业模仿实施存在六个步骤：战略定位、双目标确认、目标比照、实物开发、实物评价、入市和反馈，具体企业经营中稍有偏重和修补，但一般都是按这六个步骤实施的。第五，揭示了中国企业在技术创新过程中存在的根本问题是技术战略缺失或不明，企业关注短期利益，忽视技术核心能力的构建。具体而言，模仿创新存在六个潜在陷阱，即战略方向模糊；偏重开发，忽视探索；多为单回路学习，缺乏双回路学习；模仿目标缺乏战略匹配性；只求显性知识，不究隐性知识；成功标准不明。第六，基于模仿行为的关键信息、陷阱，提出了中国企业模仿创新的关键成功因素及保障机制。其中，保障机制包括多层次战略布局体系、模仿创新转换机制、实践控制机制和标准评估机制四个方面，具体的关键成功因素包括：①清晰的战略布局；②开发与探索合理布局；③多渠道、多环路、多层次学习体系；④在企业战略指导下进行模仿；⑤探索隐性知识；⑥尝试创新；⑦清晰成功标准；⑧实时监控；⑨建立纠偏机制和应急小组。

然而，本章也存在以下几个局限性：第一，本章的多案例研究，结论有待大样本的检验。第二，访谈资料和文档的资料获得都是基于企业自身的说辞和总结，资料难免有一定的企业主观性。第三，为保证理论和现实对比可信性，在"模仿陷阱分析"部分选择了距今有一段时间，而且经过实践证实的比较权威的理论文献，然而，这些参考文献相对而言不够新颖。第四，本章从将模仿行为进行各个侧面的深入剖析，但缺乏各部分之间的动态反应研究，例如，缺少对模仿的动因与行为方式如何相互影响，模仿的组织形式如何影响信息来源等动态影响，模仿的关键成功因素及保障机制如何应对模仿陷阱变化的研究，这将是研究的下一步努力方向。

第六章　管理学习对技术进步的贡献及影响路径

——基于 1978~2013 年宏观经济数据的实证研究与企业微观行为路径的研究

技术学习一直是经济管理领域研究的焦点，管理学习作为另一个促进技术进步的因子，则很少被学术界讨论。鉴于此，本章首先选取 1978~2013 年的中国宏观层面的经济数据，运用 Stata 软件测算了管理学习对技术进步的贡献。研究结果表明，管理学习不但在中国经济增长中发挥了重要作用，其对中国社会的技术进步也具有重大贡献。随后，研究从微观层面探讨了管理学习对企业技术进步的促进机制，确认了轨道内进步和轨道跨越式进步两条路径。

一、引言

中国经济长期以来呈现出较为乐观的增长态势，技术和管理在经济增长中的贡献逐渐引起学术界和企业界的重视。现有关于经济增长的研究中，学者们关注到除劳动和资本之外的影响因素，即技术和管理因素，并将二者称为广义技术进步（李子奈、鲁传一，2002）。其中，技术因素对经济增长的贡献主要体现在资本质量和劳动的生产效率提高上；管理方面的贡献主要体现在经济体的管理水平提升所带来的资源配置效率的提高上（李子奈、鲁传一，2002）。

技术创新源于技术学习中知识的积累，管理创新源于管理学习中知识的积累。在现有的研究中，学者们广泛关注的是技术学习问题，鲜有研究探讨管理学习。然而，管理学习不但是经济增长的一个重要因素，同时也对技术进步具有重要贡献。鉴于此，本章主要探讨两个问题：一个是从宏观层面来看，管理学习对技术进步的贡献如何？另一个是从微观层面来看，管理学习促进技术进步的路径是什么？本章希望通过对这两个问题的探索，引起学术界和企业界对管理学习这一新兴研究领域的重视。

为了回答上述问题，本章首先选取 1978～2013 年中国宏观层面的经济数据，通过 Stata 软件对相关变量进行回归，最终计算得出管理学习对技术进步的贡献。其次，本章通过对典型案例进行研究，从微观层面探索了管理学习促进技术进步的路径。

二、管理学习对技术进步的贡献

（一）文献回顾

技术和管理是一个企业发展的两条腿，也是一个国家发展的关键。技术学习和管理学习是企业和国家积累技术知识和管理知识的两个重要途径，其中，技术学习在经济增长和技术进步中的作用已经得到企业界和学术界的广泛认可，但管理学习这一主题则很少被讨论，其在经济增长和技术进步中的作用还有待揭示。这为本章的开展提供了机遇。

关于后发国家和新兴经济体的研究成果显示，学习是落后企业追赶先进企业的一个重要途径（魏江等，2014；杨曦东，2009）。企业通过技术学习能够提高技术能力（黄江明、赵宁，2014），促进技术创新（Kalc & Singh，2007），从而推动国家的经济增长。为了缩小中国与发达国家之间的技术差距，政府制定了一系列产业政策、国家发展规划、金融政策等推动本土企业的技术学习与技术创新工作。自中国加入世界贸易组织后，本土企业需要面对更加激烈的竞争环境，积极学习、引进国外先进技术知识成为本土企业弥补自身技术劣势的首选方式。许多有实力的企业开始加大与国外企业的互动频率，并纷纷构建海外研发中心，在较短时间内帮助企业提高了技术能力。技术学习与技术进步之间的关系长期以来都是创新领域的研究者们关注的焦点，该领域的研究主要包括以下几个方面：①技术学习的途径（刘建新等，2011；吴先明、苏志文，2004）；②技术学习的主要影响因素（刘洪伟等，2007；王方瑞，2011；李正卫，2005；唐春晖、唐要家，2006）；③技术能力提升的机制（于海波等，2008；March，1991）。

经济学者指出，管理也是生产力（张锡忠，1996），是经济增长的一个关键要素（聂锐，2001）。但与技术学习的研究相对应，管理学习较少受到学术界的关注。所谓管理学习是指，发展中国家的企业向发达国家的企业学习管理知识、规范、方法和程序等过程（谢伟，2008）。管理学习有助于为企业开展技术学习提供科学、规范的管理流程，推动技术进步的实现；管理学习有助于为企业提供稳定的后台保障，为企业开展技术学习塑造有利的环境，从而推动技术进步的实现。在中国企业发展历程中，本土企业除了大量引进国外先进的技术知识，还热衷于向国外先进企业学习科学、规范的管理流程、管理方法以及管理工具，诸如SWOT战略分析矩阵、精益管理、质量管理、平衡计分卡等西方管理工具一度成为中国企业界的流行趋势。可见，管理学习现象普遍存在于企业界，其对企业能力的提升具有重要作用。目前，管理学习研究领域尚处于空白期，仅有的部分研究主要集中在管理学习的定义（Siman & Davies，1996；谢伟，2008）、管理学习的途径（Child & Markoczy，1993；Lin，2005；Soulsby & Clark，1996）、管理学习的影响因素（Villinger，1996；Tsang，2001；Kostova，1999；Geppert，1996）等方面，且研究方法主要为定性研究。

为了揭示管理学习在技术进步之中的重要作用，本章参照李子奈和鲁传一（2002）的方法，假定经济增长的来源分为三部分：劳动、资本、广义的技术进步（包括技术要素和管理要素），使用扣除法来测量管理学习在技术进步中的贡献。

（二）方法介绍

1. 构造生产函数模型

基于索罗余值法，将经济增长的来源进一步细分为劳动的贡献、资本的贡献、技术要素的贡献和管理要素的贡献，故可构造以下生产函数模型：

$$\frac{\Delta Y}{Y} = \frac{\Delta A}{A} + T\left(\lambda - \lambda\Delta\,\bar{a} + \frac{\Delta K}{K}\right) + U\left(W - W\Delta\,\bar{b} + \frac{\Delta L}{L}\right) \qquad (6-1)$$

等式左边 $\frac{\Delta Y}{Y}$ 为经济产出的增长率，等式右边 $\frac{\Delta A}{A}$ 为管理要素对经济增长的贡献，T 为资本产出弹性，U 为劳动产出弹性，λ 为资本质量提高带来的资本使用效率的年提高速度，$\Delta\,\bar{a}$ 为资本平均使用寿命的变化，$\frac{\Delta K}{K}$ 为实际资本数量的变化率，W 为由于劳动者平均受教育水平的提高带来的劳动生产率年提高速度，$\Delta\,\bar{b}$ 为劳动者平均工作年龄的变化，$\frac{\Delta L}{L}$ 为实际劳动数量的变化率。

根据式（6-1），可以得到如下数值的计算公式：

资本体现型技术进步的贡献：$T(\lambda - \lambda\Delta\,\bar{a})$ \qquad\qquad (6-2)

劳动体现型技术进步的贡献：$U(W - W\Delta\,\bar{b})$ \qquad\qquad (6-3)

技术要素的贡献：$T(\lambda - \lambda\Delta\,\bar{a}) + U(W - W\Delta\,\bar{b})$ \qquad (6-4)

技术要素对经济增长的贡献率：$\dfrac{[T(\lambda - \lambda\Delta\,\bar{a}) + U(W - W\Delta\,\bar{b})]}{\left(\dfrac{\Delta Y}{Y}\right)}$ \qquad (6-5)

管理要素的贡献：$\dfrac{\Delta A}{A} = \dfrac{\Delta Y}{Y} - T\left(\lambda - \lambda\Delta\,\bar{a} + \dfrac{\Delta K}{K}\right) - U\left(W - W\Delta\,\bar{b} + \dfrac{\Delta L}{L}\right)$ (6-6)

管理要素对经济增长的贡献率：$\dfrac{\left(\dfrac{\Delta A}{A}\right)}{\left(\dfrac{\Delta Y}{Y}\right)}$ \qquad\qquad (6-7)

2. 估计资本使用效率的年提高速度 λ

资本使用效率的提高源于科研投入带来的同一可比货币量购置的资本物品的生产能力的提高，可用科研投入相对于资本形成总额的变化速度来表示，即通过回归科研投入与资本形成总额的数值可以得到（李子奈、鲁传一，2002）。

因此，通过 Stata 软件，估计科研投入相对于资本形成总量的变化速度，即为资本使用效率的年提高速度 λ。

3. 估计劳动生产率年提高速度 W

劳动力的质量随着教育水平的提升而不断提高，从而带来同一劳动力投入的生产率逐年提高（李子奈、鲁传一，2002）。根据李子奈和鲁传一（2002）对劳动生产率年提高速度的估算方法：

首先，设定加权方案（不识字的劳动者为1；受过小学教育的劳动者为1.3；受过初中教育者为1.5；受过高中教育者为1.7；受过大专以上教育者为2），并对每一年各年龄阶段的从业人员数值进行加权获得各年龄阶段的劳动者的加权数量（LL）；

其次，设 t = 65 – 年龄（年龄取每一阶段的平均值）；

最后，通过运用Stata计量软件，对LL和t两个变量进行回归，便可获得劳动生产率的年提高速度W。

4. 估计资本和劳动的产出弹性 T 和 U

运用Stata计量软件，估计方程（6-1），便可获得资本和劳动的产出弹性T和U。

5. 计算管理要素在经济增长中的贡献率

根据式（6-7），便可计算得到管理要素在经济增长中的贡献率。

6. 计算管理要素在技术进步中的贡献率

管理要素在技术进步中的贡献率等于管理学习对经济增长的贡献率除以技术进步对经济增长的总贡献率。

（三）变量及数据来源

本章中涉及的变量如表6-1所示。

表6-1　基本数据

年份	资本形成总量（亿元）	科研投资量（亿元）	国内生产总值（亿元）	资本使用量（亿元）	劳动投入（万人）
1978	1377.9	52.89	3645.2	9878.4	40152
1979	1478.9	62.29	4062.6	10308.39	41024
1980	1599.7	64.6	4545.6	10626.80	42361
1981	1630.2	61.6	4891.6	11063.44	43725
1982	1784.2	65.3	5323.4	11684.84	45295
1983	2039	79	5962.7	12390.08	46436
1984	2515.1	94.7	7208.1	13254.75	48197
1985	3457.5	102.6	9016	15068.95	49873
1986	3941.9	112.6	10275.2	16884.25	51282

年份	资本形成总量 （亿元）	科研投资量 （亿元）	国内生产总值 （亿元）	资本使用量 （亿元）	劳动投入 （万人）
1987	4462	113.8	12058.6	18825.62	52783
1988	5700.2	121.1	15042.8	20888.48	54334
1989	6332.7	127.9	16992.3	22447.34	55329
1990	6747	139.1	18667.8	23716.04	64749
1991	7868	160.7	21781.5	25210.30	65491
1992	10086.3	189.3	26923.5	27362.30	66152
1993	15717.7	225.6	35333.9	30860.49	66808
1994	20341.1	268.3	48197.9	34614.95	67455
1995	25470.1	302.4	60793.7	38501.06	68065
1996	28784.9	348.6	71176.6	42500.52	68950
1997	29968	408.9	78973	46525.99	69820
1998	31314.2	438.6	84402.3	51156.26	70637
1999	32951.5	543.9	89677.1	55898.60	71394
2000	34842.8	575.6	99214.6	60908.72	72085
2001	39769.4	703.3	109655.2	66954.83	72797
2002	45565	816.2	120332.7	74258.88	73280
2003	55963	944.6	135822.8	83853.06	73736
2004	69168.4	1095.3	159878.3	95469.21	74264
2005	77856.8	1334.9	184937.4	109605.19	74647
2006	92954.1	1688.5	216314.4	127153.36	74978
2007	110943.2	2135.7	265810.3	148143.43	75321
2008	138325.3	2611	314045.4	173630.43	75564
2009	164463.2	3276.8	340902.8	208561.59	75828
2010	193603.9	4196.7	401512.8	245098.16	76105
2011	228344.3	4797	473104	287431.62	76420
2012	252773.2	5600.1	519470.1	338528.49	76704
2013	280356.1	6184.9	568845.2	399803.82	76977

资料来源：历年《中国统计年鉴》。

1. 经济产出增长率

通过在 CNKI 中检索《中国统计年鉴》，可获得 1978～2013 年的国内生产总值数据（GDP），以统计年鉴中给出的国内生产总值指数（1978 年 = 100）对各年的国内生产总值进行价格调整，并计算 1979 ~ 2013 年的 GDP 增长率。

2. 实际资本数量变化率

按照李子奈和鲁传一（2002）计算实际资本数量变化率的方法，求得1978 ~ 2013 年各年的资本使用量，并计算各年的资本使用量的增加值，最终求出每一年的实际资本数量的变化率。其中，每一年的资本使用量用全社会固定资产总值代替（1978 年的资本使用量为 9878.4 亿元），其计算公式为：

全社会固定资产总值 = 上一年固定资产净值 + 当年固定资产投资额 – 当年固定资产折旧额

其中，1978 ~ 1989 年的固定资产折旧额根据公式计算而得：折旧 = GDP – 国民收入 + 补贴 + 间接税。

1990 年及之后的固定资产折旧额用各省汇总数。

在计算中，固定资产投资额、国民收入、补贴和间接税来自通过 CNKI 检索到的《中国统计年鉴》；1990 年后的固定资产折旧额来自万德数据库中的宏观经济数据。

3. 实际劳动数量变化率

该指标是通过计算每一年的从业人员数变化来获得的，数据来源于《中国统计年鉴》中关于从业人员数量的统计数据。

4. 资本使用效率年提高速度

通过估计科研投入相对于资本形成总额的速度变化获得资本使用效率的年提高速度，其中，资本形成总量的数据来源于《中国统计年鉴》，科研投资量的数据来源于《中国科技统计年鉴》。

估计所得科研投入（RE）与资本形成总额（K）的方程为：

$$RE = -98.9374 + 0.0215K \qquad (6-8)$$

$$(-3.12) \qquad (64.11)$$

样本数：36，调整后的 R^2 = 0.9916，F = 4110.03，括号中的数据为 t 统计量。

根据回归得到的方程，资本使用效率年提高速度为 0.0215。

5. 资本平均使用寿命的变化和劳动者平均工作年龄的变化

1978 年的固定资产的平均折旧率为 5%（李子奈、鲁传一，2002），2013 年的固定资产平均折旧率为 10% （章祥荪、贵斌威，2008；张军等，2004），从而计算得到资本平均使用寿命的变化为 - 0.5。

由于劳动者在 65 岁之前基本都处于参加工作状态，因此劳动者平均工作年龄的变化取值为 0（李子奈、鲁传一，2002）。

6. 劳动生产率年提高速度

通过在 CNKI 中检索《中国劳动统计年鉴》，便可获得 1997 ~ 2013 年的按教育程度划分的从业人员相关数据（2000 年的数据并未统计，因此去掉这一年的缺失值）。

借鉴李子奈和鲁传一（2002）中的计算方法，通过在 Stata 计量软件中回归劳动者的加权数量 LL 和 t 的值，便可获得如下回归方程：

$$LL = 1.33581 + 0.00539t \qquad (6-9)$$

$$(120.29) \qquad (14.16)$$

样本数：160，调整后的 $R^2 = 0.5566$，$F = 200.61$，括号中的数据为 t 统计量。

根据回归得到的方程，可知劳动生产率的年提高速度为 0.005。

（四）结果分析

根据式（6 - 1）至式（6 - 7）以及方程（6 - 8）和方程（6 - 9），本章运用 Stata 进行了运算，最终得到以下计算结果（见表 6 - 2）。

表 6 - 2　计算结果

指标	公式	结果
资本使用效率年提高速度	λ	0.021
资本平均使用寿命的变化	$\Delta \bar{a}$	- 0.50
劳动者平均工作年龄的变化	$\Delta \bar{b}$	0
劳动生产率年提高速度	W	0.005
资本产出弹性	T	0.505
劳动产出弹性	U	0.495
国民生产总值年平均增长速度	y	0.100
资本年平均增长速度	k	0.110

指标	公式	结果
劳动年平均增长速度	l	0.020
技术进步对经济增长的总贡献	$a = y - Tk - Ul$	0.035
技术进步对经济增长的总贡献率	$E_a = a/y$	0.346
资本对经济增长的总贡献率	$E_k = Tk/y$	0.555
劳动对经济增长的总贡献率	$E_l = Ul/y$	0.099
资本体现性技术进步贡献率	$E_{kk} = T (\lambda - \lambda\Delta \bar{a}) /y$	0.163
劳动体现性技术进步贡献率	$E_{ll} = U (W - W\Delta \bar{b}) /y$	0.027
技术创新对经济增长的贡献率	$E_T = E_{kk} + E_{ll}$	0.189
管理创新对经济增长的贡献率	$E_G = E_a - E_T$	0.156

基于表 6 - 2 中所得到的计算结果，本章从以下五方面对结果进行分析。

1. 资本和劳动对经济增长的贡献

资本对经济增长的贡献率为 55.5%，劳动对经济增长的贡献率为 9.9%。可见，我国经济增长中，资本的贡献远远大于劳动的贡献。

2. 技术进步对经济增长的总贡献率

广义技术进步对经济增长的总贡献率为 34.6%，远远小于西方发达国家的比例。此处的技术进步是广义上的技术进步含义，包括技术创新和管理创新两方面。

3. 技术学习对经济增长的贡献率

技术学习对经济增长的贡献率为 18.9%，约占广义技术进步总贡献的 55%（由 18.9/34.6 所得）。可见，技术学习目前仍旧是广义技术进步的主体。技术学习的贡献包括资本体现型技术进步和劳动体现型技术进步，两者对经济增长的贡献率分别为 16.3% 和 2.7%。可见，体现在资本质量提高上的技术要素的贡献大于体现在劳动者生产率提高上的技术要素的贡献。

4. 管理学习对经济增长的贡献率

管理学习对经济增长的贡献率为 15.6%，仅比技术学习的贡献率低 3 个百分点，可见管理学习在我国经济增长中的贡献已不可小觑。因此，无论是企业还是国家，都应给予管理学习充分的重视，不能一味地追求技术上的突破而忽视了管理知识的积累。虽然管理学习不能像技术学习那样为企业带来直接的效益提升，但是管理学习是企业基于未来发展的战略性决策，科学、合理的管理体系和先进的管理工具与管理思维有助于企业更加健康的、可持续的发展。

5. 管理学习对技术进步的贡献

管理学习约占广义技术进步总贡献的45%（由15.6/34.6所得），可见管理学习在我国技术进步中贡献很大。管理被称为软技术，同硬技术（一般意义上的技术）不同，管理知识具有较强的独特性、嵌入性和隐性，在企业之间的转移难度更大。但同时，管理技术也是广义技术中的重要组成部分，广义技术进步的实现离不开管理学习。

（五）小结

通过对中国近几年的经济数据进行分析，研究结果显示管理学习同技术学习一样，是技术进步的关键因子。作为一个发展中国家和新兴经济体的代表，中国自改革开放后，便加大了与世界经济的接轨，逐步放宽了各行各业的开放力度，国外先进的技术知识和管理知识也不断涌入中国市场。外国竞争对手的进入，虽然给中国本土企业带来了冲击，但同时为本土企业通过学习提升能力提供了机遇和推动力。

对于制造企业、高新技术企业等而言，技术是获取竞争优势的关键，国家在发展战略上也对企业的技术学习给予了较大的资金和政策支持，使得中国企业的整体技术能力得到一定程度的提升。但中国企业在开展技术学习时也存在很多问题，诸如技术保护所导致的汽车行业的核心技术很难通过学习获取，如何实现技术从模仿到创新的转换，技术学习的流程应该怎样安排等。这些问题不仅与技术相关，也与管理紧密相关，而许多企业常常忽视对管理知识的学习，导致企业在技术引进、吸收、应用及商业化的过程中遭遇管理陷阱。

虽然国家对于管理学习的重视远远比不上对技术学习的重视，但国家早在改革开放初期就着手制定了一系列推动本土企业（特别是国企）管理现代化的政策。由于管理知识对企业经营效益的贡献不是那么直接和立竿见影，许多本土企业基于短期收益而放弃构建科学、规范的管理体系；或是等到上市前，通过大量引进国际上流行的管理体系而实现对企业表面上的整顿和治理，然而管理水平并无实质上的提高。然而，部分本土企业在发展中早已开始重视科学管理知识的学习了，诸如华为公司，其本身是一家高新技术企业，但除了在技术研发上投入巨额资金外，它还花费大量资金引进国外先进的管理体系、管理工具（人力资源管理、流程管理等），这为其技术学习、技术研发和创新提供了稳定的后台环境。可以说，华为今天的成功不仅依赖于其优秀的技术能力，管理学习也发挥了关键作用。

三、管理学习促进技术进步的路径：企业微观层面的分析

技术和管理是一对相互影响的要素。首先，技术进步的演进对企业管理方式产生了重大影响，推动了企业管理方式的现代化（丛丽、张建平，2016）。其次，管理要素在经济增长中发挥着激励和资源配置的功能（周卫民，2011），管理方式的变革和更新有助于提高生产率（黄佐钘、许长新，2005；于剑、李艳伟，2008），对技术进步具有促进作用。前文的分析也表明，管理学习在技术进步中的作用不可小觑。那么，在企业层面，管理学习如何推动技术进步，实现企业技术能力提升？

由于后发国家在经济、社会方面的落后，企业在技术和管理方面的知识也远远落后于发达国家的企业。在这种情况下，技术学习成为后发企业积累技术知识、提升创新水平和技术能力的主要途径之一，但由于后发企业缺乏一定的基础知识，其引进、学习先进技术知识的过程也充满了障碍。种种制约因素的存在导致后发企业的技术积累通常只是沿着原有技术轨道进行，很难越过技术轨道而超越先发企业（朱瑞博等，2011）。这一现象引起了诸多相关领域的学者关注，学术界发表了许多讨论技术学习的研究成果。其中，部分学者指出企业在开展技术学习的过程中，会遇到非技术因素的影响，诸如组织结构、管理手段等（陈劲，2005），企业应当保持组织管理的与时俱进（丛丽、张建平，2016）。另有学者指出，企业应该开展系统性创新以实现创新能力的提升，诸如可以通过架构创新发现新的技术机会（朱瑞博等，2011），从而打破原有技术轨道的制约，实现对先发企业的追赶。为进一步探索管理学习的影响机理，本章将结合前人的研究成果与典型案例分析，探究管理学习促进技术进步的微观路径。

（一）基于轨道内技术追赶的进步

由于技术轨道具有路径依赖的特征（和矛、李飞，2006），企业一旦作出某种技术选择，那么该种技术选择将在较长一段时间内遵循原有的技术范式，沿既定的技术轨道开始技术积累并达成技术进步。企业通过开展管理学习获取先进的管理理念、管理工具、管理流程等，能够通过提高后发企业的学习效率、降低学习成本两条路径推动企业沿着现有技术轨道进行技术积累。具体分析如下。

1. 路径一（a）：提高学习效率

首先，技术学习作为一项企业活动，其投入与组织的复杂程度不断增加（傅强等，2006），若想达到学习目标，企业需要对该项活动进行管理。其次，技术学习是一个对知识管理的过程，企业需要掌握科学的知识管理技能。吸收能力指出，企业学习的过程包括知识的获取、理解、消化和应用等多个阶段（Cohen & Levinthal，1990），企业在从引进技术知识到实现技术创新这一过程中，需要对知识的获取、开发及其流程进行全面管理以降低风险以及便于整合新旧知识（詹湘东，2011）。最后，创新的本质是基于知识的创新（王树平，2006），企业的知识管理能力显著影响企业的技术创新绩效（卢碧玲，2013）。因此，学习、引进先进的知识管理理念，构建科学的知识管理体系对企业的技术提升来说至关重要。

麦趣尔公司是一家以生产乳制品、冰激凌冷饮、烘焙食品、速冻食品等为主的新疆企业，为提高其产品竞争力，公司通过从德国、丹麦、瑞典、法国和日本等国家引进先进的检测设备、乳业设备和烘焙设备以及先进的牛奶、烘焙、冰激凌生产线等获取食品生产、加工的技术知识，但与此同时，公司遇到了语言、文化、项目选择与跟进、人才管理等学习障碍。为了克服语言与文化障碍、科学地组织项目开展，麦趣尔公司培养了内部翻译人员、引进项目专家开展全程技术支持和管理方面的指导、成立烘焙学院推广新技术，逐步围绕新引进的技术开展管理学习，最终构建了学习所需的人才体系、项目管理体系和技术推广与转化体系。正是基于这些先进的管理体系，麦趣尔公司提高了项目引进的成功率，掌握了先进的生产与加工技术，在已有技术轨道内实现了技术积累与进步。

2. 路径一（b）：降低学习成本

企业学习先进技术知识通常面临着缺乏技术创新战略、缺乏激励技术创新的机制和制度安排、组织结构和流程不畅等障碍（郑刚、梁欣如，2006），这增加了企业引进、学习新知识的成本（吴贵生等，2007），企业需要通过学习管理知识来解决这些非技术类的障碍（郑刚、梁欣如，2006）。实践表明，通过引进与先进技术相配套的管理手段、管理流程、管理思维，企业可以有效地解决组织管理落后所带来的学习成本。

在汽车行业，美国、日本都遥遥领先于中国，但近年来，中国政府和企业通过合资、并购、购买专利等多种方式学习、引进先发企业的技术知识，与此同时，中国汽车企业还积极引进国外先进的准时制生产方式、全面质量管理体系、人才招聘与管理体系等，这减弱了中国车企学习先进技术时的管理制约，有效降低了学习成本。发展至今，中国汽车行业的技术仍然落后于发达国家，但相比中国最初的技术水平，中国汽车行业的技术是在不断进步的，只是这种进步体现为在现有技术轨道内的进步。

特变电工是一家以输变电、新能源、新材料为主要经营领域的民营企业，通过引进专家、技术或专利、设备和生产线，其产品在国内占据了较大优势。在开展技术学习的同时，特变电工自1993年开始派中层管理人员及技术人员赴港参加"香港生产力促进局蒋氏基金"培训，并于2009年到日本丰田公司进行了精益化生产管理培训，加快了公司吸收先进的生产运作管理的理念（如看板管理、标准化作业等）。另外，公司通过"送出去"培训和"请进来"专家进行指导的方式，帮助企业的技术及管理人员理解、消化和吸收先进知识。在此基础上，公司的生产成本下降了，生产效率提升了，并培养了一支可靠的技术队伍和管理团队，有效降低了企业开展技术学习的成本。最终，公司通过与国外变压器研究所合作，开发出成熟、可靠的电抗器及变压器设计软件及制造技术，并在国内获得了该类产品的先发优势。

（二）基于轨道跨越式的技术进步

企业通过开展管理学习，获取先进的管理理念、管理工具、管理流程等，有助于企业实现系统性的创新，推动企业对内外要素进行整合，发现新的技术机会，从而跨越原有技术轨道的阻碍，实现技术进步。

基于技术创新的发展视角，同一个技术范式下的技术轨道的延伸是有限的，当出现重大技术突破时，便出现了技术轨道的跃迁，新的技术范式和技术轨道会出现（张立超、刘怡君，2015）。张立超和刘怡君（2015）的研究表明，一个产业存在多条并行的技术轨道，而其中主导技术轨道的形成使产业系统由低能级轨道向高能级轨道跃迁。由此看来，技术轨道的跃迁是技术进步的另一种体现。

后发企业在向先进企业学习技术知识时，通常面临着核心技术知识受到保护、技术轨道难以逾越等问题，这意味着，后发企业即便再努力地去学习先进技术知识也很难追赶先进企业。但如果后发企业追赶先进企业的路径不是定位于同一技术轨道内，而是通过对企业内外部的资源进行整合，则有可能发现新的技术机会，那么就可能实现对先进企业的赶超。

华为作为高新技术企业的代表，除了非常注重技术研发与创新之外，也非常重视对先进管理知识的学习与引进，其技术能力的构建离不开发展中的架构创新（朱瑞博等，2011）。华星光电公司通过运用科学的知识管理方法，对本土知识和先进知识进行了有效整合，实现了零散知识的重构，从而加快其对先进企业的追赶（程鹏等，2014）。华为和华星光电两家公司的管理学习行为推动它们通过系统性创新发现新的技术机会，从而实现技术进步。

日本汽车行业最初远远落后于美国，但自 20 世纪 50 年代，日本本土汽车企业不仅在技术上向发达国家看齐，还致力于学习、引进先发企业优秀的管理经验，诸如日本丰田公司积极引进美国领先的生产方式和管理模式，并结合自身工序特征，推出了适合本土车企的看板式管理模式、准时制生产方式、全面质量管理等创新型的管理方法。日本本土汽车企业通过在技术学习和管理学习方面双管齐下，以管理创新带动企业的系统性创新，最终在技术学习和自主研发的基础上实现了技术创新，顺利赶超了美国的汽车企业。

金风科技是一家集风力发电机的研发、制造和销售为一体的企业，通过参加国外展会、参观考察先进企业，整机引进，聘任外国人才（专家、工程师、管理人员），引进发达国家实验室，引进软件、生产许可证以及生产技术监测设备及相关的技术资料等方式开展技术学习，并最终建立了一支高素质的研发团队开展自主研发风机。与此同时，公司还通过派出研发及管理人员到英国、德国、丹麦、荷兰和美国等国家的先进公司进行培训和学习，以及与国外相关公司开展技术合作，引进先进的研发和管理体系；通过并购及设立海外分公司等方式来吸引当地人才，深入理解国外先进市场、产品和技术知识以及管理理念和文化，培养内部员工对市场机会的敏感性和洞察性。通过开展一系列的技术学习和管理学习活动，公司依据自身经营特征对其技术研发体系以及组织管理体系进行变革与创新，有效整合了内外部资源。目前，金风科技针对不同的温度、地区和不同风速的要求对产品进行了六个方面的改进，通过二次创新和集成创新实现了技术的升级与改造。这使得金风科技跳出了其所模仿的主导技术轨道，通过合作研发的方式，实现了技术突破，获得了全球领先的技术。

（三）小结

通过上述的案例分析与论证可知，管理学习对企业技术进步的作用机制主要体现为两种方式（见图 6 – 1）。

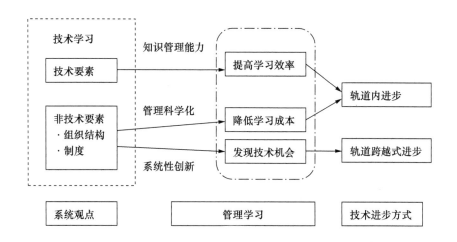

图 6 – 1　管理学习对技术进步的促进机制

第一种是技术轨道内的进步。企业通过管理学习，运用科学的知识管理手段对企业技术学习中的知识进行管理，从而提高企业的学习效率，或是企业通过管理学习，形成科学的管理体系，进而对企业的一些非技术要素进行科学化的组织与管理，从而有效地降低了一些源于管理方式落后而产生的学习成本。在上述两种情况下，企业开展现有技术轨道下的技术学习，其技术进步体现为原技术轨道内的进步。

第二种作用机制体现为轨道跨越式的技术进步。企业通过管理学习，不仅能够有效地对企业内的技术要素与非技术要素进行整合，而且能够对企业内外部的资源进行有效的利用，进而开展系统性的创新，推动企业发现新的技术机会，从而发现现有技术轨道外的其他轨道。

四、总结与研究展望

通过上述分析与论证可知，在竞争日益激烈的全球化竞争时代，管理在技术进步中的贡献越发不能忽视。从中国近几年的经济发展情况来看，管理学习对技术进步的贡献已达到 45%，可见，加强管理学习、提升管理能力已成为中国企业技术进步的重要途径。对于转型经济体以及新兴经济体中的企业，其生存环境中充满着机会与威胁，它们既需要通过技术学习掌握先进技术知识，又需要通过管理学习构建先进的管理体系，只有这样，后发企业才能更好地实现对先进企业的赶超。技术学习与管理学习是一对相互影响的企业活动，技术学习推动了企业管理现代化的进程，管理学习有助于帮助企业提高学习效率、降低学习成本和发现新的技术机会。

管理学习是一个有待深入探索的新领域，目前该领域研究成果十分有限。随着中国经济全球化进程的推进，中国本土企业逐渐加入全球化竞争中，落后的管理体系逐渐成为限制企业发展的主要因子，如何废旧立新、提升管理水平是本土企业要解决的首要难题。要回答这个问题，需要首先对管理学习机制、管理学习的关键影响因素以及管理学习绩效如何测量等问题进行探索，这也是本研究后期关注的主要方向。

第七章　科技政策的创新效果

—— 基于科技型中小企业创新政策作用面的实证研究

基于对供给侧改革在中国广泛应用的思考，本章从理论上度量供给面、需求面和环境面政策的工具及衡量指标，并根据中小企业创新政策的实证分析验证供给面、需求面和环境面创新政策的效果，最后提出提高创新效果的对策建议。

一、引言

2015 年 11 月以来，"供给侧改革" 成为高层讲话中的高频词（见表 7 - 1），仅在 2015 年 11 月，国家主席习近平在中央财经领导小组第 11 次会议和亚太经合组织（APEC）工商领导人峰会上两次强调，要 "加强供给侧结构性改革"；国务院总理李克强也分别在国务院常务会议和 "十三五" 规划纲要编制工作会议上强调 "培育形成新供给新动力扩大内需"、"要在供给侧和需求侧两端发力促进产业迈向中高端"。

表 7 - 1 "供给侧改革"典型事件与内容

日期	主题人物/事件	内容	信息来源
2015 年 11 月 10 日	国家主席习近平	在适度扩大总需求的同时，着力加强供给侧结构性改革	中央财经领导小组第 11 次会议
2015 年 11 月 11 日	国务院总理李克强	培育形成新供给新动力扩大内需	国务院常务会议
2015 年 11 月 13 日	发改委副主任林念修	在适度扩大总需求的同时，着力加强供给侧结构性改革，着力提高供给体系质量和效益，增强经济持续增长动力	国务院新闻版政策例行吹风会
2015 年 11 月 14 日	发改委规划司司长徐林	供给侧的结构改革的重点在于要形成有利于创新的体制机制，实现市场对资源配置的决定性作用	北大经济观察报告会
2015 年 11 月 17 日	国务院总理李克强	要在供给侧和需求侧两端发力，促进产业迈向中高端	"十三五"规划纲要编制工作会议
2015 年 11 月 18 日	国家主席习近平	要解决世界经济深层次问题，单纯靠货币刺激政策是不够的，必须下决心在推进经济结构性改革方面作出更大努力	亚太经合组织（APEC）工商领导人峰会
2015 年 11 月 18 日	中财办副主任杨伟民	在经济发展进入"新常态"的背景下，推进供给侧的结构性改革是必须进行的政策和思路	《财经》年会
2015 年 11 月 28 日	国家发改委学术委员会秘书长张燕生	从企业角度看，供给侧改革要关注的三方面	2015 陆家嘴金融创新全球峰会
2015 年 12 月 18 ~ 21 日	中央经济工作会议闭幕	明确推进供给侧结构性改革的意义和供给侧改革的五大任务	中央经济工作会议闭幕
2015 年 12 月 25 日	中央农村工作会议	首提"农产品去库存"概念	央广网 http://www.cs.com.cn/ssgs/hyzx/201512/t20151230_4874533.html

续表

日期	主题人物/事件	内容	信息来源
2015 年 12 月 31 日	中国人民大学国家发展与战略研究院执行院长刘元春	供给侧改革的原因与难点	每日经济新闻（2015 年 12 月 31 日，第 11 版）
2015 年 12 月 31 日	华夏新供给经济学研究院院长、财政部财科所原所长贾康	"新供给"研究中三大"破"与三大"立"的方面	《第一财经日报》
2016 年 3 月 19 日	2016 年"两会"报道	钢铁、煤炭业、房地产业、消费品行业、制造业等产业的供给侧改革问题探讨	中国网财经
2016 年 6 月 11 日	上海市社会科学院院长、国家高端智库首席专家王战	供给侧结构性改革五大发展理念	人民日报—海外版
2016 年 6 月 11 日	中国社会科学院当代中国研究所研究员钟瑛	供给侧结构性改革补八大短板	《人民日报》
2016 年 1 月 11 日	中国人民大学重阳金融研究院研究员胡玉玮	2016 年供给侧改革的三大挑战	中国网
2016 年 1 月 31 日	"中国新供给经济学 50 人论坛"2016 年年会	未来 3 ~ 5 年不要谈中国经济复苏，中国还没有经历一轮完全的去产能和去杠杆，未来如果能让供给侧改革落地攻坚，中国将会迎来曙光	每经网
2016 年 3 月 15 日	国家发改委投资司司长许昆林	投资领域供给侧结构性改革的主要任务	央广网
2016 年 7 月 20 日	国务院总理李克强	部署推进"互联网＋"物流，是适度扩大总需求、推进供给侧结构性改革的重要举措，将物流供给侧改革提升到战略高度层面	凤凰财经

日期	主题人物/事件	内容	信息来源
2016 年 10 月 28 日	中央政治局会议	继续坚持适度扩大总需求，以推进供给侧结构性改革为主线，打好"组合拳"	新华社

资料来源：根据公开资料整理而得。

实际上，早在 20 世纪 70 年代起，随着全球经济集约化发展，科技与经济的结合程度越加紧密，作为国家宏观调节手段的政策也体现出促进经济与科技结合的目的性特点，并在学术界产生了创新政策概念。[①]

从研究的历程来看，创新政策的关注点已经从过去科技政策所关注的科学知识产生和产业技术进步等转移到了整个经济体中创新过程所涉及的各个部门，而且更加强调创新系统的制度和组织层面要素，其中，政策工具和政策作用面的讨论是创新政策研究的核心（吴贵生、高建，2010）。政策工具是组成公共政策体系的元素，是由政府所掌握的、可以运用的达成政策目标的手段和措施。政策执行的复杂性以及政策的失败导致人们对政策工具或手段的反思，实际的政策执行则会产生对工具方面知识需求的增长。

就创新政策的构成而言，需求（如开拓国内、国外市场）、供给（如技术、财政资源）、环境（如创新的资源、环境、协调等）三类政策构成了一般意义上的创新政策作用面体系（Rothwell & Zegveid，1981；伍蓓等，2007）。然而，供给面政策，与其相对应的需求面、环境面政策都是如何度量的？三个作用面政策的创新效果是否有区别？这些问题都没有得到系统的回答。

据此，本章的目标是界定中国创新政策的作用面，并判断不同作用面政策创新效果。具体而言，本章以中国科技型中小企业的 112 项政策为研究样本，通过对比分析和相关分析，回答科技型中小企业创新政策的效果及其在不同政策作用面的表现。

本章的结构安排如下：引言部分介绍研究目标和主题来源，第二部分回顾文献，第三部分介绍研究方法，第四部分是研究实证分析，之后根据研究结论提出相应的科技创新政策效果提升的对策建议，最后做总结。

[①] 创新政策是一个整合的概念，是指科技政策和产业政策的结合（柳卸林，1993）。

二、文献总结

（一）创新政策评估的国外研究与实践

在创新政策评估方法和模型的探究上，国外研究比较多，包括评估方法研究和评估实践两个方面。在 20 世纪 90 年代，主要是学者对创新政策评估方法进行研究。21 世纪开始，一些国际组织开始积极实践创新政策评估工作。

对创新政策评估方法的国外研究主要有 Pappas 等（1985），Robben（1995），Akcakaya（2001），Ruegg 和 Jordan（2007）和 Wintjes 等（2007）这些学者。其中，Pappas 等（1985）提出了不同创新政策类型应该采用不同的评估方法，主要的评价指标包括定性、半定量和定量三类。Robben（1995）基于荷兰技术政策的文献回顾和调研，指出技术政策绩效的评估应该基于公司利润、计划层次、产品层次、财务状况和顾客接受度五个方面。Akcakaya（2001）构建了创新政策研发有效性的评估模型，该模型既包含定量评估又包含定性评估。Rugee 和 Jordan（2007）将创新政策分为四个阶段，并提出与之对应的各阶段的评估方法和目标，创新政策的四个阶段包括设计制订计划、研发进程及产出、成果扩散及中期效果、产业商业化及知识溢出。Wintjes 等（2007）从不同政策的目标出发，设计了不同政策类型所对应的评估模型，并对政策组合的作用进行了评估。

进入 21 世纪以来，一些国际研究机构与发达国家和地区都积极地开展创新政策绩效评估实践，典型的代表实践是经济与合作发展组织、欧盟和韩国。其中，OECD（2005，2007）按照 "4E" 框架（经济性、效率性、效果性和环保性），采用 SWOT 法、情景分析法等评估方法，选择高投入高产出国家、高投入低产出国家、创新和经济效益超过投入预期的国家、拥有较高经济和创新效益但对未来创新和经济效益越发关注的国家这四类国家为样本，对各国创新政策绩效进行了评估（OECD，2005，2007）。

欧盟从创新政策制定到政策评估都形成了比较完善的体系，主要包括 "欧洲创新趋势图"（2000）、"欧洲创新记分牌"（2007）和 "欧盟框架计划评估"

（2010）等（汪凌勇、杨超，2010）。其中，"欧洲创新趋势图"是欧盟委员会于2000 年初在科技创新政策领域推出的一项重要举措，基于创新记分榜和创新基准调查等重要方法，促进政策知识扩散；"欧洲创新记分牌"由欧盟委员会企业总司资助，利用创新指标体系对成员国的创新执行情况进行定量分析；"欧盟框架计划"则致力于在欧盟层面上推动整个欧盟的科研，是欧盟研发与创新政策的重要代表。

　　韩国在执行科技立国政策的同时，非常注重科技计划的管理，并形成了独具特色的科技计划评估模式，其科技计划评估体系主要分为两个层次：分别是计划预算前审核（属于事前和事中评估）和计划绩效评估（属于事后评估）（谈毅、仝允桓，2004）。国外典型政策评估方法如表 7 - 2 所示。

表 7 - 2　国外典型政策评估方法

作者/机构（时间）	评估方法	特点
Pappas 等（1985）	分析定性、半定量和定量指标结合	不同创新政策类型应该采用不同的评估方法
Robben（1995）	公司利润、计划层次、产品层次、财务状况和顾客接受度	从五个方面对技术政策绩效进行评估
Akcakaya（2001）	定量评估和定性评估	构建创新政策研发有效性的评估模型
Ruegg 和 Jordan（2007）	对创新政策评估的四个阶段进行分析	深入地分析了创新政策评估的四个阶段，并探究其所对应的不同评估方法和目的
Wintjes 等（2007）	从不同政策的目标出发，设计了不同政策类型所对应的评估模型	强调评估对于以后制定创新政策和政策组合具有重要作用
OECD（2005，2007）	采用 SWOT 法、情景分析法等评估方法	按照"4E"框架对四类国家创新政策绩效进行评估
汪凌勇和杨超（2010）	"欧洲创新趋势图"（2000）、"欧洲创新记分牌"（2007）和"欧盟框架计划评估"（2010）等	从创新政策制定到政策评估都形成了比较完善的体系
谈毅和仝允桓（2004）	韩国（2004）的事前、事中和事后评估	形成包括计划预算前审核和计划绩效评估两个层次的科技计划评估体系

　　资料来源：根据参考文献整理而得。

（二） 创新政策评估的国内研究

创新政策评估的国内研究主要有创新政策和创新基金评估两个分支，其相关研究主要是在借鉴国外研究思路和方法基础上的集成，本土化的原创性创新政策评估方法研究很少。

在科技政策评估方面，主要的研究学者有范柏乃和班鹏（2008），匡跃辉（2005），陈向东和胡萍（2004），仲为国、彭纪生和孙文祥等（2009），江静（2011）和李国平、陈福明和仇荣国等（2009）。其中，范柏乃和班鹏（2008）利用系统动力学的方法，对税率、折旧率、贴息率等财税政策对自主创新的激励效果进行了 SD 模拟，建立了企业自主创新财税政策激励的 SD 模型。匡跃辉（2005）提出基于效益、效率、效应和生产力等指标采用同行评议、自我评定、对比分析、成本效益分析、抽样分析等方法进行评估。陈向东和胡萍等（2004）则从创新思想产生激励和创新成果应用激励两个方面构建技术创新政策效用理论分析框架，并以我国 1985～2000 年的 151 项技术创新政策为数据，进行实证分析。仲为国、彭纪生和孙文祥等（2009）构建了我国的技术创新政策评估的指标体系，其中一级指标主要包括金融外汇措施、财政税收措施、其他经济措施、行政措施和人事措施五个方面。李国平、陈福明和仇荣国等（2009）则构建了地方科技政策法规绩效评估评价指标体系，以苏州市部分科技政策法规为样本，对其绩效进行评估，并提出相应政策建议。江静（2011）以全国第一次经济普查的26326 家规模以上内资企业、2970 家港澳台投资企业以及 3625 家外资企业为分析对象，建立指标体系，运用回归模型对支持企业技术创新的直接补贴与税收优惠政策的效果进行实证比较分析。

国内对创新政策效果评价的另一个分支是创新基金评价体系的设计，但由于缺乏可操作性，实际结合数据对创新基金绩效进行定量分析的研究较少。例如，王仰东（2005）设计了创新基金项目分层评价指标体系，第一层指标包括创新性、项目产品市场前景、项目经济效果及实施风险、企业发展能力四大因素。肇先等（2008）设计的创新基金全面评价基本体系包括企业情况分析、企业发展战略与投资项目的关联性分析、技术创新性分析、技术可行性和成熟性分析、项目产品市场分析与竞争能力分析、财务（经济）和社会效益评价、项目融资能力评价、抗风险能力评价等。

还有一些学者基于定量理论和实践数据验证提出了新的创新基金评价体系。例如，罗宜美（2007）基于模糊分析理论、运用模糊 Delphi 法和模糊数的 Ching－Hsu Chen 变异系数排序法，建立技术创新基金项目从优选择的多人多准则模糊评价分析模型，评价创新基金项目的创新性、风险可行性、市场吸引力、财务状况和企业能力。该评价方法主要是事前评价，在操作层面上为各级管理部门筛选项目提供了指导意义，并没有解决创新基金实施后绩效评价的难题。张戟（2004）根据长春高新技术产业开发区创新基金运行状况，以相关理论为指导，建立了国家创新基金项目效果评价指标体系和评估模型，并结合长春高新技术产业开发区创新基金项目的历史数据，运用层次分析法分析了创新基金支持项目的直接效益和间接效益。陈聪和李纪珍（2013）基于 OLS 回归分析和 PSM 检验分析，评价创新基金的实施效果，并基于中关村国家自主创新示范区的 494 家企业申请科技型中小企业创新基金项目的立项情况及其获得基金前后所获专利数量的变化情况进行验证。国内典型政策评估方法如表 7－3 所示。

表 7－3　国内典型政策评估方法

作者（时间）	评估方法	特点
陈向东和胡萍（2004）	实证分析	从创新思想产生激励和创新成果应用激励两个方面考察了技术创新政策效用的理论框架
匡跃辉（2005）	同行评议、自我评定、对比分析、成本效益分析、抽样分析等方法	在科技政策评估的标准上提出了效益、效率、效应和生产力等指标
范柏乃和班鹏（2008）	利用系统动力学的方法进行 SD 模拟	对财税政策对自主创新的激励效果进行 SD 模拟，建立企业自主创新财税政策激励的 SD 模型
彭国富（2003）	技术创新政策评估模型	构建政策效果评价指标体系，采用量化隶属度概念的直线方程
李伟铭、崔毅和陈泽鹏等（2008）	结构方程模型	评估政府技术创新政策对中小企业研发投入激励、组织激励效果，以及对技术创新绩效的影响
李国平、陈福明和仇荣国等（2009）	对科技政策法规进行绩效评估	构建地方科技政策法规绩效评估的评价指标体系
江静（2011）	回归模型、实证比较分析	分析直接补贴与税收优惠政策针对不同的对象会产生抑制和促进两种不同的效果

续表

作者（时间）	评估方法	特点
仲为国、彭纪生和孙文祥等（2009）	统计计量模型	构建了我国的技术创新政策评估的指标体系
王仰东（2005）	层次分析法	设计了创新基金项目分层评价指标体系
肇先等（2008）	创新基金全面评价基本体系	采用较多的指标进行衡量
罗宜美（2007）	运用模糊 Delphi 法和模糊数的 Ching - Hsu Chen 变异系数排序法	建立技术创新基金项目从优选择的多人多准则模糊评价分析模型
张戟（2004）	层次分析法	建立了国家创新基金项目效果评价指标体系和评估模型分析创新基金支持项目的直接效益和间接收益
陈聪和李纪珍（2013）	OLS 回归分析和 PSM 检验分析	研究创新基金资助和支持基金数额对企业创新成果增长的影响

资料来源：根据参考文献整理而得。

（三）文献总结

总结科技创新政策评估方法和实践的研究，至少存在以下几方面的不足：

第一，尽管早在 20 世纪 70 年代，在学术界就产生了创新政策概念，并且对创新政策工具和政策作用面进行了较多的讨论，然而，当前关于创新政策评估的研究更多的是基于理论指标的提炼并进行验证，缺乏对不同创新政策作用面的效果的评价。实践上对创新政策作用面应用的细化，这一方面的研究是具有理论与现实意义的，这也是本章基于政策作用面分析科技政策创新效果的一个原因。

第二，从我国科技创新政策评估实践与理论研究现状看，我国科技创新政策评估理论研究严重缺乏，有些实证研究也不够严谨和科学。正如马骏（2006）指出，我国公共行政学研究的缺陷是政策评估研究中许多看起来是实证的研究，但根本没有运用现代社会科学的研究方法，甚至没有一个明确界定的研究问题，没有深入地分析因果机制，没有构建具有说服力的理论，更没有进行理论检验，甚至理论观点都没有经验事实支持。

第三，实践上，随着我国国家政策对供给面改革的重视，"用国际通行的质量标准来检视中国的一些政策评估研究，在方法论上都或多或少存在瑕疵，有的甚至经不起基本的方法论推敲"（和经纬，2008）。因此，有必要开展基于供给面、需求面和环境面对比分析的创新政策效果评价和创新政策建议研究。

三、研究设计

（一）研究思路

本章借鉴国内外评估模式和方法，通过两步界定创新政策的效果及其不同作用面政策的区别：

第一步：采用指标评分法，确定有效的评估指标体系，结合政策目标，对政策的实施效果进行事后评估，以期在定量的视角分析创新政策的效果。

中小企业创新政策评估指标包括三组（六项）：直接（direct）与间接（indirect）、探索（explore）与利用（exploit）、广化（broaden）与深化（deepeen）。直接与间接影响测量了政策对创新的直接和间接影响程度，一般来讲专项基金和专门的管理办法（或通知）对创新的直接影响较大，而税收等优惠政策的间接促进创新作用则更强。探索和利用是创新中的两个主题，探索式创新获取新知识，发展新产品和开辟新的细分市场，而利用式创新则整合现有知识，拓展现有产品种类和功能，从而提升服务水平。创新深化指创新的产出与投入比率的提高，而创新广化则指创新的投入数量或投入范围提高，但是创新的产出与投入比率并没有提高。

每项指标的评定分数为1、2和3，其中1代表所实现的效果处于较低水平，2代表中等水平，3代表高水平。最终一个政策的总得分为以上六项指标的得分总和。评分分为三轮，分别是专家评分、相互验证和专家小组确认。

第二步：评估不同政策层面是否在直接与间接创新、开发与利用创新、创新广化和深化方面有区别性的表现，即评估直接、间接、开发、利用、广化和深化六个指标与环境面、供给面和需求面的相关性。

（二）研究样本

本章收集了 20 世纪 90 年代以来有关中小企业创新的国家层面的法律法规和政策共 112 项，其中全国人大和国务院出台的法律法规 7 项。

自 20 世纪 90 年代末开始逐步推出中小企业政策，我国的中小企业创新政策随时间的推移总体呈现增长态势（见图 7 - 1），并越来越多地作为政府宏观调控政策的重要组成部分，也得到了决策高层的关注。

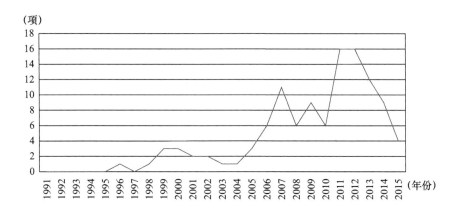

图 7 - 1　中小企业创新政策演进

注：2015 年政策数量的统计时间为 2015 年 1 月 1 日至 4 月 23 日。

另外，我们也可以按照国家"五年规划"的阶段划分，分析中小企业创新政策的演变过程（见图 7 - 2）。从整体演进过程可以发现，中小企业相关创新政策的增幅和增速都是非常明显的。这也反映了中小企业在国民经济发展中越来越重要的地位。

（三）变量度量

中国创新政策的供给面、需求面和环境面的创新政策效果的对比分析是本章研究目标。具体而言，供给面政策主要包括财政支援、人力支援和技术支援三个工具，需求面政策主要包括创造需求和干预市场两个工具，环境面则包括建立产业基础结构、激励创新意愿和引导创新三个工具。三个作用面的具体政策工具的政策工具、度量指标与示例如表 7 - 4 所示。

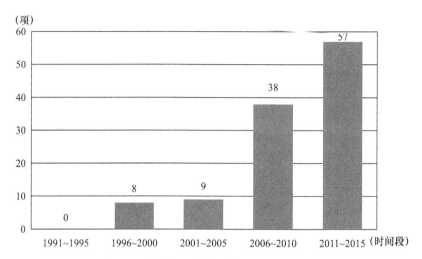

图7-2 中小企业创新政策演进（五年规划）

表7-4 政策作用面的度量工具与示例

政策面	政策工具	政策措施（指标）	示例
供给面	财政支援	①辅助 ②融资 ③创投资金	贷款、补助、设备提供、贷款保证、出口信贷等
	人力支援	①教育 ②培训	中小学教育、大学、技能训练、实习计划、高等教育深造
	技术支援	①公营事业 ②研究发展组织 ③咨询服务	研究实验室、支持研究单位、学术性团体、专业协会等
需求面	创造需求	①合约研究 ②合约采购	中央或地方政府的采购、国营事业的采购、R&D采购等
	干预市场	①技术标准 ②贸易代理	产品标准的设定
环境面	建立产业基础结构	公共服务	解决健康服务、建设、运输、电信等社会问题的各项服务措施
	激励创新意愿	①租税优惠 ②专利 ③奖赏	公司、个人、间接等税减免、专利权、环境保护规定
	引导创新	①经济规范政策 ②技术管制政策 ③贸易管理政策 ④外资管理政策	贸易协议、关税、规划、区域政策、创新奖励、鼓励企业合并或联盟等

资料来源：根据陈劲（2012）、Rothwell和Zegveid（1981）整理而得。

（四）作用面统计

将中小企业政策群中的全部政策按照环境面、供给面、需求面政策的分类方法,可以确定每条政策所对应的作用面,如图7-3所示。基于图7-3的三类作用面政策数量结构,结合相应的政策内容,我们发现:过去中小企业政策的着力点主要在于环境方面及供给方面。由于中小企业普遍存在资金少、风险高、市场窄、技术弱等负面特征,尤其在资金方面的缺乏非常明显,所以国家根据中小企业的普遍困难,希望利用包括税收、信贷、资本市场融资、专项基金、财政补贴等各种"推动性"或间接扶持的方式去帮扶中小企业渡过难关,顺利成长,因此供给型政策与环境面政策成为政策部门的首选。但是,不得不指出,对于以拓宽中小企业发展技术、产品以及市场的"拉动性"为目标的政策(即需求面政策)则相对严重缺失,而政策作用面的不平衡结构对于中小企业的持续成长可能是不利的。尽管决策部门近期在不断改变及创新,但根本性改变尚未发生。

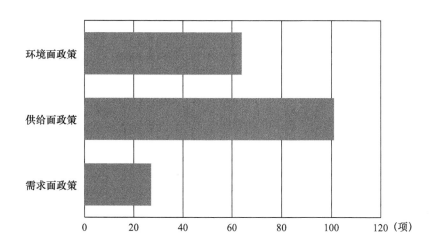

图7-3 中小企业政策的作用面分析

注:有些政策包含多个作用面,因此作用面总和超过112项。

四、实证分析：中小企业创新政策评估

（一）政策效果描述性分析

在 112 项中小企业创新政策评估结果中，12 分是最多的评估分数，数量是 40 项政策，其次是综合得分为 14 分的政策，总计有 20 项，而接下来较多的综合得分为 8 分，有 14 项政策。详细政策综合得分与政策数量分布情况如图 7－4 所示。

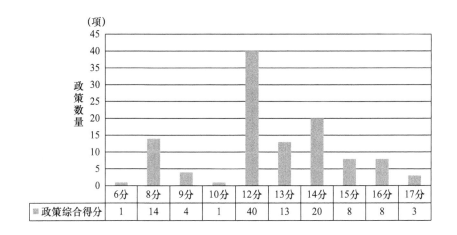

（项）

	6分	8分	9分	10分	12分	13分	14分	15分	16分	17分
▪ 政策综合得分	1	14	4	1	40	13	20	8	8	3

图 7－4　政策综合得分与政策数量

进一步细化分析评估结果可知（见表 7－5），创新政策的评估结果中创新广化的均值是最高的，间接创新和直接创新的分数次之，而创新深化的得分是最低的。其中，直接创新的评估分数均值是 2.08，1～3 分的占比分别是 16.96%、58.04% 和 25.00%。间接创新的评估分数均值是 2.22，1～3 分的占比分别是 3.57%、70.54% 和 25.89%；利用创新的评估分数均值是 2.04，1～3 分的占比分别是 15.18%、66.07% 和 18.75%；探索创新的评估分数均值是 1.92，1～3 分的占比分别是 15.18%、76.79% 和 8.04%；创新广化的评估分数均值是 2.29，1~3分的占比分别是 1.79%、66.96% 和 31.25%；创新深化的评估分数均值是 1.88，1~3 分的占比分别是 16.96%、77.68% 和 5.36%。

表 7-5　政策得分描述性分析

	1分数量	2分数量	3分数量	1分占比	2分占比	3分占比	均值	标准差	方差
直接	19	65	28	16.96%	58.04%	25.00%	2.08	0.646	0.417
间接	4	79	29	3.57%	70.54%	25.89%	2.22	0.497	0.247
利用	17	74	21	15.18%	66.07%	18.75%	2.04	0.584	0.341
开发	17	86	9	15.18%	76.79%	8.04%	1.92	0.468	0.219
广化	2	75	35	1.79%	66.96%	31.25%	2.29	0.496	0.246
深化	19	87	6	16.96%	77.68%	5.36%	1.88	0.448	0.200

（二）政策效果比较分析

为进一步评估不同政策是否在直接与间接创新、开发与利用创新、创新广化和深化方面有更强的作用，本章研究将进一步将创新评估的六项指标与其中位数进行比较检验。为了研究的可靠性，本章将分别进行成对样本 T 检验和成对样本 Wilcoxon 带符号秩检验。

基于成对样本 T 检验（见表 7-6）发现：创新绩效显著高于中值，间接创新、创新广度显著高于均值，直接创新、探索式创新和利用式创新没什么差别，而创新深化则显著低于中值。具体地说，直接—中值（2）的成对均值是 0.08，T 检验的显著性水平是 0.191，大于 0.05，不能拒绝零假设，认为两组变量的差异是不显著的，即创新政策所实现的直接创新水平是中等创新水平。间接—中值（2）的成对均值是 0.223，T 检验的显著性水平是 0.000，小于 0.05，拒绝零假设，认为两组变量的差异是显著的，即创新政策所实现的间接创新水平是较高的创新水平。利用—中值（2）的成对均值是 0.036，T 检验的显著性水平是 0.519，大于 0.05，不能拒绝零假设，认为两组变量的差异是不显著的，即创新政策所实现的利用式创新水平是中等创新水平。

表 7 - 6　成对样本 T 检验

队列	成对差分			差分的 95% 置信区间		t	df	Sig.（双侧）
	均值	标准差	均值的标准误	下限	上限			
直接—中值（2）	0.080	0.646	0.061	-0.041	0.201	1.317	111	0.191
间接—中值（2）	0.223	0.497	0.047	0.130	0.316	4.753	111	0.000
利用—中值（2）	0.036	0.584	0.055	-0.074	0.145	0.647	111	0.519
开发—中值（2）	-0.08	0.468	0.044	-0.168	0.007	-1.818	111	0.072
广化—中值（2）	0.295	0.496	0.047	0.202	0.387	6.290	111	0.000
深化—中值（2）	-0.125	0.448	0.042	-0.209	-0.041	-2.955	111	0.004
综合得分—中值（9）	3.429	2.415	0.228	2.976	3.881	15.024	111	0.000

开发—中值（2）的成对均值是 -0.08，T 检验的显著性水平是 0.072，大于 0.05，不能拒绝零假设，认为两组变量的差异是不显著的，即创新政策所实现的开发创新水平尽管低于中等创新水平，但是这种差异并不显著。广化—中值（2）的成对均值是 0.295，T 检验的显著性水平是 0.000，小于 0.05，拒绝零假设，认为两组变量的差异是显著的，即创新政策所实现的创新广化显著高于中等创新水平。深化—中值（2）的成对均值是 -0.125，T 检验的显著性水平是 0.004，小于 0.05，拒绝零假设，认为两组变量的差异是显著的，即创新政策所实现的创新深化水平低于中等创新水平。创新政策的综合得分—中值（9）的成对均值是 3.429，T 检验的显著性水平是 0.000，小于 0.05，拒绝零假设，认为两组变量的差异是显著的，即创新政策所实现的综合创新水平远高于中等创新水平。

成对样本 Wilcoxon 带符号秩检验与成对样本 T 检验的结果相同，即创新绩效显著高于中值，间接创新、创新广度显著高于均值，直接创新、探索式创新和利用式创新没什么差别，而创新深化则显著低于中值。详细秩统计量如表 7 - 7 所示，Wilcoxon 带符号秩检验统计量如表 7 - 8 所示。

表 7 – 7　秩统计量

		N	秩均值	秩和
中值（2）—直接	负秩	28[a]	24.00	672.00
	正秩	19[b]	24.00	456.00
	结	65[c]		
	总数	112		
中值（2）—利用	负秩	21[d]	19.50	409.50
	正秩	17[e]	19.50	331.50
	结	74[f]		
	总数	112		
中值（2）—广化	负秩	35[g]	19.00	665.00
	正秩	2[h]	19.00	38.00
	结	75[i]		
	总数	112		
中值（2）—深化	负秩	5[j]	12.50	62.50
	正秩	19[k]	12.50	237.50
	结	88[l]		
	总数	112		
中值（2）—间接	负秩	29[m]	17.00	493.00
	正秩	4[n]	17.00	68.00
	结	79[o]		
	总数	112		
中值（2）—开发	负秩	8[p]	13.00	104.00
	正秩	17[q]	13.00	221.00
	结	87[r]		
	总数	112		
中值（9）—综合得分	负秩	93[s]	61.70	5738.00
	正秩	15[t]	9.87	148.00
	结	4[u]		
	总数	112		

注：①中值（2）指中位数为 2，中值（9）指中位数为 9。②a. 中值（2）＜直接；b. 中值（2）＞直接；c. 中值（2）＝直接；d. 中值（2）＜利用；e. 中值（2）＞利用；f. 中值（2）＝利用；g. 中值（2）＜广化；h. 中值（2）＞广化；i. 中值（2）＝广化；j. 中值（2）＜深化；k. 中值（2）＞深化；l. 中值（2）＝深化；m. 中值（2）＜间接；n. 中值（2）＞间接；o. 中值（2）＝间接；p. 中值（2）＜开发；q. 中值（2）＞开发；r. 中值（2）＝开发；s. 中值（9）＜综合得分；t. 中值（9）＞综合得分；u. 中值（9）＝综合得分。

表7-8 Wilcoxon 带符号秩检验统计量

比对	中值—直接	中值—利用	中值—广化	中值—深化	中值—间接	中值—开发	中值（9）—综合得分
Z 值	-1.313^a	-0.649^a	-5.425^a	-2.858^b	-4.352^a	-1.800^b	-8.638^a
显著性	0.189	0.516	0.000	0.004	0.000	0.072	0.000

注：a. 基于正秩；b. 基于负秩。

（三）政策效果相关分析

根据政策评估指标与政策作用面的 Pearson 相关性检验（见表7-9），我们发现，环境面和供给面与政策评估的六项指标并没有相关性，而需求面则与政策指标中的综合得分、直接创新和创新深化相关。这在一定程度上反映：相较于环境面和供给面创新，需求面政策对直接创新和创新深化更为密切。

表7-9 政策评估指标与政策作用面的 Pearson 相关性检验

政策指标		环境面	供给面	需求面
直接	Pearson 相关性	-0.032	-0.052	-0.265^{**}
	显著性（双侧）	0.737	0.585	0.005
	N	112	112	112
间接	Pearson 相关性	0.099	0.028	-0.043
	显著性（双侧）	0.299	0.773	0.650
	N	112	112	112
利用	Pearson 相关性	0.053	0.020	-0.178
	显著性（双侧）	0.577	0.832	0.060
	N	112	112	112
开发	Pearson 相关性	0.006	-0.057	-0.172
	显著性（双侧）	0.954	0.551	0.070
	N	112	112	112
广化	Pearson 相关性	0.078	-0.046	-0.040
	显著性（双侧）	0.412	0.629	0.672
	N	112	112	112

政策指标		环境面	供给面	需求面
深化	Pearson 相关性	− 0.081	0.042	− 0.310 **
	显著性（双侧）	0.396	0.660	0.001
	N	112	112	112
score	Pearson 相关性	0.027	− 0.016	− 0.222 *
	显著性（双侧）	0.779	0.867	0.019
	N	112	112	112

五、结论与政策建议

（一）结论

根据对中小企业创新政策实施效果的描述性分析、对比和相关性分析，创新政策效果主要有以下四个特点：

（1）政策的创新效果显著，创新水平持续提高。根据描述性统计和对比分析，发现中小企业创新政策效果得分比较密集的分布在 12 ~ 14 分，说明中国创新得到了长足的发展。2015 年 3 月 2 日国家统计局发布的 2013 年中国创新指数测算结果显示，2013 年，中国创新指数为 152.8（以 2005 年为 100），比 2012 年增长 3.1%，创新环境指数、创新投入指数、创新产出指数和创新成效指数分别为 150.1、154.1、168.4 和 138.4，分别比 2012 年增长 4.2%、1.3%、2.6% 和 4.6%。这一测算结果表明，当前我国创新环境持续优化，创新投入力度继续加大，创新产出能力不断提高，创新成效显著增强。

（2）创新政策有力地促进了创新广化，对创新深化的影响极为有限。根据创新效果评分结果，创新广化的均值是最高的，而创新深化的得分是最低的。中小企业创新政策主要涉及的领域包括法律法规、金融扶持、专项基金、创新与创业、发展规划与战略、税收扶持、服务平台和服务体系、人才建设和文化建设领域，创新广化作用不仅体现在这些领域，也体现在技术商业化、技术开发流程、创新和创业环境等多个方面。

（3）间接创新显著高于中值，而直接创新却无异于中值。根据政策效果评价统计，发现间接创新显著高于中值，而直接创新却无异于中值，这个数据从侧面反映了两种情况：①我国中小企业创新政策是一个综合的系统，以直接推动创新和技术能力提升的政策并不多，而大部分政策都是与其他政策结合，从而间接促进创新；②中小企业创新政策的效果短时间内体现不明显，而是长期通过与其他政策或企业行为结合，间接促进了创新。

（4）环境面和供给面政策的创新弱于需求面政策的创新效果。根据相关性分析，环境面和供给面与政策评估的六项指标并没有相关性，而需求面则与政策指标中的综合得分、直接创新和创新深化相关。但从相关数值上看，需求面政策与直接创新更为密切，而供给面政策与创新深化的相关系数更高。也就是说，对于中小企业创新而言，供给面政策往往推动的是创新深化而需求面政策更多的是推动直接创新。

（二）对策建议

研究发现，在创新政策显著的背景下，环境面和供给面政策的创新弱于需求面政策的创新效果，间接创新显著高于中值。可见，技术创新的成功与否，需要创新供给面、创新产品的需求面和创新环境面的共同作用。因此，有必要在制定政策的时候，强调供给面、需求面与环境面的协调运用，激发创新需求，结合知识或技术与市场相结合，用商业价值提高创新动力，实现创新政策供给面、环境面和需求面的有机结合，并在不同的创新方面强调不同的作用面。具体而言，本章从三个方面提出提高科技型中小企业创新的对策建议。

1. 利用供给面政策，推动创新深化

我国现有的创新政策主要作用于创新供给面，比较常见的形式有产业发展政策和科技计划。创新供给政策虽然推动了我国的技术进步，但仍存在较大局限性。突出问题如创新项目具有强烈的鉴定和评奖导向，而不是市场和效益导向，研发项目陷入"立项目—要资金—出成果—搞鉴定—评奖项—调职称—立新项"这样一个闭循环，无法与市场接轨，导致研发与市场"两张皮"，浪费了大量的创新资源。利用供给面政策，推动创新深化主要是基于财政支援、人力支援和技

术支援三个方面。

在财政支援方面，可以从以下几个方面着手：第一，稳步增加企业技术创新基金规模，增加探索性技术创新的基金扶持，提高技术创新的产出与投入比。第二，促进国家和地方公共创新资源开放，提高技术创新效率和创新深度，对公共创新资源实行开放共享服务的行为和开创性技术研发进行财政补贴。第三，强化落实政府采购政策，用政府采购引导科技创新。

在人力支援方面，一方面，设立专项资金补贴专门针对企业创新的人才引进和培训（或对企业创新人才引进、参加培训的费用实施加计扣除政策），吸引有技术、懂管理的人才到创新工作中。另一方面，设立相应的人才引进和人才培养体系。

在技术支援方面，可以从以下几个方面进行援助：第一，对从事技术转让、技术开发业务和与之相关的技术咨询、技术服务业务取得的收入实施税收补贴或税收优惠。第二，设立技术支援基金。第三，鼓励技术联盟、产学研合作、扶持建立企业海外研发中心。

2. 利用需求面政策，引入创新券协作模式，推动直接创新

创新需求政策旨在解决与创新市场引进以及市场扩散有关方面的问题，如生产者和消费者的信息不对称问题，新技术的高转换成本和高准入成本问题以及技术路径依赖问题等（Flanagan，Uyarra & Laranja，2011；Liu，Simon & Sun et al.，2011）。因此，在相对有限的政府支出预算分配条件下，创新需求政策能够比创新供给政策更有效地提升创新产品和服务的市场需求，增强创新能力。

实行创新需求鼓励政策，传统的方法主要是政府通过直接补贴、税收优惠、价格优惠等措施鼓励用户购买创新产品，通过强制性标准和倾向性措施引导民众使用创新产品，或者以政府采购的方式直接购买创新产品。创新政策的这一转变需要相应改革创新资金的分配体系，更多地通过财税系统而不是产业发展系统和科技计划系统来分配创新资金，使更多的创新资金从流向项目转向流向产品。本章将提出一种全新的需求型政策，即创新券协作模式。

创新券政策是以中小企业创新需求为基础的一项政府创新投入政策。所谓创新券是针对本国中小企业经济实力不足、创新资源缺乏，大学和研发机构没有成为中小企业服务的动力情况，而设计发行的一种"创新货币"。政府向企业发放创新券，企业利用创新券向研发人员购买科研服务，而科研人员可持有创新券向

政府财务部门进行兑现。相较于传统的税收优惠、创新资金等方式，技术创新券最大的优势在于其不是现金，而只能通过购买技术创新服务进行消费，确保了专款专用，避免企业将创新资金用于企业运作的其他方面，提高了资金的使用效率。同时，创新券的使用也改变了现有的以项目为支点，针对某一课题展开的科技合作方式，使得产学研向深度发展，调动科研资源为企业提供更全面的服务，企业也因此从被动创新转向主动搜寻创新研发活动。作为一种新型的创新制度，创新券的实质，是通过政府采购科技成果，然后在企业中实现产业化，推行技术创新券扶持自主创新，其目的是建立公共知识提供者与小企业间的联系，创造一种创新文化的交互途径，支持小企业提高创新能力，促进知识经济的发展。由创新券政策所支持的新型产学研协作模式运行方式如图7-5所示。

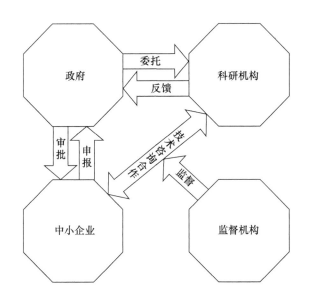

图7-5 创新券协作模式运行方式

3. 利用环境面政策，推动创新广化和间接创新

首先，建立产业基础结构，提供公共服务，创造良好产业环境。注重创新资源集聚整合，提升公共服务能力，提高技术创新效率，加强技术创新公共服务平台建设，改善产业环境，为企业技术创新提供信息、技术、研发设施和人才等支撑服务，完善企业公共技术服务体系及其良性运行机制，提高其开展专业化服务

的能力和水平。

其次，通过运用租税优惠、专利保护和奖赏等措施，激励创新意愿。例如，进一步落实完善税收支持政策，强化政策的可操作性，建立落实税收抵扣、高新技术企业税收政策的监督、检查机制；加快推进科技信贷产品和服务模式创新；拓宽中小企业多元化融资渠道；增强专利保护与转化等。

最后，通过经济规范政策、技术管制政策、贸易管理政策和外资管理政策，构建促进企业创新发展的制度环境，引导创新。与美国、日本等国不同，我国现行政策大多以"规划"、"意见"或"管理规定"等形式发布，政策的法律化程度偏低，只具有指导性作用，缺乏强制力，从而影响了政策的执行与实施。虽然并不是所有的政策都应采取法律的形式，但一些基本的、重要领域的政策还是应上升到法律高度，特别是由最高国家权力机关制定的"法律"。

六、研究贡献与不足

本章根据中小企业创新政策的实证分析，界定了供给面、需求面和环境面创新政策的效果区别。理论贡献至少体现在三个方面：第一，对不同创新政策作用面的效果的评价，结合了科技创新政策理论工具、评价指标与实践，使得科技创新政策理论工具的研究从理论上深化到实践层。第二，从理论上度量供给面、需求面和环境面政策的工具，并指出了实践上的衡量指标，进一步规范和深化了科技政策评价方法的研究。第三，结合国内外文献的总结，提出针对中国国情的创新政策评价指标。

实践上，本章对当前中国比较热的"供给侧改革"进行了理论上的解释和效果分析，一方面为政府部门制定相应的政策提供参考，另一方面为企业创新提供政策指导。

然而，本章也存在难以避免的局限性。首先，本章研究收集了112项中小企业政策为研究样本，尽管相较于大多数研究，本章已经从案例或指标性研究深入到实证研究，但是从样本数量和范围看，中小企业创新政策并不能代表全部的科技创新政策，限制了研究的可靠性。其次，科技创新政策的评价指标众多，本章选取了较为重要的六项指标来衡量创新效果，尽管进行了三轮专家打分，但必然难以避免存在一定的误差。最后，研究缺乏对供给面、政策面和环境面政策的协调效应的评价。这些不足之处，也是研究未来的努力之处。

第八章 ICT 改善创新路径的作用机制

本章的研究目标是探索 ICT 对企业创新路径的影响机制。具体而言，本章首先梳理 ICT 定义及其对创新的重要作用，包括 ICT 在农村金融服务、生产性服务、交通运输、教育、节能减排、国家创新系统、农业、旅游业和电子商务等应用领域创新方面的重要影响。其次，界定 ICT 对创新的影响方式，包括改变时空制约、破碎化视角、"多任务"、降低交易费用、改变企业边界、信息效率效应和信息协同效应等方面。最后，综合分析 ICT 基于自身的影响方式对"创新的主要路径"（内部研发、合作研发、模仿创新、技术并购）的作用机制。

一、引言

信息通信技术（Information & Communication Technology，ICT）成为当前信息化、网络化时代最鲜明的企业生存背景，ICT 的发展和应用不仅提高了信息效率效应和信息协同效应（Dewett & Jones，2001），而且降低了企业的内部生产成本和市场交易费用（Afuah，2003），影响了企业边界（Clemons & Row，1992；Earle，Pagano & Lesi，2006）和企业组织管理模式。同样，ICT 嵌入（embeddedness）势必改变企业的信息获取与交流方式、企业内部研发效率和创新路径与效果。

本章的贡献至少体现在三个方面：首先，本章系统地总结了 ICT 的重要作用及其对创新的系统性影响路径，尤其是分别探讨了 ICT 对企业模仿、内部研发、合作研发和技术并购的影响路径，将 ICT 对创新影响的研究从理论层深化到实践指导层。其次，本章系统地总结了 ICT 的作用方式，发现 ICT 通过"时空制约"、"破碎化"、"多任务"、"信息效率"、"降低交易成本"和"改变企业边界"这六个环节影响企业创新的行为，界定 ICT 的作用形式。最后，结合 ICT 与企业创新路径的研究，打开了 ICT 影响企业创新行为的"黑箱"，丰富了 ICT 理论和创新理论。

本章结构安排如下：第一部分是引言；第二部分是 ICT 定义及不同层次关于 ICT 与创新的相关研究；第三部分是 ICT 对创新的影响方式研究，包括改变时空制约、破碎化视角、"多任务"、降低交易费用、改变企业边界、信息效率效应和信息协同效应等方面；第四部分是 ICT 影响企业主要创新路径的行为，即基于"ICT 对创新的影响方式"与"创新的主要路径"（内部研发、合作研发、模仿创新、技术并购）结合的视角，探索 ICT 提升不同路径创新效果的作用机制；第五部分是结论与启示。

二、ICT 定义及相关研究

（一）定义

ICT 是一组用于创建、存储、检索、排序、过滤、发布和共享信息无缝连接和管理的技术工具和资源，能够大幅度提高生产，渠道和分销的效率收益（Blurton, 1999），是 IT（信息业）与 CT（通信业）两种服务的结合和交融（王文剑，2007）。

关于 ICT 的分类主要依据经济合作与发展组织（OECD）、联合国以及美、加、黑三国统计机构所指定的《北美产业分类体系》。其中，《ISIC/Rev3.1》（2004）的具体分类和 OECD 分类基本一致，这个标准也是目前学者研究经常采用的分类方法。根据该方法，ICT 具体包括图书报纸、音乐等录音媒体、期刊以及其他出版物的出版；贺卡、广播、时间表的信息的出版活动；电信；硬件和软件咨询与供给；数据处理和电子信息的数据库活动；电影录像的生产、制作与发行；无线电视和广播活动；通讯社等其他娱乐活动。这种方法打破了传统产业分类中制造业和服务业的二分法，为 OECD 国家和其他国家建立统一的信息通信技术分类体系和数据采集机制奠定基础。值得指出的是，大多数实证研究都是从狭义的角度来定义 ICT，通常将 ICT 分为硬件、软件和通信（Van Ark et al.，2003；Heshmati & Yang，2006）。为便于国际比较，国内学者也沿用了这一分类（郑恺，2006；施莉、胡培，2008；孙琳琳等，2012）。

（二）ICT 相关研究文献总结

目前，ICT 经济与管理学研究主要集中在宏观层（例如 ICT 对经济增长率的影响，Oliner & Sichel，2000）和产业层（例如制造业产业升级，王昱尧，2005）。对企业层的研究则是近几年才开始的，例如 ICT 对创业企业的市场进入会产生影响（Kotnik & Stritar，2015）和 ICT 采用与人力资本、组织变化和创新的互补性研究（Gallego、Gutierrez & Lee，2011）。现将国内外的学者对 ICT 的经济与管理学典型研究进行总结，如表 8－1 所示。

表 8－1　ICT 经济与管理学典型研究的层次总结

研究层次	作者（时间）	研究方法	研究结论
宏观层	Greenstein 和 Spiller（1996）	相关分析（光纤电缆和 IS-DN 数量与美国国民经济）	电信基础设施投资对于消费者剩余和当地电信服务年收入具有重要影响
	Oliner 和 Sichel（2000）	相关分析（美国 1995～1999 年信息产业与经济增长的投入产出）	信息技术，包括计算机硬件、软件、通信设备对生产率增长的贡献在 1995 年后半期激增
	Madden 和 Savage（1998）	回归分析（1991～1994 年部分中东欧国家时间序列—截面合并数据）	电信投资、电信密度是促进经济增长的重要因素
	魏后凯（2001）	对数回归模型（中国）	经济基础设施（主要指交通和通信）对区域制造业的影响远大于社会基础设施和城市基础设施
	刘国亮和赵英才（2000）	采用索洛余值法（中国某省 1984～1998 年行业数据）	电信技术进步与创新对 GNP 的贡献逐年增加

研究层次	作者（时间）	研究方法	研究结论
宏观层	刘瑶和丁妍（2015）	三元分解及引力模型	中国 ICT 产品的出口增长实现了以质取胜
	张之光和蔡建峰（2013）	柯布—道格拉斯生产函数的两个方程随机生产边界模型（我国 1997～2010 年 IT 资本）	IT 资本对我国经济增长和生产效率具有显著的促进作用；IT 资本弱化了物质资本对于经济增长的贡献，强化了人力资本对于经济增长的贡献
	吴晓云和李辉（2013）	回归分析（31 个省市自治区 2006～2011 年的数据）	ICT 在研发能力、知识型人力资本对区域创新产出的过程中起正向调节作用
	朱文（2014）	回归分析（中国传统工业行业面板数据）	ICT 产业技术溢出的 R&D 渠道要比产品流动渠道的溢出效果更为明显
产业层	孙琳琳、郑海涛和任若恩（2012）	回归分析（中国 ICT 制造业行业面板数据）	信息化对中国经济增长的贡献主要体现于 ICT 资本深化的贡献以及 ICT 制造业的全要素生产率改进，但 ICT 使用还未带来行业的全要素生产率改进
	巩永华（2014）	定性分析	ICT 助力其他行业节能减排
	王昱尧（2005）	定量分析（计算机、电信和机械制造）	信息产业对传统机械制造业的改造作用，将有利于制造业的发展和升级
	汪斌和余冬筠（2004）	模型估计	信息化对三次产业具有差别影响，发现工业增长的贡献最大
企业层	Grillitsch、Tödtling、Höglinger（2015）	定性分析	ICT 企业创新更多的源于地区的多样化和国际化
	Kotnik 和 Stritar（2015）	回归分析（斯洛文尼亚产业层序列数据）	ICT 对创业企业的市场进入有积极影响
	Diaz－Chao、Sainz－Gonzalez 和 Torrent－Sellens（2015）	回归分析（中小企业）	合作创新（如 ICT use）并没有对创新产生积极影响
	Gallego、Gutierrez 和 Lee（2015）	3759 Colombian 制造企业	ICT 的采用与人力资本、组织变化和创新具有互补性

续表

研究层次	作者（时间）	研究方法	研究结论
企业层	Michael（2005）	案例研究	整合过程中早期阶段信息和通信技术的规划是实现并购收益的关键因素
	Boston（2004）	统计分析	超过 1/3 的银行合并的协同效应来源于企业 IT
	Brown（2001）	统计分析	英国和美国 70% 的并购没有达到预期的效果主要是因为它们的 IT 问题

资料来源：笔者根据相关文献整理而得。

然而，关于 ICT 与企业创新的研究仍然存在不足。首先，ICT 研究主要集中在 ICT 对宏观环境、产业、区域和国家创新的重要性，尽管也有些学者涉及了 ICT 对企业创新的影响研究，但是缺乏对创新路径的具有实践指导意义的研究。其次，当前 ICT 与创新的研究还未实现 ICT 与创新路径的结合研究，实际上，企业创新的方式有很多种，如模仿（耗用成本最低、最常用的方式）、内部研发（常用方式之一）、并购（常用方式之一）、合作研发（新型方式）等，在"大众创业，万众创新"的时代背景下，企业的创新更应该寻求更合理的方式。作为当下最受欢迎的 ICT，其已经开始影响创新的各种路径。最后，目前学术界关于 ICT 影响企业创新的机制研究缺乏综合的分析。因此，有必要对 ICT 的作用方式及其对创新路径的影响机制进行深入的分析。

三、ICT 对创新的影响方式

（一）重要性：促进创新的表现

随着 ICT 的不断发展与扩大，ICT 的应用范围越来越广泛，不再局限于 IT 行业与 CT 行业，而且还扩展到金融服务行业、服务行业、教育行业、交通运输行业等，其对创新的重要影响至少表现在以下九个方面（见表 8-2）。

表 8 - 2　ICT 在实际应用中的重要性

ICT 的应用领域	ICT 对应用的创新	研究学者及年份
农村金融服务	降低交易成本、缓解信息不对称、提高决策效率、推动金融普惠	马久杰和薛丹琦（2012）
生产性服务	推动了服务和产品的集成，提高了服务可贸易性	廖毅敏（2012）
交通运输	提高车辆出行效率、降低车辆事故发生率	李文越（2016）
教育	促成了在线课程的开发模式	Michael Trucano（2015）
不同行业的节能减排	减少资源消耗，提高资源利用率实现节能减排	Schandl 和 Turner（2009）；王轩、杨天剑和舒华英（2010）
国家创新系统	通过 ICT 可以使知识和技术的转移和获取更加的便利，进而促进国家创新系统的发展	陈子凤、官建成、楼旭明和谢逢洁（2016）
农业	促进农业信息化技术装备的研发及其产业化，实现农村现代化建设	张建（2006）
旅游业	旅游体验更加丰富，实现目的地体验、路线体验和整体旅游体验	张维亚和严伟（2013）
电子商务	第三方支付平台的建设	胡红梅（2014）

资料来源：笔者根据相关文献整理而得。

第一，ICT 的发展与应用为农村金融服务创造了条件，ICT 的综合应用有利于降低金融机构提供服务中的交易成本、缓解信息不对称、提高决策效率，推动金融普惠。在信用体系建设、无分支银行业务、支付手段创新与支付环境改善等方面，信息通信技术发挥了积极的作用，能够提供更贴近贫困人群的金融服务（马久杰、薛丹琦，2012）。

第二，ICT 的应用增强了服务与产品之间的互补性，推动了企业价值链变革，形成了生产性服务部门和制造部门的融合发展；信息通信技术推动了服务和产品的集成，提高了服务可贸易性，在全球贸易自由化环境下，基于知识密集型生产性服务的国际产业转移步伐不断加快，新的国际分工体系日益形成（廖毅敏，2012）。

第三，借力 ICT 的 GPS（卫星定位系统）技术、GSM（移动通信系统）技术、GIS（地理信息系统）技术，交通运输行业能够规范车辆运营管理、提高车辆出行效率、降低车辆事故发生率，从而全面提升交通运输业的运行效率和管理效率，为交通运输业带来革命性的变化（李文越，2016）。

第四，慕课是 ICT 与教育行业相结合的最好的实践。慕课是新涌现出来的一种在线课程开发模式，它是为了增强知识传播而由具有分享和协作精神的个人组织发布的、散布于互联网上的开放课程。ICT 与教育行业相结合的优点就是使人们的学习不再受到时间地点的限制，只需要一台电脑和联网即可（Trucano，2015）。

第五，全球化石能源的大量消耗带来了一系列的环境问题，如全球变暖、海平面上升、环境污染等，这已经严重威胁到整个人类的生存和发展。为解决日益严重的危机，学者们对低碳经济的研究也越来越多。有相关研究表明，ICT 给其他行业带来的减排量是其自身排放的 5 倍之多，ICT 可以通过非实物化和提高效率来实现减少碳排放，而这其中提高其他行业的工作效率和能源利用率对于低碳经济的发展具有非常重要的意义（Schandl & Turner，2009；王轩、杨天剑和舒华英，2010）。

第六，从微观角度来看，ICT 帮助企业等创新主体更方便、快捷地获取外部知识和信息，更有效地控制企业运作流程，更加准确地掌握客户需求，从而提升其在流程、产品、技术、服务和管理等各方面的创新能力，而且可以让这些创新在企业内部更有效地扩散和应用。从宏观角度来看，ICT 支撑着不同部门、不同区域、不同国家之间的知识流动，ICT 的有效利用，可以让一个部门、一个区域、一个国家及时掌握各种与创新相关的信息，包括新技术信息、新产品信息、市场趋势信息、新管理方法和新工艺流程等。同时，ICT 作为受到各国重视的高技术产业、新兴战略产业，其自身的创新投入较高，技术含量较高。除了充当知识流动的促进者，其同时也是知识溢出的源泉，其他创新主体可以通过使用 ICT 和 ICT 进行融合，获得来自 ICT 所产生的知识溢出。ICT 作为信息基础设施支撑，促进了国家创新系统中各主体之间的知识流动，同时其作为第五轮康德季耶夫经济长波的基础技术，对其他部门具有广泛的溢出性和融合性（陈子凤、官建成和楼旭明等，2016）。

第七，ICT 可以传播先进的农业科学技术知识与生产管理信息，提供农业科技咨询服务，提高农业生产者的生产管理决策能力，节本增效、提高收入；向农户提供气象、灾害预警和公共社会信息服务，使他们能预测自己生产环境的变化，提高抵御风险的能力；向农村社区和广大农户提供先进文化、教育服务，提高农民的职业技能和促进劳动力转移，丰富农村社区生活、加强农村精神文明建设，为建设和谐社会服务（张建，2006）。

第八，ICT 对旅游体验的形成具有积极的影响。在旅游过程中，ICT 对整体旅游体验和路线体验具有显著影响。当旅游中使用 ICT 时，旅游者能够获得有意义的旅游体验以及享受他们的旅行。同时，旅游者通过使用 ICT，不仅可以帮助他们确定目的地的位置，还能帮助他们通过认知和互动产生地方归属感（张维亚、严伟，2013）。

第九，为解决电子商务中买方对卖方的不信任等问题，借助 ICT 技术推出了第三方支付平台，免除消费者的后顾之忧，提高消费者对网络购物的信任度。伴随电子商务市场的快速发展和消费者网络购物消费习惯的成熟，电子商务提供基础设施服务和第三方支付得到了快速发展。例如，淘宝—支付宝、京东—京东钱包等（胡红梅，2014）。

综上所述，ICT 广泛应用于各个领域，促进传统思维的转变，极大地提高了资源的利用效率和管理效率，不断促进产业结构的优化和协同发展。与此同时，ICT 技术还催生新业态和新应用，带动了内需市场的消费需求和增长空间。

（二）ICT 对创新的影响行为

ICT 的发展已经改变了时空制约，致使空间破碎化，增加"多任务"现象，降低交易费用（Clemons & Row，1992），改变企业边界（Earle、Pagano & Lesi，2006；Afuah，2003），提高了信息效率效应和信息协同效应（Dewett & Jones，2001），改变了创新行为（见表 8 - 3）。

表 8 - 3 ICT 对创新行为的影响

理论与行为	观点	研发中的案例
时空制约 （Schwanen et al.， 2008）	ICT 弱化时空制约	一个研发人员可以同时从事多项技术研发
	ICT 强化时空制约	研发人员离开计算机将不能从事研发工作
	时空制约强化 ICT	例如"数字鸿沟"（digital divide）
破碎化视角 （Couclelis， 2004）	ICT 与空间破碎化	网上合作替代现场合作
	ICT 与时间破碎化	一项活动可被切割为多个时段完成
	ICT 与方式破碎化	研发方式更加灵活，例如研发合作、技术购买等

理论与行为	观点	研发中的案例
"多任务"现象（Kenyon & Lyons，2007）	ICT 增加"多任务"现象	同时发生的活动可以在虚拟空间中到达不同的空间
降低交易费用（Clemons & Row，1992）	降低交易费用	有效降低搜寻成本、扩大搜寻范围
改变企业边界（Earle、Pagano & Lesi，2006；Afuah，2003；Hitt & Ireland，1999；范黎波，2004；刘东，2005）	横向边界扩展，纵向边界缩小	信息技术的应用微弱促进了多元化，而对一体化有反面效果
	部分企业的边界扩大，部分企业的边界缩小	互联网会降低企业资产专用性、机会主义、信息不对称和生产成本，这些因素同时受信息依赖性、信息隐性以及组织技术的影响
	企业边界扩大	信息技术能够节约交易费用，强化了企业间分工，导致知识效率降低。知识效率的降低使得企业边界扩大
信息效率效应和信息协同效应（Dewett & Jones，2001）	效率提高	科研信息的传递速度更快

资料来源：笔者根据文献整理而得。

1. 时空制约视角

时空制约是时间地理学十分重要的理论基础（Hagerstrand，1970；柴彦威、刘志林和李峥嵘，2002）。Schwanen 等（2008）从时空制约理论角度出发，对 ICT 与时空制约的相互作用进行了分析，并提出了以下三种表现形式：

（1）ICT 弱化时空制约。时空制约主要包括三个方面的制约：一是能力制约，即个人通过自身的能力或者使用工具能够进行的活动会受到的制约；二是组合制约，即个人或者集体为了从事某项活动而必须同其他的人或者物的路径同时存在于同一个场所的制约；三是权威制约，即法律、习惯、社会规范等把人或物从特定时间或特定空间中排除的制约。

ICT 对能力制约的弱化作用表现为：ICT 削弱了活动所受到的时空限制，并且使不同活动的边界变得模糊，不同的活动可以同时进行；ICT 影响了知识获取的途径，增强了获取其他时空的能力，进而能够更好地对活动进行时空的协调。ICT 对组合制约的弱化作用表现在活动计划及实施过程中的社会互动管理及微观协调。与传统相比，基于 ICT 的活动具有较强的互动性，可柔化活动安排，在活动的实施阶段不断调整、完善活动计划，还可以充分调动社会网络应对突发事件。除此之外，ICT 对能够规避部分权威制约从而达到弱化作用。

（2）ICT 强化时空制约。ICT 可能导致时空制约的强化与新生。一方面，ICT 的使用对于物资设备的需求导致新的组合制约产生，这是一种与 ICT 设备的组合，如必须随身携带设备、电源，寻找网络接入条件；另一方面，在一定的情况下，ICT 的使用也会导致新的时空制约产生。

（3）时空制约强化 ICT。ICT 对时空制约产生影响的同时，原有的时空制约也会对 ICT 产生一定的制约作用。使用者本身的社会经济属性、拥有的资源、ICT 设备获取能力、使用能力等都会对 ICT 的使用产生能力制约。

2. 破碎化视角

Couclelis（2000）针对 ICT 对时空利用的影响，提出了"破碎化"的概念，指由于 ICT 造成的一种活动被另外一种活动打断，被打断的活动在随后继续进行的情况。破碎化包括空间破碎化、时间破碎化及方式破碎化。

空间破碎化是指活动发生地点的多样化。由于 ICT 的使用，各种活动进行的地点发生了破碎化。研发中出现问题需要解决时，不需要人员全部到场面谈，只需要一个电话会议或视频会议就能找出问题的解决办法。时间破碎化是指活动发生时间的弹性化，活动进行的时间有了更多的选择，而且活动的进程可以被分割为多个时间片段。方式破碎化是指活动方式的自由化。ICT 提供了多样化的可选择的活动方式，且完成一项活动也可同时采用多种方式。

有很多学者从破碎化的视角，解释了 ICT 的作用机理。如 Couclelis（2004）分析了在 ICT 的影响下，购物活动破碎化的过程，即购物活动被分解为许多子活动，部分子活动在实体空间中进行，而另一部分则通过 ICT 进行。Lenz 等（2007）讨论了破碎化产生的原因，并利用德国 3500 户居民的活动日志数据进行了实证研究，以通勤频率、工作时间、在家活动时间等作为破碎化指标结合 ICT 利用的指标进行聚类，对不同类别人群的社会经济属性以及工作、购物、出行等行为进行对比分析，证明了 ICT 导致的"破碎化"现象的存在。

3. "多任务"（multitasking）现象

多任务的概念最早出现在时间利用的研究中（Szalai, 1972），是指在一段时间内，两个及其以上的活动同时发生，这就使得每天实际上利用的时间之和超过了 24 小时。由于 ICT 的使用，使得同时发生的活动可以在虚拟空间中达到不同的空间，进一步促进了多任务情况的发生。

Robinson 等（2001）发现网络用户多活动同时进行的情况明显多于非网络用户，并称网络为"时间增加器"。Kenyon 等（2007）认为某类活动是否能与其他活动同时进行取决于活动的时空依赖性、时间连续的必要性以及对认知专心的需求程度，因此不是所有的活动都能与其他活动同时进行，而 ICT 降低了活动的时空依赖性及时间连续的必要性，会导致多任务现象的增加。

4. 企业边界的变化

（1）ICT 的信息效率效应和信息协同效应。ICT 在企业中的普遍应用可以产生信息效率效应和信息协同效应（Dewett & Jones, 2001）信息效率效应，是指通过 ICT 可以有效地提高信息的收集、传递、处理和运用效率，节省时间和成本。信息协同效应，是指通过 ICT 可以将单个个人或部门的信息进行汇总整合，超越组织的边界，分享给更多的人，使他们能够更加方便快捷地利用这些信息，产生一种"1 + 1 > 2"的效果。

（2）交易成本的降低。ICT 所产生信息效率效应和信息协同效应，有利于企业节约内部生产成本和市场协调成本（Afuah, 2003）。信息效率效应和协同效应可以减少企业所需的资金和劳动力数量，从而节约生产成本。例如，运用 MIS（管理信息系统）、CIMS（计算机集成制造系统）和 CAM（计算机辅助制造）等，企业中原来必须由工人操作完成的一些程序性工作现在可以由计算机代替完成，从而减少了工人的数量，劳动工人的减少进一步降低了企业的生产成本。

市场的协调成本主要是由资产专用性、信息不对称和机会主义行为构成。那 ICT 又是怎样减少市场协调成本的呢？一是 ICT 的应用可以通过克服时空的限制或者扩大它的应用领域，或者通过网络实现共享来降低特殊地点资产、特殊实物资产和特殊人力资本的专用性。二是通过 ICT 的使用，可以有效降低搜寻成本、扩大搜寻范围，降低信息不对称发生的概率。三是在市场交易过程中广泛采用 ICT，就可以掌握交易双方以往的交易历史，对买卖双方的信用状况、履约情况等有详细的认识（Gurbaxani & Whang，1991），就会进一步降低机会主义行为的发生，保证交易的正常进行。ICT 的应用有效地降低了市场的协调成本。

（3）企业边界的变化。企业应用 ICT 后通过发挥信息效率效应和协同效应有效地节约了内部生产成本和市场协调成本，而这最终将引起其边界的相应变动。企业应用信息技术后，一方面有效地节约了内部生产成本，从而使得其边界变动有扩大的趋势；另一方面也有效地节约了市场协调成本，造成其边界变动有缩小的趋势。当企业所节约的内部生产成本多于市场协调成本时，其边界最终将向扩大的方向发生变动；当企业所节约的内部生产成本少于市场协调成本时，其边界最终将向缩小的方向发生变动（曾楚宏、林丹明，2004）。

四、ICT 对创新路径的影响机制

（一）ICT 对模仿的影响机制

模仿是中国企业产品开发的重要机制之一，对于中国企业完成生存和发展的任务非常关键（谢伟，2008）。正如林毅夫（2002）指出，发展中国家采取跟随策略静等发达国家的研发，然后采用购买专利的方式来取得技术，这样大概节约技术研发成本的 2/3，并且回避了 99 % 的失败风险，大大增强了资金的利用率。

企业模仿路径大致可以分为两类：正式模仿和非正式模仿。其中，正式模仿是指模仿企业征得被模仿者的同意，通过合同或非合同的形式对目标技术进行模仿。常见的正式模仿路径包括加工装配、补偿贸易、租赁、许可证贸易、直接投资等，相似于技术转移（转让）的主要形式。对于非正式模仿，一般而言，模仿者与被模仿者的利益通常并不一致，模仿者可以选择隐瞒自己的模仿行为，而这类行为大多在法律或者道德上存在一定的争议或者模糊空间。非正式模仿包括公开和非公开两种形式。公开的非正式模仿路径包括：①报刊、专业杂志、行业协会出版物；②专利文献；③网络资料；④资本市场资料；⑤专业数据库；⑥产品样本、手册；⑦参观访问；⑧企业招聘；⑨行业会议。非公开的非正式模仿路径包括：①企业内部各职能部门员工；②经销商；③供应商；④专业调查咨询机构；⑤行业主管部门；⑥招投标过程；⑦客户；⑧竞争对手；⑨反求工程（谢伟、周巍和孙忠娟，2011）。

具体而言，ICT对模仿路径的影响（见表8-4）体现在正式与非正式模仿路径中。对正式模仿来说，加工装配是受委托方根据委托方的需要，来料、来件、来样加工装配成产品最后交还给委托方的过程。受委托方通过加工装配的过程实现对委托方的模仿。ICT在这个过程中，主要促进了信息效率的传递，使受委托方能够方便快捷地了解到委托方的信息要求，完成委托方的要求，进而实现模仿。补偿贸易是指交易的一方在对方提供信用的基础上，进口设备技术，然后以该设备技术所生产的产品，分期抵付进口设备技术的价款及利息。在这个过程中，通过ICT可以掌握交易双方以往的交易历史，对买卖双方的信用状况、履约情况等有详细的认识，从而减少机会主义行为，降低市场的交易成本，从而实现模仿的目的。租赁实质上是一种借贷行为，双方达成协议的基础也是一定的信用基础，交易双方可以通过ICT掌握双方的信用状况，从而达成协议。许可证贸易技术许可方将其交易标的的使用权通过许可证协议或合同转让给技术接受方，ICT实现了"空间破碎化"、"时间破碎化"和"方式破碎化"。直接投资包括对厂房、机械设备、交通工具等各种有形资产的投资和对专利、商标、咨询服务等无形资产的投资，ICT弱化了对时空的控制，增强了信息效率，使这些投资可以迅速得到应用。

表8-4　ICT对模仿路径的作用机制

	时空制约			破碎化			多任务	信息效率	降低交易成本		企业的边界	
	强化	弱化	反向	空间	时间	方式			生产成本	协调成本	扩大	缩小
正式模仿途径												
加工装配							√	√			√	
补偿贸易								√		√	√	
租赁								√		√		
许可证贸易				√	√	√		√				

	时空制约			破碎化			多任务	信息效率	降低交易成本		企业的边界	
	强化	弱化	反向	空间	时间	方式			生产成本	协调成本	扩大	缩小
直接投资		√						√				
非正式模仿途径												
公开								√				
报纸杂志				√			√	√			√	
网络资料				√			√	√				
专利文献				√			√	√	√			
专业数据库				√			√	√				
资本市场资料							√	√				
产品		√		√			√	√	√		√	
参观访问		√					√	√				
企业招聘		√		√				√			√	
非公开								√				
企业员工				√				√				
经销商								√	√			
供应商				√				√				
行业会议		√						√				
行业主管部门								√				
招投标								√	√			
客户		√						√	√			
竞争对手		√					√	√				
反求工程							√	√				
专业咨询机构		√						√				
其他											√	

对于非正式模仿而言，报纸杂志、网络资料、专利文献、专业数据库、资本市场资料这些二手资料均可以通过ICT的网络技术获得，可以实现"空间破碎化"、"多任务"；对于产品、参观访问、企业招聘的模仿行为，ICT弱化了时空制约，这些行为可以通过ICT技术实现远程操作；企业员工是企业进行模仿的主体，他们可以利用ICT实现"空间破碎化"，从而扩大企业的边界；经销商、供

销商是企业关系网络的重要一环，通过 ICT 可以实现信息效率化、降低企业的协调成本；行业会议通过 ICT 可以弱化对时空的制约；招投标可以通过 ICT 提高信息效率，降低交易成本；对客户的模仿，通过 ICT 弱化了对时空的控制，获得信息的效率大大提升，还可以降低交易成本；对竞争对手、专业咨询机构和反需求工程的模仿，通过 ICT 弱化了对时空的控制，实现了"多任务"，提高了信息的获得和使用的效率。

综上所述，无论是正式模仿还是非正式模仿，通过 ICT，可以实现"弱化时空制约"、"时间破碎化"、"多任务"、"信息使用效率"、"降低交易成本"或者改变"企业的边界"，从而实现创新。

（二）ICT 对企业内部研发的影响机制

企业内部研发是企业进行创新的一种常用方式。内部研发是企业内部自行研究为了获取技术知识、增强行业技术发展，或者可以领先竞争对手而推出的最新产品而进行的一种创新方式。内部研发的特点是投入多、周期长、风险大、技术轨迹难以改变，但是能够内在地支持企业积累知识和提高学习能力，而且创新成果具有所有权和独占性，有利于企业长期利益（甄珍，2010）。一些学者从新增长理论出发，阐述了内部研发不仅能够直接地促进技术进步，而且还可以提高企业对外源性研发获得的组织外部技术资源的吸收和利用效率（路风、穆玲，2003；彭新敏、吴晓波和卫冬苇，2008）。也有一些学者从实证研究的角度验证了内部研发对企业绩效或生产率等竞争优势代理指标的正向影响作用（Albert、Jefferson & Jinchang，2005；乐琦、蓝海林和蒋峦，2008；孙玮、王九云和成力为，2010）。

企业进行内部研发往往经过六个步骤：一是提出新产品研发项目；二是取消或重新制定项目的优先次序；三是确保进行研发的产品符合公司的战略；四是分配研发资源；五是研发的过程控制；六是产品研发成功并顺利进入市场或者失败。

ICT 对与企业内部研发的影响，如表 8-5 所示。具体而言，企业在进行内部研发之前都会做一个成本、风险的评估，包括市场潜力、市场竞争、产品的竞争态势（Cooper，1993）、政府政策（Mishra et al.，1996），只有达到合理的预期时，企业才会提出新的产品项目，在这个过程 ICT 对于企业收集相关信息提供重要支持，弱化对时空的控制，实现时间破碎化，出现"多任务"现象，提高信息的获得和使用效率，从而提出新产品计划改变企业的边界；企业在内部研发的过程，出于对市场的把握，都会设置项目的优先次序，使之尽可能地推出满足市场的需求，与此同时，该项目应该与公司的发展战略相一致；充足的人和金钱、R&D 投入、高质量的团队、高层管理者的参与与承诺、创新性的气氛和文化、分工明确、跨职能的团队（Cooper，1993）是企业进行内部研发的重要资源，在资源的分配过程中，ICT 既强化了对时空的控制又弱化了对时空的制约，如资金只有通过公司财务系统的审批才能运用到实际研发过程中，但对于人力资源的分配则可以降低时空的制约；通过 ICT 可以实现网上合作，避免了现场合作不便性，出现"多任务"现象，提高了信息效率；研发过程控制是企业内部研发的重要环节，各职能部门之间的沟通水平、项目团队成员之间的沟通水平、项目的目标和责任明确、组织之间沟通的效力等是影响企业内部研发是否成功的重要因素（Maidique，1984），而 ICT 恰恰能提供企业内部沟通效率，当研发过程中出现各种各样的问题，所需人员不能全部到场时，一个视频会议就可以轻松解决；产品研发成功，但能否成功地进入市场取决于外部环境的变化，在这个环节通过 ICT 提高信息效率，降低协调成本，可以为新产品进入市场做好充分的准备。

表 8－5　ICT 对企业内部研发效果的影响机制

	时空制约			破碎化			多任务	信息效率	降低交易成本		企业的边界	
	强化	弱化	反向	空间	时间	方式			生产成本	协调成本	扩大	缩小
提出项目		√			√		√	√			√	
制定项目的优先次序												
确保符合公司的战略	√	√					√					
分配研发资源					√		√	√			√	
研发过程控制								√				
进入市场或失败								√		√		

（三）ICT 对合作研发的影响机制

为了更快速地应对市场、降低成本、分担风险，获得产品开发与技术的外部知识和能力，赢得竞争优势，合作研发已经成为企业广泛采取的重要技术创新战略（牟莉莉等，2009）。合作研发是指企业、科研院所、高等院校、行业基金会和政府等组织机构，为了克服研发中的高额投入和不确定性、规避风险、缩短产品的研发周期，应对紧急事件的威胁，节约交易成本而组成的伙伴关系，它以合作创新为目的，以组织成员的共同利益为基础，以优势资源互补为前提，通过契约或者隐性的约束联合行动而自愿形成的研发组织体。研发合作对创新具有积极的影响，例如，其格其等（2016）利用中国国家知识产权局 1999 ~ 2008 年信息与通信技术产业（ICT）的专利数据，以三年时间构建以企业、大学、研究机构为节点的产学研合作网络，并计算有关网络结构特征指标，提取生成涉及 2603 家企业的大样本面板数据，使用负二项式回归模型实证分析，证实了 ICT 产业产学研合作创新网络结构对企业的创新绩效有明显的关系。

合作研发的过程主要包括三个阶段：合作形成、合作运行和成果分配。合作形成阶段是指企业从现有的市场中，根据合作项目的具体情况，选择要合作的企业；合作运行阶段是指合作研发启动后，双方研发人员将开展深入的交流与合作；成果分配阶段是指合作项目成功研发出新产品，随之产生的产品和知识产权的分配。

表 8 - 6　ICT 对合作研发的影响

	时空制约			破碎化			多任务	信息效率	降低交易成本		企业的边界	
	强化	弱化	反向	空间	时间	方式			生产成本	协调成本	扩大	缩小
合作形成		√		√	√	√	√	√		√		
合作运行		√		√	√	√	√		√	√		
成果分配		√		√	√	√				√	√	

ICT 对合作研发的影响如表 8 - 6 所示。具体而言，在合作形成阶段，采用 ICT 就可以快速搜寻目标企业，而且可以了解目标企业的交易历史、技术水平、信用状况、履约情况等，从而为合作对象的选择保驾护航；合作的运行是合作研发的重要一环，在这个过程会增加联盟内部的交易费用和信息沟通成本（Harrigan，1988；Reinhil，1998），但通过 ICT 可以有效施行沟通，提高信息效率，降低沟通成本和交易费用；成果分配主要涉及合作成果的保护方式和合作成果的归属，ICT 通过知识溢出使双方都能掌握这种技术，进而扩大企业的边界。

（四）ICT 对技术并购的影响机制

目前，技术并购已经成为企业获取外部先进技术和提升自身能力的一种重要的方式（李培馨、谢伟，2011），Hitt 和 Lei（1995）提出与内部研发投资相比，技术并购的风险更低，同时带来的收益多于研发新产品带来收益。普华永道（2004a）报道称，收购后整合的障碍 50% 以上的情况是在操作理念、信息管理做法、行政程序和通信方式方面的分歧，Vestech（沃易斯）首席执行官和他的信息调查顾问 Hugh Craigie - Halkett 也发现类似的结果，即在英国和美国 70% 的并购没有达到预期的效果主要是因为它的 IT 问题（Brown，2001）。

ICT 对技术并购的影响可以从技术并购的过程来分析。技术并购的实现过程包括目标选择、谈判、并购交易、并购整合四个环节。一个好的目标的选择是技术并购实现的前提，目标企业的技术成熟度（刘开勇，2004）、可获取的技术的优势（吉峰、周敏，2005）、技术突破性（李征、赵晓巍，2007）等都是要考虑的因素；谈判对并购的成功与否起着关键的作用，人的因素、技巧以及竞价过程都对谈判起着重要的影响（约瑟夫·克拉林格，2000）；并购交易是指双方采取何种支付方式；并购整合是指按照并购企业的技术、管理、资源等进行调整、改组或改制，使被并购的技术能迅速融入并购企业的管理中，只有进行有效的整合，才能提高企业的核心能力和绩效水平（陈龙波、赵永彬和李垣，2007）。

ICT 对技术并购过程的影响如表 8 - 7 所示。具体表述为，ICT 促进了信息的传播，使得技术并购企业能够快速寻找到目标；在谈判过程中，ICT 弱化了对时空的控制，实现了时间破碎化，提高了信息效率，降低了协调成本；在并购交易

表 8 -7　ICT 对技术并购过程的影响

	时空制约			破碎化			多任务	信息效率	降低交易成本		企业的边界	
	强化	弱化	反向	空间	时间	方式			生产成本	协调成本	扩大	缩小
目标选择		√		√	√	√	√	√				
谈判		√			√	√				√	√	
并购交易		√								√		
并购整合		√						√		√	√	

中，ICT 弱化了时空的控制，降低了交易成本；在并购整合阶段，通过 ICT 弱化时空约束，并行多任务，改变企业边界。

五、结论与讨论

（一）关键结论

本章首先梳理 ICT 对创新重要性的体现，包括 ICT 在农村金融服务、生产性服务、交通运输、教育、节能减排、国家创新系统、农业、旅游业和电子商务等应用领域创新方面的重要影响。其次，ICT 作为一种重要的技术手段，便利各种创新方式。具体而言，ICT 对创新行为的影响方式包括"时空制约"、"破碎化"、"多任务"、"信息效率"、"降低交易成本"、"改变企业边界"六个方面，无论是模仿行为还是内部研发，无论是合作研发还是技术并购，都会通过 ICT 实现以上六个方面中的一些途径，进而实现创新。最后，通过综合分析"ICT 对创新的影响方式"与"创新的主要路径"（内部研发、合作研发、模仿创新、技术并购），本章详细地介绍了 ICT 提升不同路径创新效果的作用机制。

（二）创新与不足

本章的创新点至少体现在三个方面：首先，ICT 研究主要集中在 ICT 对各个行业重要程度以及 ICT 对企业创新、产业、区域、国家创新的重要性上，但是缺乏对创新路径的研究，本章在文献回顾与总结的基础上，深度剖析出 ICT 对模仿创新、内部研发、合作研发、技术并购、创新要素等的影响机制，揭示出 ICT 影响创新的"黑箱"，在这个双创的时代下，发挥 ICT 的积极作用，带动社会的全面创新。

其次，本章是第一篇基于战略领域研究 ICT 的文章，结合 ICT 与企业创新路径的研究，打开了 ICT 影响企业创新行为的"黑箱"，既丰富了 ICT 理论和创新理论，又丰富了战略领域的创新内容和 ICT 的理论体系。

最后，从实践上讲，我国经济社会发展步入"新常态"，迫切需要发挥以互联网为代表的新一代信息通信技术在生产要素配置中的优化作用，加快 ICT 与经济社会发展深度融合，为经济转型升级、培育壮大新兴业态提供新支撑和新动力。对于企业而言，企业可以根据自身实力以及对 ICT 的应用情况，决定采用企业内部自主研发或者合作研发，从而促使企业花费最少的人力、物力和财力实现创新；对于国家而言，ICT 的发展已经成为国家支柱性企业，大力发展 ICT 不仅促进国家经济的增长，同时也会促进国家创新的发展。

然而，本章存在着至少两个方面的局限性：一方面，本章基于文献分析问题，属于定性研究，结论有待案例及大样本的检验；另一方面，本章深入分析 ICT 影响创新的行为和创新路径，但缺乏各路径之间的动态反应研究，例如，缺少对模仿与技术并购、内外部研发如何相互影响的研究，以及 ICT 如何对这种相互影响进行影响的过程研究。这两方面的局限性，将是下一步研究的努力方向。

第九章　商业模式驱动企业创新的机制研究

——基于互联网时代手机制造企业的多案例分析

商业模式与互联网相伴而生，随着互联网经济的不断发展，商业模式的研究越发重要。目前大部分研究主要聚焦在研究互联网企业的商业模式上，对于互联网背景下的典型商业模式如何影响新兴制造企业的创新，还缺乏系统深入的研究。本章立足"互联网＋"背景，系统分析"互联网典型商业模式对新兴制造企业创新战略的影响"。基于手机制造企业的多案例研究，本章发现存在于新兴制造企业中典型商业模式与其创新战略之间的关系，在新兴的手机制造企业中，消费者导向的商业模式和长尾商业模式倾向于采用逆创新和微创新战略，平台商业模式倾向于采用生态系统创新，跨界商业模式倾向于采用整合式创新。通过研究商业模式与企业创新战略之间的关系可以为新兴制造企业有效实现商业模式创新、建立企业竞争优势提供建议。

一、引言

近年来，商业模式创新得到了管理学者和企业家越来越多的关注（George & Chapman，2006；Zott & Amit，2010；Teece，2010）。随着互联网时代的到来，商业模式、企业创新与互联网经济成为紧密联系的现象。例如互联网时代背景改变了企业商业模式和运营边界，各行各业通过互联网思维开始整合企业产品、服务、价值链等，实现了商业模式和产品创新。与此同时，传统企业面临"不变则亡"的危险，例如诺基亚在坚守"研发—生产—客户"的传统运营模式，因为忽视了消费者的体验需求（而不是结实的外表）丢掉了市场。那么，互联网经济背景下，成功商业模式的特点、企业如何实现商业模式与产品双重创新成为亟须解决的问题。

据此，本部分的研究目标是探索"互联网经济背景下，典型商业模式对企业创新的影响"。具体解决三个问题：①互联网经济背景下，典型的商业模式是什么？②互联网经济背景下，典型企业创新战略是什么？③典型的商业模式与企业创新战略之间的关系是什么？

从研究方法上，本章基于手机行业的多案例研究，探索"互联网经济背景下，典型商业模式对企业创新的影响"。一方面，多案例研究有利于我们探索"是什么"、"为什么"和"怎么样"的问题（Yin, 2009），符合研究目标；另一方面，手机行业兼具"制造企业"与"互联网企业"的双重特点，是受互联网冲击最早、最深的行业，研究有丰富的资料，研究结论更可靠。在研究思路上，先通过单案例研究，厘清典型的商业模式与创新战略，再根据案例对比分析，进一步探索商业模式与创新战略之间的关系。

"互联网典型商业模式对新兴制造企业创新战略的影响"的主要结论包括：①互联网时代的企业典型商业模式有消费者导向的商业模式、长尾商业模式、平台商业模式和跨界商业模式。②互联网时代下，新兴制造企业的创新战略侧重于微创新、逆向创新、整合式创新、生态系统创新。③互联网背景下，消费者导向的商业模式创新企业更倾向于逆向创新和微创新，微创新和逆向创新促进企业进行技术创新和营销创新；长尾商业模式的企业倾向于进行逆向创新和微创新，促进企业进行技术创新和营销创新；平台商业模式的企业更倾向于生态系统创新，促进企业进行产品和服务创新；跨界商业模式的企业更倾向于进行整合式创新，促进企业进行产品和服务创新。

本章结构安排如下：第一部分是引言；第二部分是商业模式的研究综述，包括商业模式内涵、要素、商业模式与竞争优势和商业模式创新等方面；第三部分是进行研究的理论框架；第四部分是研究方法，主要运用的是案例研究方法；第五部分是案例发现，包括案例内的深入分析与案例间的对比分析；第六部分是本章的结论与贡献。

二、商业模式的研究综述

商业模式的研究主要包括商业模式的内涵、商业模式的要素和创新创业领域商业模式与创新等方面的研究。主要研究关注点及经典研究如表 9－1 所示。

表 9－1　商业模式的主要研究领域

主要研究领域	主要研究视角	主要研究逻辑或方法	国内外经典研究
商业模式内涵与构成要素	内涵	文献研究	Amit 和 Zott（2010）；张婷婷和原磊（2008）
	构成要素	案例研究	Hamel（2000）；Amit 和 Zott（2010）；Peterovic 和 kittl（2001）；Afuah 和 Tucci（2001）；李东和王翔（2006）、原磊（2007）
商业模式与创新	不同层次的商业模式创新过程	统计方法	Casadesus－Masanell（2010）；Demil（2010）；Dixon（2007）；Morris（2005）；Murray（2004）；Sabatier（2010）；Sosna（2010）；Svejenova（2010）；Teece（2010），Wirtz 和 Yunus（2010）；Zott（2007）；高闯和关鑫（2007）

（一）商业模式的内涵

1957 年，"商业模式"首次出现在 Bellman 和 Clark 发表的 *Operations Research* 中，1960 年首次出现在论文摘要和题目中，但直到 30 年后的 20 世纪 90 年代才流行开来，在 1999 年之后才正式作为一个独立的研究领域引起学者的广泛关注。具体而言，商业模式的定义主要有财务视角（Stewart et al.，2000；Hawkins，2001；Rappa et al.，2002）、运营视角（Timmers，1998；Applegate，2001；Magretta，2002）、营销视角和战略视角（Magretta，2002）。其中，财务视角认为商业模式是企业能够获得并且保持其收益流的逻辑陈述，是企业与其产品/服务之间的商务关系，构造各种成本和收入流的方式，通过商业运作的方法生存并创造收入（Stewart et al.，2000；Hawkins，2001；Rappa et al.，2002）。运营视角认为商业模式解释了企业如何运作（Timmers，1998；Applegate，2001；Magretta，2002）。战略视角认为商业模式从本质上讲是企业的价值创造逻辑（张婷婷、原磊，2008）。

（二）商业模式要素研究

早期对商业模式构成要素的研究主要聚焦于电子商务领域，关注网络企业如何获取收益，随后的研究逐渐延伸至一般企业，并开始关注产品提供、价值创造过程、企业构架等方面，但是对商业模式的关键要素和基本构件仍然没有达成共识。国内外关于商业模式组成要素及结构体系的观点汇总如表9－2所示。

表9－2　国外商业模式组成要素及基本构件

来源	构成要素	个数	电子商务、一般企业
Horowitz（1996）	价格、产品、分销、组织特征、技术	5	一般企业
Viscio 等（1996）	全球核心、管制、业务单位、服务、连接	5	一般企业
Timmers（1998）	产品/服务/信息结构，参与者利益、收入来源	5	电子商务
Markides（1999）	产品创新、顾客关系、基础设施管理、财务方面	4	一般企业
Donath（1999）	顾客理解、市场战术、公司管理、企业内部网络能力、企业外部网络能力	5	电子商务
Gordijn 等（2001）	参与者、价值目标、价值端口、价值提供、价值界面、价值交换、目标客户、目标市场	8	电子商务
Linder 等（2001）	定价模式、收入模式、渠道模式、商业流程模式、以互联网为基础的商业关系、组织形式、价值主张	8	一般企业
Chesbrough 等（2000）	价值主张、目标市场、内部价值链结构、成本结构和利润模式、价值网络、竞争战略	6	一般企业
Hamel（2001）	核心战略、战略资源、价值网络、顾客界面	4	一般企业
Petrovic 等（2001）	价值模式、资源模式、生产模式、顾客关系模式、收入模式、资产模式、市场模式	7	电子商务
Dubosson - Torbay 等（2001）	产品、顾客关系、伙伴基础与网络、财务方面	4	电子商务

来源	构成要素	个数	电子商务、一般企业
Afauh 等（2001）	顾客价值、范围、价格、收入、相关行为、实施、能力、持续力	8	电子商务
Weill 等（2001）	战略目标、价值主张、收入来源、成功因素、渠道、核心能力、目标顾客、IT技术设施	8	电子商务
Applegate（2001）	概念、能力、价值	3	一般企业
Amit 等（2001）	交易内容、交易结构、交易管理	3	电子商务
Alt R. 等（2001）	使命、结构、流程、收入、法律义务、技术	6	电子商务
Rayport 等（2001）	价值集、市场空间提供物、资源系统、财务模式	4	电子商务
Betz（2002）	资源、销售、利润、资产	4	一般企业

资料来源：Morris M.，Schindehutte M. . The Enterpreneurs Business Model：Toward a Unified Perspedive [J]．Journal of Business Research，2005，58（6）：726－735.

在上述文献中，一些学者将其观察到的商业模式所涉及的各个方面简单罗列，如 Horowitz（1996）、Viscio 等（1996）、Timmers（1998）、Markides（1999）、Donath（1999）、Chesbrough 等（2000）、Linder 等（2000）、Petrovic 等（2001）、Betz（2002），这些元素仅是横向列举，并没有衡量要素之间的相关性或相对重要性。一些学者对商业模式应当涉及的要素进行较为详细的描述，不仅涉及商业模式的构成要素及其详尽含义，还指出了企业在实际运行中考虑这些要素时应当注意的问题（Hamel，2001；Afuah et al. ，2001；Weill et al. ，2001；Applegate，2001）。一些学者不是通过简单罗列，也不是对商业模式组成要素进行详尽描述，也不是对要素的地位及相互关系进行研究，而是通过综述或利用一些统计方法将大量的商业模式结构体系文献进行汇总，从而提出更具普适性的商业模式构成要素（Morris，2005；Shafer et al. ，2005；李东和王翔，2006；原磊，2007）。

（三）商业模式创新

关于商业模式的创新主要的研究聚焦在定义、动因、路径、评价、阻力和类型等几个方面，相关观点整理如表 9－3 所示。

表 9 - 3　商业模式创新的经典研究

研究视角	作者（时间）	方法（数据）	关键结论
定义	Tucker（2001）	文献研究	商业模式创新就是站在客户的立场，通过各种想象力的发挥来让事情变得更加完美的一个过程
	Chesbrough 和 Rosenbloom(2002)	文献研究	技术的潜在经济价值必须通过商业模式创新来实现，由此推动商业模式创新
	王雪冬和董大海（2013）	文献研究	商业模式创新就是将新的商业模式引进原有的体系之中，从而为企业本身以及客户创造最大的价值的过程
	杨镕（2011）	文献研究	企业商业模式创新就是如何设计企业的运营模式、资源整合能力、发展潜力来适应不断变化的商业环境，迎合消费者的需求，从而实现盈利的目的
动因	Malhotra（2000）	文献研究	企业要保证其绝对的竞争优势，就必须适应动态的、不可预知的、不断变革的商业环境，进行持续不断的商业模式创新
	曾萍和宋铁波（2014）	多元回归分析	企业社会资本、治理结构的完善、技术创新能力的提升以及 IT 基础的强化，对商业模式创新具有正面的影响
	刁玉柱和白景坤（2012）	多案例研究法	投资模式是保证企业商业模式持续创新的重要因素，内化于创新活动之间的因果联结机制是商业模式创新的内在机理，初始创新活动则是商业模式创新的触发动因
	丁焕明和魏凤（2015）	三阶段编码分析	构建了一个商业模式创新生成机理的概念模型，为创新提供了一个普遍适应的样板，为正在进行商业模式创新的企业提供指导，也为更深层次地研究商业模式问题奠定基础
	李文莲和夏健明（2013）	价值链分析	大数据资源与技术商品化推动"大数据"产业链形成、以"大数据"为中心的扩张引发行业跨界与融合，促进商业模式创新
路径	Amit 和 Zott（2009）	案例研究	商业模式系统的设计应主要考虑两个方面的因素，一方面是设计主题，具体包括新颖性、互补性和效率；另一方面是设计组成因素，主要包括结构、内容以及治理
	Osterwalder（2004）	案例研究	在商业模式这一价值体系中，企业可以通过改变价值主张、目标客户、分销渠道、价值结构、收入流和成本结构等因素来激发商业模式创新

研究视角	作者（时间）	方法（数据）	关键结论
路径	方金城和张秀梅（2010）	调研和访谈	中小企业普遍适用的五种商业模式创新途径，对中小企业商业模式选择与调整有重要的借鉴意义
	吕本波（2014）	要素协同分析法	基于要素协同的商业模式创新的途径：以产品服务或市场要素为主要途径；以目标客户、渠道、收益方式要素为主要途径；以企业内部价值链、合作网络要素为主要途径
	田志龙和盘远华（2006）	案例研究	创新的途径主要有重新定义顾客，提供特别的产品/服务，改变提供产品/服务的路径，改变收入模式，改变对顾客的支持体系和发展独特的价值网络
评价	Hamel（2000）	案例研究	一个好的商业模式必须能够创造出最大的利润，这个利润应该高于平均水平，因此创造利润的潜力可以作为商业模式创新评估的标准之一
	胡保亮（2012）	点量表法和逐步回归	商业模式创新只对企业营业收入增长具有显著的正向影响，对利润增长不显著
	武思琴（2012）	系统分析、内容分析法	①商业模式创新的过程主要包括识别阶段、整合及协调阶段以及执行和评价阶段；②商业模式创新效应的评价应当从逻辑评价和效应检验两个方面进行；③商业模式创新能力的提升包含识别能力、整合及协调能力、执行及评价能力、学习能力四个方面的提升
	高莉莉（2010）	专家意见法及模糊综合评价法	通过建立包括可操作性、独特性、盈利性、竞争性和可持续性五项指标的体系，以及它们各自的二级指标，并运用模糊综合评价方法来进行评价，相对而言，是能够对企业商业模式创新路径选择的有效性进行比较全面和综合的评价
阻力	Chesbrough（2002）	价值分析	企业已经建立的商业模式会对商业模式创新决策过程中所需要的信息产生巨大影响，企业原有的商业模式中的要素会对新商业模式中要素的增加或者调整产生阻力
	Sosna（2010）	文献研究	商业模式创新与组织内部结构及权力结构的现状有关，如果一个企业的权力中心非常分散，那么商业模式创新的实施必然会受到一些阻力
	任福安（2013）	结构方程分析	我国中小企业商业模式创新的阻力，主要不在于认知方面的阻力，而在于资源配置方面的阻力

研究视角	作者（时间）	方法（数据）	关键结论
类型	尤完和卢彬彬（2016）	案例研究	融合传统商业模式创新分析构架和互联网思维，以变革建筑业企业商业模式结构要素为路径，揭示了具有"互联网＋建筑业"特征的垂直产品型、横向平台型、T－O2O型和T－C2B型商业模式类型及其原理
	李东和王翔（2006）	Meta方法（因子分析和聚类分析的归纳）	商业模式创新可以表达为三种基本类型创新的组合：①顾客价值转换；②成本结构转换；③利润保护方式转换

关于商业模式创新的研究，Tucker（2001）认为商业模式创新就是站在客户的立场，通过各种想象力的发挥来让事情变得更加完美的一个过程。以 Chesbrough 和 Rosenbloom（2002）为代表的技术创新研究学者开始逐渐认识到技术本身并没有特定的客观价值，技术的潜在经济价值必须通过商业模式创新来实现，于是把注意力转向产品和技术领域以外的商业领域创新，也即商业模式创新。王雪冬和董大海（2013）认为商业模式创新就是将新的商业模式引进原有的体系之中，从而为企业本身以及客户创造最大的价值的过程。杨锴（2011）认为企业商业模式创新就是如何设计企业的运营模式、资源整合能力、发展潜力来适应不断变化的商业环境，迎合消费者的需求，从而实现盈利的目的。

关于商业模式创新的动力因素的研究，Malhotra（2000）认为传统企业的商业模式一般较为固定，它们往往被事先分类的计划和目的所驱动。企业要保证其绝对的竞争优势，就必须适应动态的、不可预知的、不断变革的商业环境，进行持续不断的商业模式创新。曾萍和宋铁波（2014）通过多元回归分析得出企业社会资本、治理结构的完善、技术创新能力的提升以及 IT 基础的强化，均对商业模式创新具有正面的影响。刁玉柱和白景坤（2012）认为投资模式是保证企业商业模式持续创新的重要因素，是连接收入模式与企业战略、创新要素的重要纽带；内化于创新活动之间的因果联结机制是商业模式创新的内在机理，初始创新活动则是商业模式创新的触发动因。丁焕明和魏凤（2015）构建了一个由商业模式创新的前因、创新目标、创新路径的选择与实施及创新的结果与评估四个主范畴组成的商业模式创新生成机理的概念模型，为不同类型企业的商业模式创新提供了一个普遍适应的样板，为正在进行商业模式创新的企业提供指导，也为更深层次地研究商业模式问题奠定基础。李文莲和夏健明（2013）研究表明了"大数据"对商业模式创新驱动的三维视角大数据资源与技术的工具化运用、大数据资源与技术商品化推动"大数据"产业链形成、以"大数据"为中心的扩张引发行业跨界与融合等问题。

关于商业模式创新的途径的研究，Amit 和 Zott（2009）商业模式系统的设计应主要考虑两个方面的因素，一方面是设计主题，具体包括新颖性、互补性和效率；另一方面是设计组成因素，主要包括结构、内容以及治理。Osterwalder（2004）在商业模式这一价值体系中，企业可以通过改变价值主张、目标客户、分销渠道、价值结构、收入流和成本结构等因素来激发商业模式创新。方金城和张秀梅（2010）以福建省中小企业为例探讨了中小企业商业模式创新的实现途径，由此总结出了中小企业普遍适用的五种商业模式创新途径，对中小企业商业模式选择与调整有重要的借鉴意义。田志龙和盘远华（2006）创新的途径主要有重新定义顾客，提供特别的产品/服务，改变提供产品/服务的路径，改变收入模式，改变对顾客的支持体系和发展独特的价值网络。吕本波（2014）通过对商业模式构成要素的分析，提出了基于要素协同的商业模式创新的途径：以产品服务或市场要素为主要途径；以目标客户、渠道、收益方式要素为主要途径；以企业内部价值链、合作网络要素为主要途径。

从商业模式创新的评价来看，Hamel（2000）认为一个好的商业模式必须能够创造出最大的利润，这个利润应该高于平均水平，因此创造利润的潜力可以作为商业模式创新评估的标准之一。胡保亮（2012）通过逐步回归和相关分析得出商业模式创新只对企业营业收入增长具有显著的正向影响，对利润增长不显著。武思琴（2012）指出商业模式创新的过程主要包括识别阶段、整合及协调阶段以及执行及评价阶段。商业模式创新效应的评价应当从逻辑评价和效应检验两个方面进行。商业模式创新能力的提升包含识别能力、整合及协调能力、执行及评价能力、学习能力四个方面的提升。高莉莉（2010）建立了企业商业模式创新路径选择的有效性评价指标体系，即包括可操作性、独特性、营利性、竞争性和可持续性五项指标，以及它们各自的二级指标，并运用模糊综合评价方法来进行评价，相对而言，是能够对企业商业模式创新路径选择的有效性进行比较全面和综合的评价。

关于商业模式创新的阻力的研究，Chesbrough（2002）企业已经建立的商业模式会对商业模式创新决策过程中所需要的信息产生巨大影响，企业原有的商业模式中的要素会对新商业模式中要素的增加或者调整产生阻力。Sosna（2010）商业模式创新与组织内部结构及权力结构的现状有关，如果一个企业的权力中心非常分散，那么商业模式创新的实施必然会受到一些阻力。任福安（2013）认为我国中小企业商业模式创新的阻力，主要不在于认知方面的阻力，而在于资源配置方面的阻力。

关于商业模式创新的研究，尤完和卢彬彬（2016）在分析商业模式创新理论的基础上，融合传统商业模式创新分析构架和互联网思维，以变革建筑业企业商业模式结构要素为路径，揭示了具有"互联网＋建筑业"特征的垂直产品型、横向平台型、T－O2O 型和 T－C2B 型商业模式类型及其原理。李东和王翔（2006）将商业模式创新可以表达为三种基本类型创新的组合：①顾客价值转换；②成本结构转换；③利润保护方式转换。

（四）文献总结

目前，商业模式的研究已经实现从概念拓展到应用，从结构深化到商业模式的创新，但是却缺乏系统深入的研究，研究的主要缺口有：

（1）商业模式与互联网相伴而生，几乎所有研究都是集中在互联网、商业模式及互联网运用的商业模式，且研究样本多为电子商务企业（Morris，2005）。对于互联网时代下新兴制造企业的商业模式与创新及商业模式驱动的创新机制的研究较少。

（2）目前关于商业模式的案例研究多聚焦于单个企业的单一、经典商业模式研究（尚光剑，2007；陈星海、何人可和杨焕，2014；罗倩和李东，2013；白彦壮、郭蕾和殷红春，2015），并没有扩展到同行业其他类似企业的商业模式运作及其机制，涉及多案例横向及纵向比较的研究较少。

（3）现在大多数研究仅限于商业模式构成要素对商业模式创新的影响及机制研究，例如，王茜研究了 IT 驱动的商业模式创新机理与路径研究，从 IT 驱动的视角剖析了 IT 成为企业商业模式创新内生力量的作用机理，并提出 IT 驱动的商业模式创新路径，最后得出相关商业模式创新的启示（王茜，2011）。此外还有技术创新与商业模式创新耦合关系（戚耀元、戴淑芬和葛泽慧，2015），基于产业融合论的商业模式创新驱动机制研究（王艳和飞缪，2012），技术、市场竞争、企业高管、市场机会对于商业模式创新驱动的影响机制（王生金，2014）等。然而，关注商业模式创新对于企业创新战略的影响及作用机制则较少。

三、理论框架：商业模式驱动的创新路径

（一）商业模式与企业创新的关系

创新在国家发展战略的重要性日益凸显，而企业作为国家实施创新战略的主体，近年来，其创新驱动问题已成为构建企业创新系统的重要内容。国内外学者越来越关注技术创新和商业模式创新结合问题，以期从两者作用关系中找寻企业创新驱动影响因素，并试图从国际优秀企业技术创新和商业模式创新结合的典型案例中发掘规律（Teece，2010；王冬雪和董大海，2012）。商业模式与三个维度的企业创新如表9-4所示。

表9-4 商业模式与三个维度的企业创新

研究视角	作者（时间）	研究方法	关键结论
技术创新	吴晓波和朱培忠（2013）	探索性纵向单案例研究	二次商业模式创新的演进始于后发企业对支撑技术的引进，通过"二次商业模式创新—市场结构—竞争战略—技术创新—二次商业模式创新"的循环路径形成与本地技术创新的共演机制，并经过"支撑技术引进—自主技术创新—新兴技术引领"三个共演阶段，推动本地技术的快速发展与追赶
	姚明明和吴晓波（2014）	案例研究	①效率和新颖主题的商业模式设计能够通过发挥后发企业优势、克服后发企业劣势从而有助于后发企业技术追赶绩效的提升；②商业模式设计与技术创新战略的匹配对后发企业技术追赶绩效有显著影响，不同的匹配对绩效的影响结果不同
	李志强和赵卫军（2012）	熵变法	从理论上说明技术创新与商业模式创新协同的重要性，而且企业可以根据自身情况运用该模型对其熵变进行分析，了解当前企业创新系统运行情况，也为企业下一步决策提供理论指导

研究视角	作者（时间）	研究方法	关键结论
技术创新	胡保亮（2012）	点量表法和逐步回归	商业模式创新与技术创新是互补关系，二者的交互对企业绩效（营业收入增长、利润增长）具有显著的正向影响
	陈玉慧、郑孟玲和汪欣彤（2012）	案例分析法	在龙头企业商业模式中，价值定位决定技术创新起点，价值实现影响技术创新成果，价值保持促进技术创新实现
	张新香（2015）	多案例扎根分析	产品/服务创新和市场定位创新作为商业模式定位创新，产业链重定位和网络生态系统构建作为商业模式营运创新，合并盈利创新构成商业模式创新的主体内容
服务创新	徐思雅（2014）	可靠性分析和回归分析	商业模式对服务创新有促进作用，创新投入能力中，员工整体水平与企业绩效的关系起正向的调节作用，对创新投入能力中研发强度与企业绩效的关系起负向的调节作用
	王岚（2014）	多案例比较分析	随着商业模式的发展，逐步形成产品提供商、增值服务提供商、产业链服务提供商三种典型的商业模式，经历从量贩式微利发展模式到嵌入式服务增值模式再到集成式综合服务模式的发展升级路径
	陈海琪（2015）	案例研究法和文献阅读法	坚持从移动互联网这个角度来发展物业服务行业在当今这个时代是正确的，建议大力发展基于移动互联网的物业服务模式，以加快现代物业管理服务的发展步伐
营销创新	王燕妮（2014）	案例研究	OTO商业模式是企业选择的趋势，企业要通过营销模式创新，运用营销策略组合打通线上线下，为消费者提供丰富、全面、及时的商家信息
	赖元薇和傅慧芬（2016）	文献分析	聚焦互联网时代企业的新兴商业模式与定价策略，分别就免费、反向定价以及众筹三种商业模式中的定价策略做一分析，揭示了定价策略与商业模式创新之间的关系

本章通过进一步整理文献发现，商业驱动企业的技术创新、产品/服务创新和营销创新三个维度。首先，企业商业模式创新对技术创新行为具有推动作用。一方面，商业模式创新可以帮助企业发明或引入新技术。例如，落后国家的企业会在资源、技术和市场等方面处于劣势地位，但通过商业模式创新从发达国家引

入技术，可以在产品和服务上获得改善；另一方面，商业模式创新能促使市场细分，进而引发新一轮的技术创新变革。企业在进行商业模式创新时往往会细分市场，根据消费者的不同需求开发和提供新产品或服务。戚耀元、戴淑芬和葛泽慧（2015）通过对企业技术创新与商业模式创新关系进行研究，证实技术创新与商业模式创新确实存在耦合关系。作为两个重要的子系统，二者耦合协同程度是决定企业创新成败的关键。

另外，商业模式创新也推动了企业服务创新和企业营销创新。例如王岚（2014）通过研究发现，随着商业模式的发展，逐步形成产品提供商、增值服务提供商、产业链服务提供商三种典型的商业模式，经历从量贩式微利发展模式到嵌入式服务增值模式再到集成式综合服务模式的发展升级路径。在营销创新方面，王燕妮（2014）的研究指出，OTO 商业模式是企业选择的趋势，企业要通过营销模式创新，运用营销策略组合打通线上线下，为消费者提供丰富、全面、及时的商家信息。赖元薇和傅慧芬（2016）聚焦互联网时代企业的新兴商业模式与定价策略，分别就免费、反向定价以及众筹三种商业模式中的定价策略做分析，揭示了定价策略与商业模式创新之间的关系。

（二）典型商业模式的研究

商业模式创新通过新型商业模式表现出来，创新也会表现出相应的路线，正如吴晓波和朱培忠（2013）的结论：商业模式创新和本地创新是存在共演机制的，即二次商业模式创新的演进始于后发企业对支撑技术的引进，通过"二次商业模式创新—市场结构—竞争战略—技术创新—二次商业模式创新"的循环路径形成与本地技术创新的共演机制，并经过"支撑技术引进—自主技术创新—新兴技术引领"三个共演阶段，推动本地技术的快速发展与追赶。因此，本章也假设典型商业模式、创新战略、创新表现之间存在一定的演化机制。

具体而言，当前的典型商业模式主要有消费者导向的商业模式（冯雪飞、董大海，2015；李文莲，2014）、长尾商业模式（李文莲，2014）、平台模式（冯华、陈亚琦，2016；梅姝娥、吴玉怡，2014）和跨界模式（罗珉、李亮宇，2015）。

其中，消费者导向的商业模式，突出了消费者在企业商业模式中的重要作用，即消费者需求是企业商业模式的核心因素。消费者之所以重要，与企业的沟通模式、经营理念和营销思想开始逐渐由"企业本位"转向"消费者本位"有关，同时在当今互联网商业模式的发展必须具有用户思维，用户是产品的指向（李海舰、田跃新和李文杰，2014）。用户本位主义从企业经营层面讲是指设计来自用户，标准来自用户，生产来自用户，内容来自用户，推广来自用户，销售来自用户，体验来自用户，评价来自用户。因此，互联网时代需要重塑企业与用户的关系，要让用户从参与企业生产到融入企业生产，从融入企业生产到主导企业生产，让用户从产品的使用者变成产品的创造者。

长尾理论（Anderson，2006）指企业以前无法顾及的80%的市场产品或者客户集合起来，重新变成一个大的市场，并提供给80%的客户群以获取和之前企业关注的20%客户群差不多的利润。"长尾理论"的出现，源于现代商业社会和市场需求的转变，互联网的崛起和个性化消费的兴起打破了传统的消费观念，供需不对称条件下的大众化生产模式正在被可满足不同需求的"多品种，小规模"的生产方式所取代，多元化、利己化的市场需求迫使企业在生产和网络营销模式上做出相应改变。

平台模式是平台企业、内容供应商及终端顾客之间的一种价值逻辑，这种价值逻辑是隐藏在各参与主体背后之间的一种商业关系（冯华、陈亚琦，2016）。由于大量供应商和终端顾客逐渐加入平台，吸引着其他一些类型的商业角色如广告商、软件开发商等对平台的青睐，它们也成为平台企业的重要利润来源和平台模式必不可少的主体构成。

跨界商业模式，跨界服务融合了用户思维、开放协作思维、知识整合思维、平台思维、社会化思维等，跨界（cross over）指跨越行业、领域进行合作，又被称为跨界协作。它往往暗示一种不被察觉的大众偏好的生活方式和审美态度（罗珉、李亮，2015）。跨界模式通过跨越不同的领域、行业乃至文化、意识形态而碰撞出新的事物，使得很多曾经不相关甚至不兼容的元素获得连接，产生价值。企业发现用户的需求就主动去创造用户价值，利用自己的核心资源将产品做到极致，用户的体验达到极致，这也就包含了一种"极致思维"。

（三）典型商业模式驱动的创新战略

典型商业模式驱动的创新战略主要包括四类，即"微创新（micro – innovation）"、逆向创新、整合式创新和生态系统创新。其中，微创新指的是先在市场中导入新产品，然后不断进行产品使用测试与用户试用信息积累，邀请用户参与产品的渐进式创新（赵付春，2012；罗仲伟等，2014）。微创新抓住了技术范式变化的战略机遇，基于动态能力的支撑，通过有效的组织学习和知识管理，以及强大的跨界（跨地域、跨行业、跨企业）虚拟整合能力，将从组织内外部搜索、学习到的分散的技术知识，基于用户体验对创新活动进行快速、反复、精确迭代，领导竞争对手、合作伙伴、先导顾客进行开放式的协同创新，并通过有效的微创新质量控制，降低创新失败的不确定性和风险，最终成为支撑移动互联网时代第三方服务的平台级产品，实现颠覆式创新和价值创造。

逆向创新指运用逆向思维方法去发现事物间新的联系或者对知识、信息的内在结构进行一定目的的重新组合，从而为物质和精神生产创造新的可能，为实现新技术的可能性与市场需求的巧妙结合创造新机会（徐娜娜、徐雨森，2016）。对于互联网企业来说，逆向创新就是要在以顾客为出发点进行创新，或者是顾客推动下的创新。小米手机的发展在一定程度上就属于用户推动下的逆向创新。

整合式创新，就是对企业现有价值链进行整合，不断提高企业在价值链中的地位和影响力，同时对价值链进行重整，可以提高企业的运营效率。生态系统创新，一方面指企业与其供应商、销售商、合作伙伴、竞争者和顾客所形成的复杂经济共生系统，从外界寻找有效的合作伙伴来形成资源优势互补，以获得共同的进化优势和提高生存能力；另一方面指企业通过自身产品、服务的整体布局，构建自身的生态系统，实现协同创新（曾国屏、苟尤钊和刘磊，2013）。

具体而言，消费者导向的商业模式，突出了消费者在企业商业模式中的重要作用，主要驱动了微创新、逆向创新。例如小米手机的发展得益于独特的顾客定位，即"手机发烧友"，这一部分人对于手机有着独特的情结，有着独特的要求。并且小米手机在每次新品发布或进行研制之前都会广泛征集小米"米粉"们的意见，有什么功能要求、系统升级等方面都会进行相关的考量。小米不仅要把用户发展成为普通粉丝，还要发展成为活跃粉丝、核心粉丝，让粉丝用户自动对外宣传产品、评价产品和销售产品，形成产品的良好口碑，实现更多潜在用户关注和购买，进而滚动发展。

长尾模式强调了新市场的发现，更可能驱动的是微创新和整合式创新。举例来说，"Google"就是典型的"长尾"公司，其成长历程就是将广告商和出版商的"长尾"商业化的过程，降低了广告进入的门槛，使得众多中小企业可以在网络平台上各显神通。长尾模式的成功之处是通过互联网技术实现微创新和整合式创新，有效利用尾部产品，降低其进入门槛，拓宽进入渠道，将小的市场推向一个新的舞台。

平台商业模式强调平台企业系统和产品系统的相互联系机制，很可能驱动整合式创新和生态系统创新。乐视"平台＋内容＋硬件＋软件＋应用"的垂直整合开放闭环的生态系统，以用户体验为核心，以云为支撑，开发硬件、软件，不仅实现了整合式创新和生态系统创新，更实现了经营的协同效应。

跨界商业模式融合了用户思维、开放协作思维、知识整合思维、平台思维、社会化思维等，将驱动微创新、逆向创新、整合式创新和生态系统创新。典型的案例如微信。腾讯的微信只是用户交流平台，进行及时通信，却没有想到成为对移动、联通和电信的"跨界打劫"，尤其是微信的视频与语音功能挤占了移动、联通和电信的通话业务与短信业务市场份额。同时微信的红包、微商都成为阿里巴巴余额宝和淘宝的有力竞争对象。

据此，本章认为：商业模式驱动企业创新是根据互联网经济背景催促的新型商业模式和企业创新战略相结合，实现了企业的技术创新、产品/服务创新和营销创新。假设框架如图9-1所示。

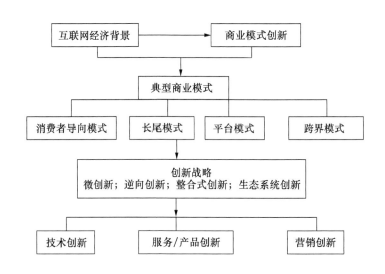

图9-1 假设框架

四、研究方法

（一）方法选择

本章是探讨互联网时代下，传统手机制造企业商业模式创新及其与创新战略之间作用机制，探索商业模式创新如何影响企业创新战略的选择。解决"如何"的问题，选择多案例对比研究的方法（Eisenhardt，1989）比较适合，具体有以下四个理由。首先，现有的理论很难解释传统制造企业如何进行商业模式创新的问题，以及商业模式创新如何影响企业的创新战略。本章采用多案例对比的研究方法，能够更好地实现对其内在机理和影响机制的把握，从而进行理论的建立和拓展（Yin，2009）。其次，作为一种经验性研究方法，案例研究能够很好地解释"怎么样"和"为什么"的问题（Yin，2009），有利于清晰地展现商业模式创新对于企业创新战略的作用机制和全过程。再次，多案例对比的研究设计允许不同主题的商业模式创新与不同的企业创新战略的匹配，从而更好地解释商业模式创新对于企业创新战略的影响关系。最后，多案例的研究构建能够进行反复验证，从而增加案例研究的有效性。

（二）样本选取

基于多案例的复制逻辑，我们选取六家互联网时代下手机制造企业，通过对比同行业下的手机制造企业的商业模式，总结出新的商业模式创新点，并与典型的商业模式进行比较，得出新型商业模式的创新特色，便于其他企业进行相应的学习与借鉴。同时研究商业模式创新对企业创新战略的影响作用，扩展商业模式创新与企业创新之间的理论并且得出更加可靠的结论。选取手机行业的原因：第一，从全球市场来看，智能手机换机潮已经处于晚期，多个国家地区已经出现增速放缓的局面，与此同时又不断有新的企业进入智能手机市场，试图分一杯羹。手机行业经历从平板手机到智能手机的更换潮，同时涉及了商业模式的变化，因此研究具有丰富的资料；第二，手机行业竞争激烈，企业竞争策略变化多，商业模式都有深入思考并且不断创新。第三，手机行业商业模式创新的同时，企业整体的创新能力也在不断增强，由此可以对企业商业模式驱动的创新进行更为深入的研究。我们拟通过这样的选择，使研究结论更具普适性。

案例企业的关键信息如表9-5所示。

表9-5 案例企业的关键信息

企业	销售额/排名	商业模式侧重点	创新特点
Huawei	4377972 元（2016 年上半年）/1	以价值为导向的持续创新，管理机制的探索"蜂巢模式"	以人为核心的创新机制，即管理决策科学，成果分配公平
Apple	2766117 元（2016 年上半年）/3	目标市场定位为高端的追求时尚、对科技高度敏感的群体；打造全新的数字生活体验空间；与应用和内容提供商联盟构建共赢的商业生态系统	充分整合上下产业链，将制造厂商、影视媒体、运营商、分销商、网络营销商和软件开发等资源融入自身的营销体系，产生独特的营销渠道模式；让数字音乐下载变得更加简单易行，开创了一个全新的商业模式；硬件、软件和服务融为一体
Vivo	2555179 元（2016 年上半年）/4	"渠道下沉 + 广告轰炸"的模式	平衡用户利益、渠道利益、厂商利益之间的每个利益环节，构建共同的利益链
MI	23659004 元（2016 年上半年）/5	"铁人三项"模式	通过硬件、软件和服务三个层面整合服务，形成超越竞争对手的全新优势
Samsung	1357316 元（2016 年上半年）/6	"垂直整合模式"	打造了一条纵向的产业体系，并依此建立了一条基于产业链的竞争优势
Smartisan	线上销售 1021747 元（2016 年上半年线上销售第八名，总销售额未进入前20 名）	"以工匠情怀为核心的品牌营销模式"	将手机品牌与一些名词相联系，实现企业品牌的创建于发展

注：销售额及排名的数据来源：手机中国 http://www.cnmo.com/news/556258.html。

1. 华为

华为是一家生产销售通信设备的民营通信科技公司，总部位于中国广东省深圳市龙岗区坂田华为基地。华为于 1987 年在中国深圳正式注册成立。华为商业模式是以价值为导向的持续创新，不断追求技术上的突破与创新。华为对于价值的追求，从一开始到今天，就不断探索管理机制，目前形成了"蜂巢模式"。"蜂巢模式"源于蜂巢的六角柱形体是用最少耗材制成最大的菱形容器的科学结论。华为创始人任正非坚信企业的成功如同蜂巢一样，必须依循损耗最低、效用最大的原则。为此，华为将企业管理的重点放在了团队分工与协作上，通过建立高度统一的目标激发团队的动力，集思广益最终实现创新。同时，华为选择主攻简单而高度集中的产品，并力求在简单中实现精准和卓越。在蜂巢的模式下，华为创造了以人为核心的创新机制，即管理决策科学，成果分配公平，这种机制可以使得"蜂巢模式"得以落实。

2. 苹果

苹果是美国的一家高科技公司。由史蒂夫·乔布斯、斯蒂夫·沃兹尼亚克和罗·韦恩等于 1976 年 4 月 1 日创立。iPhone 把自己定位于凝聚高科技的时尚智能通信产品。在智能通信市场上，代表了科技的最前沿。iPhone 具备不断创新的特性，更是能一直吸引对苹果有品牌忠诚的消费群体。苹果的营销模式为体验式营销，打造全新的数字生活体验空间。苹果公司有效地挖掘潜在市场客户，并打造体验品牌。同时在立体的营销网络建设中，充分整合上下产业链，将制造厂商、影视媒体、运营商、分销商、网络营销商和软件开发等资源融入自身的营销体系，产生独特的营销渠道模式。苹果公司的"饥饿营销"方式，形成一种供不应求的需求效应，强化苹果产品的内涵和品牌。这种强烈的营销效应同时会影响潜在的客户群体并形成较高的市场利润。同时，苹果开创了一个全新的商业模式即硬件、软件和服务融为一体，与应用和内容提供商联盟构建共赢的商业生态系统，苹果对市场调查和研究后所识别出的细分市场，为用户提供整体娱乐应用解决方案。

3. Vivo

Vivo 为一个专注于智能手机领域的手机品牌，2014 年 Vivo 品牌的国际化之路全面开启，除中国大陆市场外，Vivo 进驻的海外市场包含印度、泰国、缅甸、马来西亚、印度尼西亚、越南和菲律宾。2016～2017 年，Vivo 正式成为 NBA 中国官方合作伙伴。Vivo 的销售额逐年上升，在 2016 年上半年销售额排名第四位，为 25551791 元。Vivo 致力于为追求乐趣、充满活力、年轻时尚的群体一起打造拥有卓越外观、专业级音质、极致影像、愉悦体验的智能产品，并将"敢于追求极致、持续创造惊喜"作为 Vivo 的坚定追求。Vivo"渠道下沉 + 广告轰炸"的模式是其成功和价值之所在。Vivo 把用户利益、渠道利益、厂商利益之间的每个利益环节都进行了平衡。Vivo 具有民营企业难得一见的系统支撑能力，但与外企不同，它不讲求通过整套标准化规则来控制过程，而是通过彼此的信任和共同的利益链来达到这个目标。"共同的利益链"正是维系线上与线下的基石。

4. 小米

北京小米科技有限责任公司成立于 2010 年 4 月，是一家专注于智能硬件和电子产品研发的移动互联网公司。"为发烧而生"是小米的产品概念。小米公司首创用互联网模式开发手机操作系统、发烧友参与开发改进的模式。可以说小米独特的商业模式为"硬件 + 软件 + 互联网服务"，即"铁人三项"。在业务层面，小米不仅向用户销售硬件，还提供软件和服务；在战略层面，小米将互联网服务的思维导入硬件和软件业务，产生了众多创新。我们认为小米的"铁人三项"战略有以下特点：追求互联网入口价值，用户参与，互联网营销，"少就是多，广交朋友"。小米手机圈定其源点人群——手机发烧友。这类人群接受能力好，能很快地适应新的东西，能理解互联网商业模式。小米手机通过提高产品价值和降低顾客成本为消费者提供高性价比的商品。客户关系方面，小米认为顾客应该成为技术研发的伙伴，让发烧友参与手机系统的开发，根据发烧友的反馈意见不断改进，并每周更新。在 60 万"米粉"的参与下，一项项符合国人使用习惯的创新在小米手机上陆续诞生。

5. 三星

1938 年 3 月 1 日，三星前任会长李秉喆以 3 万韩元（按当今汇率约人民币 200 余元）在韩国大邱市成立了"三星商会"。1969 年 1 月三星电子工业成立，在 1984 年 2 月更名为三星电子。三星手机产品定位于低中高端市场，22 ~ 35 岁的高收入时尚人群，这部分人既有消费能力，又勇于尝试新事物，是主要消费群体。三星公司拥有很强的创新能力，产品更新速度快，平均每 3 ~ 5 个月就有新产品发布，为三星注入新的血液，增强其市场竞争力。三星电子的渠道模式主要包括三类："划区而治"的代理制度、经销商俱乐部模式、网络化渠道等。通过选择忠诚的代理商、加快信息收集和加强销售目标管理、价值共享并扶持三星电子的促销策略，将体育营销、娱乐营销和公益营销在内的多种营销模式综合应用，塑造强势品牌效应。

6. 锤子

锤子科技是一家制造移动互联网终端设备的公司，公司的使命是完美主义的工匠精神，打造用户体验一流的数码消费类产品（智能手机为主），改善人们的生活质量。公司的英文名"Smartisan"，是由"smart"和"artisan"组合成的词，意思是"智能手机时代的工匠"。锤子科技成立于 2012 年 5 月 15 日，初期天使投资时公司估值 5000 万元人民币，2013 年 5 月第一轮正式融资结束时，资本市场估值 4.7 亿元人民币。2015 年 6 月 16 日迅游科技向锤子科技新增出资额 3000 万元，投资完成后将持有锤子科技 1.13% 的股权。锤子手机的商业模式是"以工匠情怀为核心的品牌营销模式"。注重产品的设计差异化、体验差异化、品牌差异化。锤子手机的创新点主要在讲"情怀"的同时实现企业品牌的创建与发展，吸引稳定的客户群体，将手机品牌与一些名词相联系，如"天生骄傲"、"偏执"、"用户体验"、"漂亮得不像实力派"、"情怀"、"体面"、"工匠精神"等。

（三）数据收集

本章主要是针对案例企业，通过二手资料的收集和整理来获得数据。二手数据来源主要有：①影响较大的综合性报纸和专业性报纸上的文章，如《中国经营报》、《国际商报》、《21 世纪经济报道》、《经济观察报》、《软件世界》、《通信信息报》、《中国计算机报》、《中国电子报》等；②中国期刊网、中国重要报纸全文数据库、中国经济信息期刊文献总库、中国经济信息网数据库、EBSCO、SpringerLINK、Blackwall 等联机数据库中专业期刊、报纸上公开发表的论文、报道等；③企业门户网站，百度、谷歌、新浪、搜狐等搜索引擎提供的网络资料；④海量搜索商业模式创新案例事实的描述，以及企业高管和专家学者对特定案例中商业模式创新驱动创新的评论和意见。本章持续进行资料的收集与补充，并且在数据收集过程中，通过多个信息来源的交叉验证，以确保所有案例资料的准确性。

（四）数据分析

1. 变量测度

本章遵循探索式研究方法的编码思路，采用开放式编码对案例企业的数据进行分析（Yin，2008）。一方面对所收集的数据做初步分析；另一方面尽量应用现有文献中与数据最匹配的衡量方法，得到结构化、编码化的数据信息。为了更好地将现有文献中的变量测量方法与数据分析结果结合起来，从而为区分不同的商业模式、创新战略提供可靠依据，本章以表格的形式进行了所测度变量的特征表达，如表9-6所示。

表9-6 变量的度量

变量	度量
消费者导向商业模式	消费者需求是企业商业模式的核心因素
长尾商业模式	多品种，小规模，多元化
平台商业模式	平台企业、内容供应商及终端顾客之间拥有一种价值逻辑
跨界商业模式	跨界服务融合了用户思维、开放协作思维、知识整合思维、平台思维、社会化思维等
微创新	先在市场中导入新产品，然后不断进行产品使用测试与用户试用信息积累，邀请用户参与产品的渐进式创新
整合式创新	对企业现有价值链进行整合，不断提高企业在价值链中的地位和影响力，同时对价值链进行重整，提高企业的运营效率
生态系统创新	企业与其供应商、销售商、合作伙伴、竞争者和顾客所形成的复杂经济共生系统，同时，在企业内部构建产品/服务的生态系统，实现协同创新
服务与产品创新	产品与服务定位不断适应消费者的需要，进行产品与服务的优化升级
营销创新	营销创新包括四个测量维度：营销观念创新、营销策略创新、营销市场创新和营销制度创新
技术创新	技术创新包括四个测量维度：申请新专利、应用新技术、开发新工艺、提供新产品和服务

资料来源：笔者根据参考文献整理而得。

2. 数据分析方法

为了更好地分析每一家案例企业商业模式创新及其与创新战略之间的关系，并进行案例间的对比与分析，本章分别通过案例内分析和案例间比较来完成，案例内分析主要是针对不同企业的不同的典型商业模式进行分析，从而突出不同的商业模式特色以及不同商业模式对于企业创新战略的影响程度及作用机制；案例间的分析主要是分析不同商业模式创新与创新战略之间的作用机制，并进行对比，从而总结出商业模式创新对于企业创新的作用机制。

五、案例发现

（一）案例内分析与主要发现

通过对案例企业数据的收集与测量，本章将相应的案例内的典型商业模式进行了总结与归纳，如表 9 - 7 所示。

表 9 - 7　案例企业的商业模式设计

案例企业	典型商业模式	典型证据/事例	创新战略	创新维度
华为	消费者导向的商业模式	消费者的推荐指数仅次于苹果，产品系列多样	微创新	营销创新
				技术创新
			逆向创新	产品创新
				服务创新
	长尾商业模式	华为最新款 nova 采用实时美妆自拍	微创新	技术创新
				营销创新
	跨界商业模式	华为 nova 采用 1200 万大像素摄像头	整合式创新	技术创新
				产品创新
	平台商业模式	华为 nova 采用环绕音频技术	生态系统创新	产品创新
				服务创新
Vivo	消费者导向的商业模式	Vivo 故事征集"我和 Vivo 那些事儿"	微创新	营销创新
				技术创新
			逆向创新	产品创新
	长尾商业模式	Vivo X9 前置 2000 万像素柔光双摄	微创新	营销创新
				技术创新
			逆向创新	产品创新
	平台商业模式	与 NBA 签约	生态系统创新	产品创新
				服务创新

案例企业	典型商业模式	典型证据/事例	创新战略	创新维度
苹果	长尾商业模式	WATCH 系列的产生	微创新	技术创新
				营销创新
	跨界商业模式	iTune 和 iPod 相匹配的音乐管理平台	整合式创新	技术创新
				产品创新
	平台商业模式	Apple Store	生态系统创新	产品创新
				服务创新
小米	消费者导向的商业模式	"米粉节"	微创新	技术创新
				营销创新
			逆向创新	产品创新
	长尾商业模式	"米兔"玩具	微创新	营销创新
三星	消费者导向的商业模式	三星手机系列	微创新	技术创新
	平台商业模式	垂直整合	整合式创新	技术创新
				产品创新
锤子	长尾商业模式	"卖"理念，如"天生骄傲"、"文艺青年"	微创新	营销创新
	跨界商业模式	JBL E10 入耳式线控耳机、FIIL DIVA 全场景智能无线耳机	整合式创新	技术创新

　　华为手机的消费者导向模式主要体现在注重对于价值的提升，包括关注消费者价值和企业整体价值的提升。消费者对于手机内存的要求越来越大，华为就不断加大技术研发，实现技术创新，最终生产出骁龙 825 处理器，仅仅一项内存芯片的微创新，不仅加快了手机的运行速度，实现了手机的大内存，而且在实现技术创新的同时，实现了对手机服务和产品的创新。华为手机最新款 nova 拥有实时美拍的功能，吸引了一群时时自拍的"自拍达人"目光，实现了公司的长尾商业模式，公司也因此实现营销创新和技术创新。公司聘请张艺兴和关晓彤为新品代言，"我的手机，我漂亮"和"一指美拍，十级美颜"的广告宣传语，正好符合此次产品创新特点，实现了营销创新。"美颜 3.0 和美妆 2.0"都促使企业进行技术创新，以保证实现此项功能。华为 nova 采用 1200 万大像素摄像头，达到专业相机的水准，实现企业产品的"跨界"，nova 的技术创新体现在单个像

素达到 1.25 微米，提升了感光面积和感光度，在暗光环境下，有 PDAF 相位对焦和 CAF 对比度对焦配合，对焦更快更准，同时，企业的产品实现了创新。华为的平台商业模式是以手机作为载体，不断实现企业的产品和服务创新，如华为 nova 采用环绕音频技术，是由国际知名的音频技术公司 DTS 提供的，配搭专属耳机即可享受视听盛宴，手机的摄像头采用莱卡的高级摄像头，提供专业级摄像技术，由此实现了华为搭建平台，不断实现产品和服务创新的目的。

Vivo 通过官网进行故事征集"我和 Vivo 那些事儿"来了解消费者对于 Vivo 的消费需求与要求，从而实现企业的逆向创新，同时企业进行相应产品功能的升级，如从 1600 万像素升级到 2000 万像素柔光，实现企业产品的创新，同时实现了产品的技术微创新，通过故事的征集，实现消费者对产品宣传，形成自媒体，增加品牌效应，实现企业的营销创新。Vivo X9 前置 2000 万柔光双摄，吸引了自拍爱好者的目光，实现企业的长尾商业模式，同时企业聘请彭于晏作为 Vivo X9 的品牌代言人，"Vivo X9 照亮你的美"将其作为专注与拼搏的最佳诠释，实现企业的营销方面的微创新，柔光自拍实现了企业产品的技术微创新。Vivo 多年来致力于用户利益、渠道利益、厂商利益之间的每个利益环节都进行平衡，实现了企业的平台模式。Vivo 最近与 NBA 签约，成为 NBA 的官方合作伙伴，可以在手机上实现对 NBA 节目的直接收看，吸引了体育爱好者和广告商的加入，与内容供应商、广告商和手机分销商形成一个生态系统，实现企业的生态系统创新。

苹果手机与 WATCH 的结合，创造出消费者对于便携式、小巧式手机的需要，从而扩大了苹果手机的市场占有率，实现了企业的长尾商业模式，企业为此突破技术限制，实现手机与 WATCH 的实时联系，从而实现企业技术微创新，通过运用大家最为常见的场景进行广告宣传，加大企业产品的生活化场景，实现企业的营销创新。苹果手机推出 iTunes，使得苹果公司得以进入音乐市场，实现了向音乐播放的"跨界"。企业整合了内容供应商，使得苹果不仅靠卖产品赚钱，还可以通过卖音乐来赚钱，从而实现了企业产品创新。为了提高用户体验，率先应用了多点触屏、重力感应器、光线传感器等超过 200 项的专利与技术，并把这些技术的作用发挥到了极致，实现企业技术微创新。例如，通过对操作软件和触摸屏的创新开发，使得 iPhone 手机的实体按键简化到只剩一个，用户可以自由轻松地通过触控操作手机实现所有功能。在屏幕上，用户只要用两根手指张开或者合拢，iPhone 就能重新调整窗口大小；根据环境光线的强弱，iPhone 能自动调节屏幕的亮度，也能感受用户是纵向还是横向拿着手机，从而自动将屏幕的图像以合适的方式显示；苹果手机运用 iPod ＋ iTunes 组合为苹果公司创收近 100 亿美元，几乎占到公司总收入的一半。苹果手机将硬件、软件和服务融为一体。苹果公司不断整合硬件、软件和内容供应商，最后形成了与内容供应商的良性生态系统，实现生态系统创新并为用户提供整体娱乐应用解决方案，为消费者实现企业产品和服务创新。

小米以消费者导向的商业模式创新，主要体现为企业的"米粉节"以及企业的社交媒体，小米（MIUI）有超过 60 万的"米粉"参与了小米 MIUI 操作系统的设计和开发，MIUI 每周的更新，实现企业产品的技术微创新，同时每周推出新产品，实现企业的产品创新；小米手机定位于"手机发烧友"，这部分群体对于手机有着独特的情结，这已经是明确的客户群，而在这其中，小米不断形成"粉丝"和"核心粉丝"，缩小目标群体，形成企业的长尾效应。小米手机最初运用"饥饿营销"的方式，针对的是"手机发烧友"，同时小米将"事件营销"、"粉丝"的"自媒体"结合在一起，不断制造各种可供谈论的话题，如"两个胖子可以同时站在小米手机的盒子上"、"米兔"的出现与推广等，实现了企业口碑营销创新。

三星手机以消费者为导向的模式，主要体现在产品不断进行更新换代，三星拥有 note1－6 系列、S 系列和 Gear 等，满足了消费者不同的需要。每一款手机都在前一款手机的基础上，进行技术微创新，三星电子全球创新研发中心一直遵循着这样一个策略——在技术革新速度上要比其他企业快 3～6 个月；三星的平台商业模式体现在拥有完整的供应链，三星基于下游的系列数字化电子产品（数字电视、显示器、笔记本、手机、存储器），在上游开发共有的与数字化相关的核心部件（半导体芯片、LCD）及核心技术，以达到整个纵向产业链的整体领先，形成了三星的整合式创新。不仅如此，通过选择忠诚的代理商、加快信息收集和加强销售目标管理、价值共享并扶持三星电子的促销策略，将体育营销、娱乐营销和公益营销在内的多种营销模式综合应用，塑造强势品牌效应，实现了生产、营销等方面的整合创新。

锤子手机的长尾商业模式体现在，锤子手机抓住一批"文艺青年"，锤子手机在讲"情怀"的同时实现企业品牌的创建与发展，吸引稳定的客户群体，将手机品牌与一些名词相联系，如"天生骄傲"、"偏执"、"用户体验"、"漂亮得不像实力派"、"情怀"、"体面"、"工匠精神"等。在推广理念的同时进行产品的新品发布会，实现了企业的营销微创新；锤子科技为了提高用户体验，不断改进企业产品的设计，如 P – Sensor 听筒卡槽的设计和天线切断金属卡槽问题的解决等，形成设计差异化、品牌产异化、体验差异化的特点。最近，锤子科技推出 JBLE10 入耳式线控耳机和 FIILDIVA 全场景智能无线耳机，实现了企业产品的"跨界"，实现耳机的手势触控、智能启停的技术突破，"锤子手机的一小步，智能手机进化的一大步"，实现了企业的技术创新。

（二）案例间对比分析与主要发现

通过对华为、苹果、Vivo、三星、小米和锤子手机的商业模式创新和其创新战略分析，可以得出每家企业对于商业模式创新和创新战略之间的关系。下面将进行案例间企业的创新战略和商业模式创新之间的对比分析，综合整理如图9 – 2所示。

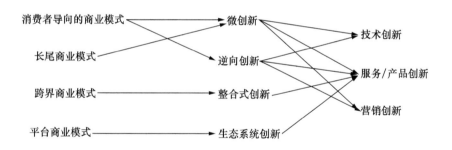

图 9 – 2　商业模式驱动的创新战略

消费者导向的商业模式创新更容易导致企业进行逆创新、微创新，进行逆创新和微创新的具体方式主要有技术创新、营销创新和服务/产品创新。华为 nova 通过时时美拍功能，扩大了目标客户的范围，同时聘请当红明星张艺兴和关晓彤作为广告代言人，加上全新"美颜"和"美妆"功能，实现了产品的营销创新和技术创新。小米手机的"米粉节"以及 MIUI 操作系统的每周更新，实现了产品的营销和技术创新。此外，小米拥有小米、红米和 Note 系列手机，每一款手机都针对不同的客户群，增减不同的功能，不断增强产品的品牌效应。

长尾商业模式促使企业进行微创新，主要方式是进行技术创新、营销创新和服务/产品创新。锤了手机的特点就是在手机上赋予了新的含义，如"天生骄傲"、"偏执"等吸引"文艺青年"消费者的需要，从而实现产品/服务创新和营销创新，满足不同消费群体的个性需要，实现产品的微创新。Vivo X9前置2000万像素柔光双摄，吸引了自拍爱好者的目光，实现了产品的长尾效应。聘请彭于晏作为"专注与拼搏"的最佳代言人，实现了产品的营销微创新和柔光自拍的产品技术创新。

平台商业模式促使企业进行生态系统创新，具体为促使企业进行产品和服务创新。苹果公司的Apple Store功能整合了内容供应商和手机平台，实现了应用与内容供应商的良性商业生态系统，从而达到产品和服务的创新。同样，三星构建企业产品生产和生态系统创造，缩短产品生产周期，在上游共同开发核心部件及核心技术，不断提供新的产品和服务。

跨界商业模式促使企业进行整合式创新，具体方式是产品和服务创新。华为nova手机的像素达到专业相机的水准，单个像素达到1，在暗光环境下能够实现PDAF和CAF自动对焦，同时实现了企业产品和服务创新和技术创新。苹果手机的iTunes，整合了内容供应商，可以通过卖音乐来赚钱，同时实现了向音乐播放器的"跨界"和企业产品/服务的创新。

六、结论与贡献

（一）主要结论

本章运用多案例的研究方法，探析了在中国互联网时代背景下商业模式驱动创新战略的作用机制。选择了六个有代表性的典型案例，进行每个案例内分析和六个案例间对比分析，通过横向和纵向的对比，识别了中国互联网时代下新兴制造企业的商业模式的典型类型，并将其对于企业创新的驱动作用机制进行了相关的研究，得出的主要结论如下：

本章对于互联网时代下，新兴制造企业的典型商业模式进行研究，通过"为谁创造价值"、"如何创造价值"和"提供什么样的产品和服务"三个重点问题的归纳与总结，进一步深化了商业模式本质。通过案例研究发现，商业模式的本质是进行明确的顾客价值定位，运用关键的资源和关键的流程进行价值创造并以合理的方法进行商业化的运作。六家案例企业都具有自己的明确客户定位，如小米手机专注于"手机发烧友"，Vivo 定位于时尚的年轻人，苹果手机定位于追求时尚的人，同时运用自己的关键资源和关键流程进行价值创造，就像苹果和小米专注于设计，三星专注于整条价值链的整合，华为专注于产品技术的提升。进行商业化的运作就是实现了从价值创造到消费者手中的过程。Vivo 就是实行多级门店制度，小米是进行互联网营销外加实体店模式。

本章通过案例内的分析总结出新兴制造企业典型的商业模式，即消费者导向的商业模式、长尾商业模式、平台商业模式和跨界商业模式。每种模式都有自己的侧重点。消费者导向的商业模式创新注重消费者的消费需求并重点进行相应的产品改进；长尾商业模式注重消费者的独特需要，实现产品的小批量个性化定制；平台商业模式注重企业生态系统的完善与运作；跨界商业模式注重对于各种资源的整合，通过协作使得很多曾经不相关甚至不兼容的元素获得连接，产生价值。

本章通过进行案例间的分析，总结出典型商业模式和创新战略之间的关系。消费者导向的商业模式促使或者驱动企业进行逆向创新和微创新，逆向创新和微创新的重点在于技术创新、营销创新和服务/产品创新；长尾商业模式促使企业进行微创新，主要的方式是实现技术创新、营销创新和服务/产品创新；平台商业模式促使企业进行生态系统创新，从而实现企业的产品和服务创新；跨界商业模式促使企业进行整合式创新，从而实现企业产品与服务的创新。围绕着企业商业模式本质的三方面形成企业的商业模式，在此基础上，企业在进行商业模式创新时，注重创造顾客、创造价值或者是提供独特的产品和服务方面的程度不同，形成了不同的商业模式，如消费者导向的商业模式和长尾商业模式侧重消费者的价值主张，从而不断进行企业的技术创新和营销创新；平台模式侧重价值创造，促使企业形成注重企业产品和服务的生态系统创新；跨界商业模式侧重提供的产品和服务，从而促使企业形成注重产品和服务创新的整合式创新，最终形成了商业模式驱动创新战略的作用机制。

（二）理论贡献

本章主要包括三个方面的理论贡献，第一是对商业模式研究方面的贡献，以前学者们的研究是注重商业模式的概念（Stewart et al.，2000；Hawkins，2001；Rappa，2002）、分类（曾楚宏，2008；吴晓波，2014；王东生，2014）、要素（Morris，2005；Shafer，2005；李东、王翔，2006；原磊，2007）和商业模式与企业创新关系（Teece，2010；王冬雪、董大海，2012）的研究。本章进一步研究了商业模式的本质，通过"为谁创造价值"、"如何创造价值"和"提供什么样的产品和服务"三方面拓展并加深了关于商业模式的相关理解。通过对六家案例企业的典型商业模式的研究，区分出消费者导向的商业模式、长尾商业模式、平台商业模式和跨界商业模式的典型特点，为后续企业进行商业模式的设计提供思路。

第二是对新兴制造企业在互联网背景下的创新战略研究方面的贡献，以前的研究侧重于传统制造企业的创新战略研究或者是新兴制造企业的创新战略（秦晓蕾、杨东涛和魏江茹，2007；赵立龙、魏江和郑小勇，2012；赵立龙、魏江，2015），较少研究新兴制造企业在互联网背景下的创新战略，互联网时代下新兴制造企业的创新战略侧重于微创新、逆向创新、整合式创新、生态系统创新。

第三是对商业模式与创新的综合研究方面的贡献，以前的相关研究主要集中在互联网企业的商业模式研究（罗珉、李亮，2015；王琴，2011），较少研究新兴制造企业的商业模式研究，而且更少的人关注商业模式与企业创新战略之间的作用机制。本章进行了新兴制造企业案例内典型商业模式的相关研究并进行案例企业间的对比分析，发现企业的商业模式创新战略选择之间的关系，研究出企业商业模式驱动创新战略的具体路径，消费者导向的商业模式创新更容易导致企业进行逆向创新和微创新，进行逆向创新和微创新的具体方式主要是技术创新与营销创新；长尾商业模式促使企业进行微创新，主要方式是实现技术创新和营销创新；平台商业模式促使企业进行生态系统创新，具体为促使企业产品和服务创新；跨界商业模式促使企业进行整合式创新，具体方式为产品和服务创新，因此弥补了商业模式与创新战略之间作用机制的不足。

（三）实践意义

本章通过对六家手机企业的案例研究，总结出典型的商业模式并且提炼出每种商业模式的影响因素。消费者导向的商业模式创新注重"消费者为本"理念和技术创新；长尾商业模式注重"小规模，差异化"；平台商业模式注重与平台参与者之间关系的营造；跨界商业模式注重运营模式与顾客价值的创造。这对于后续企业商业模式的设计与开发提供了理论与实践的基础。

此外，本章重点研究的商业模式与企业创新战略之间的作用机制，手机企业在进行商业模式的设计与升级时，可以促使企业实现相应的创新战略开发，从而不断推动企业实现创新。如采用消费者导向的商业模式，驱动企业逆向创新、微创新实现企业的技术创新、营销创新，采用长尾模式的企业主要是进行技术和营销方面的微创新，平台模式和跨界模式会驱动企业实现生态系统创新和整合式创新，达到企业产品与服务创新。通过本章的商业模式驱动创新的作用机制研究，其他企业在进行商业模式设计和推动企业实现创新战略时，可以进行参考。

（四）研究局限

本章通过对六家手机企业进行案例内和案例间的对比分析，提出并验证了商业模式与创新战略关系的模型。但案例本身就具有特殊性，研究结果也仅仅是一个初步的、具有一定范围的解释性，需要在今后的研究中通过进一步的大样本实证检验。本章所选择的六个案例来自同一行业的不同细分领域，对于其他行业的创新战略选择与借鉴存在一定的局限性。

第十章 互联网企业创新机制研究

本章基于互联网经济背景、互联网企业创新活动特征和表现，以互联网经济理论为支撑，探索互联网企业创新机制。通过文献回顾、互联网经济理论的梳理及多个互联网企业的案例分析，对互联网企业创新活动，创新表现和创新影响因素进行系统归纳，得出以下结论：①影响互联网企业创新的因素可归结为消费者导向、知识网络、研发水平、商业模式、企业战略、行业地位、企业控制权和管理水平八大方面；②互联网企业创新主要由四个维度组成，分别是商业模式创新、技术创新、营销创新和管理创新；③互联网企业创新机制由互联网企业四个维度的创新影响因素组成，四个维度的创新影响因素在相互影响和各自影响作用下，通过对不同创新维度的影响，推动企业创新，即互联网企业创新机制为多维度创新子系统协同创新机制。研究结果有助于政府采取相应的政策措施，引导和鼓励互联网企业的创新活动，有助于互联网企业进行自我定位和纵向比较，为互联网企业创新发展提供经验和理论依据。

一、引言

随着信息技术不断升级，互联网经济地位开始凸显，创新逐渐成为互联网企业取得核心竞争优势的重要途径（Daniel，2012）。从20世纪90年代中期开始，互联网企业经历了从Web 1.0到Web 4.0的快速发展（表10-1展示了"互联网"企业发展历程和特征），实现了从商业创新、制度创新到文化创新质变性的飞跃。打破世界互联网格局，从美国主导变为中美两国博弈局面，互联网推动中国走向世界，把世界迎入中国。

表 10-1 "互联网"企业发展历程和特征

发展阶段	Web 1.0	Web 2.0	Web 3.0	Web 4.0
大致时间	1994~2001 年	2002~2008 年	2009~2014 年	2014 年至今
阶段特征	商业化阶段	社会化阶段	即时性阶段	网络空间阶段
突出属性	媒体属性	社交属性	即时属性	网络属性
中国网民临界点（人）	3370 万 （2001 年）	3 亿 （2008 年）	7 亿 （2015 年）	10 亿 （2024 年）
全球网民临界点（人）	5.73 亿 （2002 年）	15.87 亿 （2008 年）	30 亿 （2015 年）	50 亿 （2024 年）
商业创新	门户 B2C	博客、视频	微博、微信	变革各行各业
制度创新	产业部门	网络媒介管理	意识形态主导	网络空间治理
文化创新	网络媒体	个人媒体	个性文化	文化融合
中国领军企业	新浪、搜狐、网易、8848	百度、阿里、腾讯等	新浪微博、余额宝	百花齐放
全球领军企业	Netscape、Yahoo、Amazon	Google Yahoo eBay	Facebook Youtueb	百花齐放
全球格局	美国主导	中国开始崛起	中国崛起	中美两国博弈

资料来源：笔者根据公开资料整理而得。

与此同时，中国网民数量从 1995 年的 1600 万规模增长到 2015 年的 7 亿规模，呈急速上升趋势，这为中国互联网的发展提供了巨大的市场价值和前景。在庞大的网民数量冲击下，如何加快互联网创新，深入发掘互联网的经济价值，成为互联网行业的一个热门话题。事实上，互联网经济融合了 IT 行业的技术创新、管理创新、品牌创新、产品和服务创新、价值链创新、金融资本模式创新等各种创新要素（Bygstad，2010；王茜，2011），因此它更具灵活性，适应市场能力强，相较传统行业成长更快（苏敬勤、林海芬，2010）。

最新数据调查显示，2016年中国互联网百强企业收入总额为756亿元，带动信息消费增长8.1%，阿里巴巴、京东、网易等（如表10-2所示典型"互联网"企业运营新模式）一批互联网企业成为中国领军、世界知名企业。其业务模式呈多元化趋势发展，在已有市场的基础上拓宽边界渠道（李红，2016），如阿里巴巴在已有电商的基础上进行颠覆性创新，推出了支付宝，开创了一个全新的市场，现又将眼光瞄向医药行业，这种多元化战略本质上也是创新的表现。因此，互联网企业在激烈的市场竞争中，必须持续创新，不断融入新的业态以增强竞争实力。

表10-2 典型"互联网"企业运营新模式

企业	特点	主要业务	盈利方式
百度	全球最大中文搜索引擎	内容广告、全面的百科知识库	竞价排名、点击、广告
腾讯	即时通信、在线交流、全业务链流程	互联网增值服务、移动与通信增值服务、网络广告	会员制、游戏、广告
奇虎360	免费互联网安全服务	网络安全（杀毒、防火墙）、浏览器	免费+有偿增值服务
阿里巴巴	电子商城、网上交易平台	淘宝交易平台、互联网金融等	提供技术、软件及其他平台服务
盛大	网络文学和影视平台	网络文学、游戏、影视	文学平台、游戏、广告
迅雷	下载平台	下载、游戏、视频	会员制、游戏、广告
京东	以3C产品为主的中国最大的B2C电子商务公司	电子商务、物流平台、技术平台	京东自营赚取差价、第三方公司销售赚取绩点
小米公司	模块化整合技术、网络销售	小米手机、MUNI、米聊、电器	"饥饿营销"、整合式创新
Facebook	社交网络服务网站	社交平台、搜索视频广告、游戏充值	广告费用、第三方应用、游戏分成、企业商城

互联网经济本质上是一种创新经济，互联网企业的创新能力对于建构企业核

心竞争力十分重要（Wu、Guo & Shi，2013），然而，目前却缺乏互联网企业创新机制的系统研究，尤其是基于互联网经济背景下的系统性分析。在政府"大众创业，万众创新"的号召和互联网企业创新浪潮推动下，延伸出以下几个问题：互联网企业的创新动机和动力是什么？互联网企业的创新表现和创新活动特征有哪些？互联网企业创新成功的关键要素及这些要素之间有什么样的关系？要解决这些问题，需要对本课题进行研究。本章基于对互联网创新相关文献的梳理，结合九大互联网经济理论及典型互联网企业创新实践案例来探索互联网企业创新机制。

本章接下来的结构安排是：第二部分回顾文献并提出本章研究思路；第三部分介绍研究方法；第四部分是研究发现；最后进行总结。

二、文献回顾与总结

（一）互联网企业创新研究

关于互联网企业创新的研究主要集中在商业模式创新、体制和机制创新、技术创新、营销创新和产品创新五个方面。互联网企业创新的研究视角、研究学者、研究方法和关键结论如表 10 - 3 所示。

表 10 - 3　互联网企业创新的典型研究

研究视角	研究学者	研究方法	关键结论
商业模式创新	Wu、Guo 和 Shi（2013）；Johnson，（2008）；李红（2016），李文莲和夏健明（2013）；罗眠和曾涛（2005）；高闯和关鑫（2006）等	案例研究理论推演统计方法	①强调互联网企业商业模式的重要性；②探索互联网企业商业模式的路径；③对互联网企业商业模式创新路径进行总结
体制与机制创新	Hamel（2000）；Chesbrough（2003）；方兴东、潘可武和李态敏等（2014）；张娜娜、付清芬和王砚羽等（2014）	案例研究理论推演	①指出创新体制包含的内容：商业创新、制度创新和文化创新；②开始探索创新子系统

续表

研究视角	研究学者	研究方法	关键结论
技术创新	Clive 和 Joyce（2015）；Chiara 和 Mari（2016）；王武军（2013）；刘建刚和钱玺娇（2016）	统计分析法 案例分析法 扎根编码	①强调技术创新为互联网企业其他要素创新提供保障；②用扎根理论研究技术创新和商业模式创新协同创新路径；③技术创新对互联网企业绩效和创新需求的影响
营销创新	Nham、Nguyen 和 Pham（2016）；Prashant（2015）；李颖灏（2012）；杨伟、刘益、沈灏和王龙伟（2011）；李先江（2009）	多案例研究 理论推演 统计方法	①互联网企业营销创新的分类；②影响互联网企业营销创新成功的因素；③探究营销创新对互联网企业绩效的影响
产品创新	Berends（2014）；Shu、Zhou 和 Xiao 等（2016）；Danupol 和 Guntalee（2012）；张婧和段艳玲（2010）；汪涛、何昊和诸凡（2010）；毛其淋和许家云（2015）	二手数据收集 多案例研究 实证研究	①影响互联网企业产品创新的因素；②互联网企业产品创新对企业可持续发展的作用

关于互联网企业商业模式创新的研究主要有三个方面：①强调了互联网企业商业模式创新的重要性，指出商业模式创新成为互联网企业的必然选择（Wu、Guo & Shi，2013；Johnson，2008）。②探索了互联网企业商业模式创新的路径，研究发现商业模式可由价值主张、盈利模式、资源能力和隔绝机制四个维度，以及社区、平台、跨界、资源整合和产品设计五个关键要素构成，商业模式的创新可通过构成要素的改变或重组来实现（刘晓娴、胡兴球，2015；罗珉、李亮宇，2015；李文莲、夏健明，2013），并对互联网企业商业模式创新路径进行理论解释，包括价值链创新理论和租金理论解释等（罗珉、曾涛，2005；高闯、关鑫，2006）；③总结互联网企业创新路径，例如，李红（2016）的研究比较了中美互联网企业商业模式的发展路径和规律的异同。

在创新体制与机制的研究中，主要有两种研究。第一种研究主要指出了创新体制主要包括哪些方面，例如，方兴东、潘可武和李态敏等（2014）基于案例研究，指出体制创新包括商业创新（技术、创业、服务、应用、投资等方面创新）、制度创新（政府管理、政策、制度、安全、法律）和文化创新（思想、社会、人文、传播）三个方面。第二种研究开始探索创新子系统，例如，张娜娜、付清芬和王砚羽等（2014）基于多案例研究，通过多案例研究法分析了五家企业的创新环境特点及创新实践，指出技术、企业、环境三个层面的影响因素通过成本—收益理论影响企业创新需求；技术、制度和商业模式三个创新子系统间存在协同互动的作用机制。

互联网企业技术创新的研究主要集中在以下方面：技术创新是互联网企业其他要素创新的核心支持和有效保障，技术创新侧重于应用新技术、新工艺开发新产品和提供新服务，推动企业占据市场并实现市场价值（王武军，2016）；刘建刚和钱玺娇（2016）运用扎根理论深入小米企业内部，探究了技术创新和商业模式创新的互动关系及协同发展路径，基于复合视角探究了互联网企业如何实现改革创新问题；Clive和Joyce（2015）以及Chiara和Maria（2016）通过构建综合结构方程模型，探究技术创新对互联网企业绩效提升的推动作用及作用机制。

关于互联网企业营销创新的研究主要从以下三方面展开：首先是互联网企业营销创新的分类，包括营销观念的创新、营销策略的创新、市场的创新和营销制度的创新，其中营销观念的创新是互联网企业营销创新的根本，策略创新和市场创新是营销创新的核心，制度创新则是营销创新的保证（Prashant，2015）；其次是影响互联网企业营销创新成功的因素，包括营销战略导向、市场环境和知识储备（李颖灏，2012）；最后探究营销创新对互联网企业绩效的影响，研究结果表明营销创新与初创互联网企业绩效呈"U"型关系，与成熟互联网企业绩效正相关（Nham、Nguyen & Pham，2016；李先江，2009）。

在互联网产品创新方面的研究主要有：①互联网企业产品创新的影响因素，主要包括宏观和微观两个层面，宏观上主要有政府政策（毛其淋、许家云，2015）、市场环境（张婧、段艳玲，2010），微观上有技术推动、企业组织和结构支持、企业各部门的协作、消费者等参与（Shu & Zhou et al.，2016）。②产品创新对企业持续发展、对于增加营销和财务绩效以及对于维持企业长期运营有重要作用。

（二）文献总结

关于互联网企业创新，研究视角较为广泛，从商业模式角度看，应注重通过构成要素之间关系来实现创新；营销创新应以消费者为导向，不拘泥于已有的市场经验，以全新的互联网思维经营企业；技术创新为其他方面的创新提供技术支持和保障，能积极推动互联网企业协同创新；产品创新以满足市场需求为导向，是企业创新体系的核心表现。学者们从不同视角出发对互联网企业创新的各个子系统进行详细分析，但是对创新进行技术、产品/服务、组织和模式创新分类并进行系统分析的研究不多。

关于创新，研究视角涉及传统企业与互联网企业和中外企业的对比。①在投资回报方面，传统企业最关注利润，聚焦资金层面，追逐短利的经营思维严重制约着企业的长期发展，而互联网企业更多关注企业的价值和未来权益等利益的增长，这种思维模式促使投资人放弃短期利益，全力以赴实现企业价值最大化。②在企业机制设计方面，传统企业遵循的理念是量入为出，而互联网企业以根据目标市场和客户需求来组织自己的资源。③在管理层面，传统企业更多是垂直化管理，而互联网企业则是扁平化管理机制，应对市场变化能迅速做出反应。④在中美互联网发展对比研究中，发现在寻求商业模式创新和盈利模式方面，美国互联网企业比中国企业更具有主动性、创新性，互联网产品及服务转化为市场价值，其更新换代更快、创新周期更短，但近几年中国互联网企业发展迅猛。综上所述，互联网企业创新研究涉及横向纵向及国内外的对比，但是缺乏基于互联网企业特点和创新表现相结合的创新影响因素研究。

关于创新机制，仅有张娜娜、付清芬和王砚羽（2014）的研究探索了影响因素，但是研究视角是基于"技术、企业、环境"理论探索影响因素，本章进而基于广泛的研究文献，结合互联网经济特点、创新表现和互联网经济理论基础探索创新机制及其影响因素研究。

关于互联网企业创新的研究，基本上是基于企业案例进行的研究。然而，互联网企业是处于互联网经济背景之中，其创新活动不能离开对互联网经济背景的研究。因此，有必要结合互联网经济背景，对互联网企业的创新机制进行研究。

三、互联网经济理论基础与假设提出

（一）互联网经济理论基础

经典的互联网经济理论主要包括长尾理论（Anderson，2004）、维基经济学（Tapscott，2006）、麦特卡夫定律（Metcalfe，1973）、六度分隔理论（Milgram，

1967）、病毒营销（Hotmail，1997）、网络经济理论（Flower，20 世纪 90 年代初）、互联网"新经济"理论（Moore，1965；Merton，1968；Metcalfe，1973）、规模经济理论（Chandler，1999）和范围经济理论（Panzar & Willig，1975）九大理论。各个理论的核心内容和基本应用条件如表 10 - 4 所示。

表 10 - 4　典型互联网经济理论总结

主要理论	核心内容	基本应用条件
长尾理论 （Anderson，2004）	①只要渠道足够大，非主流的、需求量小的商品销量也能够和主流的、需求量大的商品销量相匹敌；②付费人数、同时在线人数、网民的平均在线时长是衡量的主要指标	①"长尾理论"的统计学依据：客户对同一行业中不同品牌购买次数的分布符合帕累托分布；②互联网应用水平和产品的数字化程度是决定"长尾"能否存在的关键；③渠道成本降为零或趋于零为"长尾理论"成功的前提
维基经济学 （Tapscott，2006）	①大规模协作可改变公司和社会，利用知识和能力进行创新的方式；②个人力量的上升可以改变商业社会传统规则	"维基经济学"以四个新法则为基础：开放、对等、共享及全球协作
麦特卡夫定律 （Metcalfe，1973）	网络价值同网络用户数量的平方成正比	①用户达到一定规模；②信息资源的特质属性；③互联网交互性媒介提供运营平台；④外部性和正反馈性促使网络价值提升
六度分隔理论 （Milgram，1967）	社交平台用户和任何一个陌生人之间所间隔的人不会超过六个，也就是说，最多通过六个人你就能够认识任何一个陌生人	①Web 2.0 背景下每个用户都拥有自己的 Blog、自己维护的 Wiki、社会化书签或者 Podcast；②用户通过 Tag、RSS 或者 IM、邮件等方式连接到一起
病毒营销 （Hotmail，1997）	通过用户的口碑宣传网络，利用快速复制的方式将有利于企业的营销信息传向受众，使企业的营销信息像病毒一样传播和扩散	①数字化网络的快速发展；②网络动画、图片、免费打折券、免费邮箱等一系列病毒营销方式的相继问世
网络经济理论 （Flower，20 世纪 90 年代初）	①市场与企业并不是二元分立的，而是在网络结构中相互联结、相互渗透的；②网络经济则呈现规模报酬递增的特征，是典型的规模报酬递增经；③网络经济也表现为以需求为中心的商品经济	①网站的点击率和忠诚度；②知识经济的发展

187

续表

主要理论	核心内容	基本应用条件
互联网"新经济"理论（Moore，1965；Merton，1968；Metcalfe，1973）	①互联网的普及完全改变了工业经济社会的规律，产生了"新经济"；②同时，信息的充分流动在微观上降低了管理费用，宏观上熨平了经济周期性波动；③这些研究主要围绕网络经济的三大规则展开：一是摩尔定律；二是麦特卡夫法则；三是马太效应	①互联网的交互媒介资源；②信息资源易传播性；③社交平台提供交流渠道和保障
规模经济理论（Chandler，1999）	①企业价值会随用户量的增加呈二次方趋势增长；②网络产品以信息为主，在信息成本既定的条件下，随着点击阅读量的增加，边际成本趋近于零	①互联网应用水平和产品数字化程度是关键；②消费者的积极参与和互动是前提
范围经济理论（Panzar & Willig，1975）	范围经济理论指一个企业从专门生产一种产品或劳务转为生产两种或两种以上产品或经营多劳务而使平均成本下降的经济现象	①大批量采购和销售、大批量运输、大规模管理；②生产技术设备具有多种功能、研究与开发具有扩散效应；③企业无形资产的充分利用

"长尾理论"由美国《连线》杂志主编 Anderson（2004）提出，指当前文化和经济正从为数较少的市场（头部）向数量较多的市场（尾部）转移，只要渠道足够大，非主流、需求量少的商品也能和主流的、需求量大的商品相匹敌。长尾理论强调的不是中小企业做大做强，而是与大规模制造相反的个性化定制，它将起到比大企业更重要的作用。"长尾理论"的启迪与应用得益于数字化和网络化的发展，当今的电子商务使得企业销售可以支付很低的渠道成本而获得巨大利润。

"维基经济学"由 Tapscott（2006）提出，指新的大规模协作正在改变公司和社会利用知识和能力进行创新和价值创造的方式。维基经济学秉持开放、对等、共享和全球协作的原则，是今后企业形态与商业模式发展的方向，成为继"长尾理论"之后最值得业界皈依的互联网宗教之一。

"麦特卡夫定律"是一种网络技术发展规律，由3Com公司的创始人、计算机网络先驱 Metcalfe（1973）提出。麦特卡夫定律指网络价值同网络用户数量的平方成正比，当一项技术已建立必要的用户规模，它的价值将会呈爆炸性增长，使用网络的人越多，产品和服务才变得越有价值。这是基于信息资源的特质性，即信息资源的消耗过程就是信息的生产过程，而信息本身的成本不变。互联网的威力不仅在于它能使信息的消费者数量增加到最大限度（全人类），更在于它是一种传播与反馈同时进行的交互性媒介，它具有极强的外部性和正反馈性，联网的用户越多，网络的价值越大，联网的需求也就越大，这样需求催生了新的需求，存在效用递增规律。

"六度分割理论"由美国著名社会心理学家 Milgram 于 20 世纪 60 年代提出，指个体和任何一个陌生人之间所间隔的人不会超过六个，也就是说，最多通过六个人你就能够认识任何一个陌生人，也称"小世界理论"。在 Web 2.0 的背景下，每个用户都拥有自己的 Blog、自己维护的 Wiki、社会化书签或者 Podcast，用户通过 Tag、RSS 或者 IM、邮件等方式连接到一起。在社交平台或商业圈内，通过熟人和"六度分割"产生聚合，社交圈不断放大，产生一个可信任的、潜力无穷的网络。

"病毒营销"（viral marketing）是 Web 2.0 背景下网络营销的重要手段之一，由 Hotmail 于 1997 年提出。病毒营销是通过用户的口碑宣传网络，利用快速复制的方式将有利于企业的营销信息传向数以百万计、千计的受众，使企业的营销信息像病毒一样传播和扩散，它的崛起与互联网的飞速成长密不可分。

"网络经济理论"由 Flower 于 20 世纪 90 年代初提出，认为市场与企业并不是二元分立的，而是在网络结构中相互联结、相互渗透的，网络经济作为新商业模式，与知识经济有着直接的密不可分的联系。网络经济呈现规模报酬递增的特征，具有"赢者通吃"的法则，小公司可以战胜大公司，商业模式创新速度快的公司可以战胜速度慢的公司，创新性的创业公司可以战胜百年老店公司。在网络经济时代，技术的创新周期短，产品和服务的更新换代迅速，网络是以速度和效率取胜的平台。在网络经济中，需求有了新含义：需求是消费者的点击率和忠诚度之积。网站的点击率和忠诚度取决于网站本身是否具有独特的商业模式和内容。

互联网"新经济"理论（Moore，1965；Merton，1968；Metcalfe，1973）主要围绕网络经济三大规律摩尔定律、麦特卡夫法则和马太效应展开，表明互联网的普及改变了工业经济社会的规律，产生了"新经济"。同时，信息的流动性在微观上降低了管理费用，在宏观上熨平了经济周期性波动，为互联网创新提供了坚实的理论支撑。

规模经济（economies of scale）由 Chandler（1999）提出，包括部分规模经

济、城市规模经济和企业规模经济。网络经济呈现规模报酬递增现状，一方面企业价值会随用户量的增加呈二次方趋势增长；另一方面，网络产品以信息为主，在信息成本既定的条件下，随着点击阅读量的增加，边际成本趋近于零。研究网络经济下规模效益的最佳配比，对揭示经济规模结构的发展趋势，发展社会生产力具有重要意义。

"范围经济理论"（economies of scope）由 Panzar 和 Willig（1975）提出，是指利用单一经营单位内原有的生产或销售过程来生产或销售多于一种产品而产生的经济。范围经济理论的主要思想是，如果联合生产几种产出的支出比分别生产它们的支出要少，那么就称联合生产存在范围经济。产生范围经济的主要成因，除大批量采购和销售的经济性，大批量运输的经济性和大规模管理的经济性外，还包括生产技术设备具有多种功能、研究与开发的扩散效应、企业无形资产的充分利用等。

（二）假设提出

随着互联网经济地位的凸显，创新逐渐成为互联网企业获得竞争优势的主要途径。具体而言，互联网企业的创新维度主要包括商业模式创新、技术创新、管理创新和营销创新四个方面。

与传统企业不同的是，商业模式创新成为互联网企业创新的主要形式，许多优秀互联网企业的成功被简单地归结为商业模式创新的成功（张娜娜、付清芬和王砚羽等，2014）。商业模式创新考虑技术蕴含的经济价值及经济可行性，强调以客户需求为中心，整合创新高层次的资源、制度和模式等，为客户和自身创造价值（刘晓娴、胡兴球，2015；Chesbrough，2007），具体的测量维度包括四方面：价值主张创新、盈利模式创新、资源整合能力创新和隔绝机制创新（罗珉、李亮宇，2015）。技术创新是互联网企业创新研究领域的另一个关键组成部分，始终是互联网发展的核心驱动力，侧重于应用新技术、申请新专利、开发新工艺、提供新产品和服务，占据市场并实现市场价值（Zheng，2014；吴延兵，2014）。管理创新主要是企业创造的一种更有效的资源整合范式，这种范式既包括新的有效整合资源以达到企业责任和目标的全过程管理，也包括新的具体资源整合及目标制定等方面的管理（芮明杰，1994），管理创新的测量维度包括后勤体系整合、成本控制、财务和人力资源管理（杨伟等，2011）。营销创新则涉及营销要素在某一方面或某一系列的突破或变革，包括营销观念创新、营销策略创新、市场创新和营销制度创新四方面（Kumar & Prashant，2015），具体如表 10 - 5 所示。

表 10 - 5 创新维度与测量维度

创新维度	测量维度	学者
技术创新	技术创新包括四个测量维度：申请新专利、应用新技术、开发新工艺、提供新产品和服务	Connie（2014）；吴延兵（2014）
管理创新	管理创新包括四个测量维度：后勤体系整合创新、成本控制创新、财务管理创新、人力管理创新	杨伟、刘益、沈灏和王龙伟（2011）
营销创新	营销创新包括四个测量维度：营销观念创新、营销策略创新、营销市场创新和营销制度创新	Prashant K.（2015）
商业模式创新	商业模式创新包括四个测量维度：价值主张创新、盈利模式创新、资源能力创新和隔绝机制创新	刘晓娴和胡兴球（2015）；罗珉和李亮宇（2015）

　　结合互联网企业创新维度与互联网经济理论，在同国内相关专家多次讨论的基础上，本章提出研究框架（见图 10 - 1）。首先，基于互联网经济理论与企业案例的分析，提出创新的可能影响因素。其次，基于创新维度和企业案例的分析，提出互联网企业创新的实际影响因素。最后，对两组影响因素进行对标比较，得出互联网企业创新影响因素的关键结论。

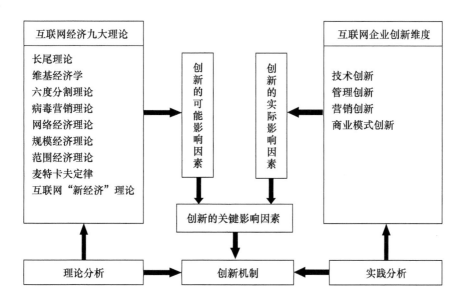

图 10 - 1 理论框架

四、研究设计

（一）研究方法

本章采用理论、案例和文献相结合，相互验证的定性研究方法对互联网企业的创新机制进行深入分析，并对互联网企业的创新特征包括创新主体、创新过程、创新维度和创新动力以及创新表现进行归纳总结，以期为互联网企业发展提供参考。

（二）研究问题

根据研究目的，本章主要研究以下两个问题：①中国互联网企业创新成功的关键影响因素是什么？②中国互联网企业创新机制是什么？

（三）分析过程

首先，逐一分析九大互联网经济学理论，列举与理论相对应的案例并对其创新影响因素进行归纳；其次，对互联网企业创新维度进行梳理，总结出创新特征和可能的影响因素，并举出多个案例进行佐证；再次对两组创新可能影响因素进行对标，提炼出互联网创新的关键因素；最后，进一步讨论互联网企业创新的内在机制。

（四）数据采集

由于时间、研究条件等因素的限制，本章主要是通过二手资料收集的方法来收集数据，试图利用多渠道来源的文献资料来加深对案例企业的了解并相互印证。

1. 文档数据来源

①案例公司主页；②和讯网等财经类网站；③中国知网、维普资讯网等学术文献数据库；④艾瑞网等权威调查咨询网站；⑤行业观察家或企业家博客。

2. 文档类型

①外界观察家、评论家、管理咨询专家等出版的关于案例企业或其领导人的书籍；②来自企业内部的材料，尤其是企业家或企业发言人发表的演说，企业编写的书刊、年度报告、内部刊物和企业其他档案资料；③所有发表过的关于案例企业的文章；④行业报告。

五、研究发现：互联网企业创新影响因素与机制

（一）互联网企业理论与创新可能影响因素

互联网经济理论与创新可能影响因素如表 10 - 6 所示。

表 10 - 6　互联网经济理论与创新可能影响因素

主要理论	创新表现	典型证据/事例	互联网企业创新的可能影响因素
长尾理论（Anderson，2004）	①将企业以前无法顾及的80%的市场（产品或者客户）集合起来，重新变成一个大的市场；②"品种少，批量大"是传统制造业的特征，而在"长尾市场"中，"款多量小"却成为当红的商业模式	①Google是一个最典型的"长尾"公司，其成长历程就是把广告商和出版商的"长尾"商业化的过程；②ZARA以其灵敏供应链，创造了长尾市场的新样板	消费者导向知识网络研发水平商业模式
维基经济学（Tapscott，2006）	①利用大规模协作生产产品和提供服务；②秉持开放、对等、共享和全球协作原则	①波音公司在合并收购过程中实现资源的整合和协作创新；②电脑特工让员工分享和主宰	知识网络商业模式企业战略
麦特卡夫定律（Metcalfe，1973）	①网络具有极强的外部性和正反馈性，联网的用户越多，网络的价值越大，联网的需求也就越大；②由需求催生新需求	Uber连接了大量的司机和搭车者，形成了一个正反馈循环	消费者导向知识网络

主要理论	创新表现	典型证据/事例	互联网企业创新的可能影响因素
六度分隔理论（Milgram，1967）	①社交媒体平台的新形式；②拓宽了人们的交际圈，加快了信息流动	①开心网推出开心农场，开心农场的体验用户朋友邀请朋友，之间形成社交网络；②Facebook 社交互联网将很多人聚集在一个社交圈内	消费者导向 商业模式 知识网络
病毒营销（Hotmail，1997）	通过口碑宣传和用户的快速复制传递信息，让更多的受众进行传播的方式	①Chipotle 用奥斯卡级动画片夺眼球；②乐事让消费者开发新口味；③Goldie Blox 改编知名歌曲	消费者导向 知识网络 商业模式
网络经济理论（Flower，20 世纪90 年代初）	①市场、企业和网络相互渗透，协同发展；②企业价值通过网络市场获取更大的收益	网络经济下，微软将 word、excel、powerpoint、outlook、express 捆绑在 Microsoft Office 上销售	消费者导向 知识网络 行业地位 技术研发
互联网"新经济"理论（Moore，1965；Merton，1968；Metcalfe，1973）	①互联网的普及使得以信息为主的特殊产品迅速占领网络市场；②信息价值链以滚雪球的方式迅速实现企业价值和顾客需求	①P2P 网络信贷；②众筹；③支付宝；④电子商务行业：B2B，C2C，B2C	研发水平 激励机制
规模经济理论（Chandler，1999）	网络经济特别之处是满足规模报酬递增效应	网络空间付费用户，网络游戏玩家的增多都不会给服务商带来成本，反而增加收益	研发水平 知识网络 激励机制
范围经济理论（Panzar & Willig，1975）	实现 1 + 1 < 2 的模式，为互联网企业多元化发展提供思路	①微软公司的操作系统，办公软件，浏览器等多元化业务发展；②ISP，ICP，IDC 关联产品的运营降低企业生产成本	研发水平 企业战略 知识网络 管理水平

"长尾理论"的出现，源于现代商业社会和市场需求的转变，互联网的崛起和个性化消费的兴起打破了传统的消费观念，供需不对称条件下的大众化生产模式正在被可满足不同需求的"多品种，小规模"的生产方式所取代，多元化、利己化的市场需求迫使企业在生产和网络营销模式上做出相应改变。"Google"就是典型的"长尾"公司，其成长历程就是将广告商和出版商的"长尾"商业化的过程，降低了广告进入的门槛，使得众多中小企业可以在网络平台上各显神

通。长尾模式的成功之处是通过互联网技术和平台创新，有效利用尾部产品，降低其进入门槛，拓宽进入渠道，将小的市场推向一个新的舞台。

维基经济被称为"来自于大众，传播于大众，服务于大众"的新经济时代智慧法则，大规模协作为众多企业的发展提供了新的思路，其秉持的开放、对等、共享和全球运作是维基经济的核心所在，过去信息行业强烈抵制开放系统和开放资源的观念，这使得不同应用软件在不同系统里不兼容，给人们工作学习带来不便，微软提供了一个标准化的开放性平台，无论何种系统的计算机都可以兼容，技术开发人员和企业可以在这个平台上建立大规模合作，结果 Apache 成为网页服务器，Linux 成为操作系统，MySQl 成为数据库，Firefox 和万维网成为浏览器。大规模协作创新无疑能带来更多的顾客资源，为企业长期持续发展获取更大的动力支持。维基经济学成功之处是以消费者为导向，积极整合企业各项资源，通过技术创新开发企业运营中所需的各项技术基础，并协同商业模式创新积极推动互联网企业的发展。

麦特卡夫定律的成功之处是利用需求催生新的需求，企业价值随着顾客资源呈二次方增长，例如，Uber 就连接了大量的司机和搭车者，形成了一个正反馈循环，想要搭车的人越多，就会吸引更多的司机加入 Uber，司机越多，搭车的人就会越多，这样企业价值就会随着顾客需求的增加而提升，当用户效用随着其他用户的加入而提升时，网络效应就会更明显，传统企业的边际收益是递减的，而网络企业是边际收益递增的。其成功之处是在互联网网络知识和技术的支持下，明确客户定位和需求，利用媒介交易平台实现供需平衡，这种商业模式极具扩张效应，可以在短时期内迅速提升企业价值。

"六度分割理论"说明人际联系的可能性，本质上是人们社交圈聚合产生的效应，是社交媒体创新的集中表现。人、社会、商业通过一定的信息手段（人人网、开心网、若邻网、豆瓣、QQzone、新浪微博、微信等社交软件）集聚。例如，开心网推出的开心农场，这些小游戏将人们的现实生活融入网络，特别适合上班族玩，通过这种交流拉近了人与人之间的距离，扩展了人们的交际圈。运用该理论成功的企业善于抓住消费者爱好和需求，人们通过网络平台和共同的兴趣爱好聚集起来，这种商业模式的成功也离不开强大的技术支撑和有效的管理运营做后盾。

"病毒营销"通过提供有价值的、博人眼球的信息而快速传播，借助口碑宣传实现"营销杠杆"的作用。有创新意识的企业善于抓住消费者的主流思想，他们开发营销活动，吸引消费者竞相在自己的社交图谱中分享内容。例如，Chipotle 用奥斯卡级动画片夺眼球，多芬推出一部视频短片"我眼中的你更美"其病毒式营销获得巨大成功，仅推出一个月，浏览量突破 1.14 亿次，其成功之处不仅在于有好的创意，还在于将这部短片翻译成 25 种语言，并在 33 个 You-Tube 官方频道上播放。社交媒体就像一个均衡器，任何公司都有话语权，它与品牌知名度无关，也无须太多预算，只要产品内容精彩，再加上一些营销技巧就可以成功。

"网络经济理论"认为市场、企业和网络相互渗透，协同发展，企业价值通过网络市场获取更大的收益。网络经济下，腾讯的个人业务与 Facebook、Twitter、Zynga 和 Tumblr 不分上下，但比这些公司更有势力，因为腾讯一直致力于技术及产品和服务创新，广告商以及应用程序开发商可以通过单一平台接触到所有这些业务。微软将 word、excel、powerpoint、outlook、express 捆绑在 Microsoft Office 上销售，也是"赢者通吃"的典范。因此，互联网企业必须持续创新才能在激烈的竞争中存活。腾讯和微软的成功离不开平台的技术研发，业界"领头羊"的地位也促使其不断革新，消费者的信赖和支持提供了动力支持，企业内部有效地管理和激励为企业持续发展提供强大的保障。

"互联网新经济"指在网络大环境下催生了新的经济形态，互联网渗透到传统行业，实现了"虚拟 + 实体"的创新，比如"互联网 +"的快速发展，涉及跨界融合、创新驱动（通过互联网思维变革粗放的资源驱动型增长方式）、重塑结构、开放生态等层面，包含"互联网 +"工业、金融、商贸、交通、民生、旅游、医疗、教育等各行各业。伴随着知识社会的来临，互联网新经济为"大众创业、万众创新"提供了新环境，在互联网创业浪潮席卷下，中国将引领世界走向未来。利用"互联网新经济"理论获得成功的企业具备以下共同点：注重技术研发和网络知识学习；善于整合资源，提倡协同创新；有敏锐的市场洞察力。

网络环境下"规模经济"边际收益呈现递增趋势，归其原因有以下几点：一方面，信息网络成本由三部分构成，分别是网络建设成本、信息传递成本和信息的收集、处理制作成本，这三部分成本相对固定。另一方面，在网络经济中，对信息的投资不仅可以获取一般投资报酬，还可以获取信息的累计报酬。也就是说，在信息成本几乎没有增加的情况下，信息使用规模的不断扩大可以带来不断增加的收益，这种传递也使得网络经济呈现边际收益递增的趋势。比如，我们每个人用的手机，移动和联通的网建成本不会随着手机用户的增加而显著增加，新入网的手机增加的收益不仅没有增加成本，反而使边际收益增加。还有网络空间付费用户，网络游戏玩家的增多都不会给服务商带来成本，反而增加收益。互联网企业利用"规模经济"创新成功的原因主要有：技术创新带动信息内容产品输出渠道多样化；网络环境下"规模经济"边际报酬递增本质上也是商业模式创新表现方式，这种创新得益于信息产品的特殊属性；企业内部的激励机制大大促进了员工的积极性。

"范围经济"为互联网企业的多元化发展提供了思路，如微软公司的操作系统、办公软件、浏览器等多元化业务发展；ISP，ICP，IDC 关联产品的运营也降低企业生产成本，网络环境下多元化生产得益于企业的长期发展战略和技术支持。"范围经济"的成功得益于互联网企业多元化发展战略的推动，强大的技术研发为企业提供源源不断的动力，知识网络的构建和完善为其提供智力保障。

（二）互联网企业创新维度与创新实际影响因素

互联网企业创新表现、创新维度与创新实际影响因素如表 10 - 7 所示。

表 10 - 7　互联网企业创新表现、创新维度与创新实际影响因素

典型事例	创新表现	创新维度	创新实际影响因素
Googl 把广告商和出版商的"长尾"商业化	降低了广告门槛；拓宽了市场渠道	技术创新 商业模式创新	研发水平 网络知识 商业模式
ZARA 企业大大缩短了前导时间，从设计到店铺只需 15 天	ZARA 灵敏的供应链系统	技术创新 营销创新	研发水平 网络知识 管理水平 企业战略 商业模式
Facebook 的 双层 股权 结构（京东、聚美优品、陌陌）	设计满足不同需求的股份架构，从而实现公司股权结构的创新	管理创新	企业控制权 企业战略 管理水平 激励机制

典型事例	创新表现	创新维度	创新实际影响因素
小米的MIUI（消费者深度参与）	超过60万的"米粉"参与了小米MIUI操作系统的设计和开发	营销创新 产品创新 商业模式创新	研发水平 商业模式 消费者导向
亚马逊多元化扩张	突破了传统的网络零售局限，在科技服务、数字产品等领域占据了重要的市场地位，成为可以与Google相媲美的互联网巨头企业	技术创新 商业模式创新	研发水平 网络知识 行业地位 企业战略 管理水平
阿里巴巴持续创新	大数据分析，精准搜索引擎服务；促销模式的多元化转变；开发支付宝；大物流计划	技术创新 营销创新 商业模式创新	研发水平 网络知识 企业战略 激励机制 消费者导向
VIPABC崇尚技术至上	VIPABC拥有三项硅谷技术专利	技术创新	研发水平
Uber推出的便利，多样化打车软件	打车软件，一键呼叫专家，在澳大利亚悉尼等多个城市Uber策划了一场流浪猫咪秀等	营销创新	商业模式 消费者导向
腾讯成为获得大规模商业成功的即时通信企业	微信的成功和在移动互联网时代的快速转型	技术创新 商业模式创新	研发水平 网络知识 商业模式
京东自成一体的物流配送	移动和大数据为核心进行突破，自主配送模式	技术创新 商业模式创新	研发水平 商业模式 网络知识

根据表10-7的总结，我们发现：

（1）影响互联网企业商业模式创新的因素主要有研发水平、知识网络、商业模式及行业地位。如亚马逊的多元化扩张突破了传统零售的技术壁垒，构建了完善的网络体系，处于"领导者"的行业地位也促使其朝着多元化商业模式的方向不断创新。配送和售后服务一直是电子商务发展的"瓶颈"所在，而京东自营物流使得它对供应链各个环节都有较强的控制能力，京东的成功是其商业模式创新和企业各供应链密切协作的必然结果。

（2）影响互联网企业技术创新的因素主要有研发水平、知识网络、企业战略、管理水平和行业地位。例如，VIPABC 企业拥三项专利技术，促使其实现技术创新的因素主要归因于该公司强大的技术研发能力和网络知识的有效运营。ZARA 灵敏的供应链系统实现的技术创新除了研发和知识网络两个因素外，还归功于 ZARA 企业既定的战略方向和企业内部体系高效的管理。

（3）影响互联网企业管理创新的因素主要有企业控制权、企业战略和管理水平。Facebook 基于公司整体战略计划，设计了满足不同需求的双层股权架构，提升了对企业控制权的有效分配，从而实现公司股权结构的创新，进一步实现企业管理创新。

（4）影响互联网企业营销创新的因素主要有商业模式和消费者导向。Uber 经常推出系列活动，如"周一免费快车"等营销模式，通过不间断的创意营销让消费者能时刻保持新鲜感，Uber 善于情感营销和话题营销，清晰品牌定位，以消费者为导向，不断刺激用户参与体验，多样化的创新服务使客户黏性迅速提升。

（三）创新的关键影响因素

理论上，可能的创新因素有消费者导向、知识网络、研发水平、商业模式、企业战略、行业地位和激励机制七个因素；案例实践上，实际的创新因素有消费者导向、研发水平、商业模式、激励机制、企业战略、行业地位、企业控制权和管理水平八个因素。两组进行对标，我们最终确认的影响因素有消费者导向、知识网络、研发水平、商业模式、企业战略、行业地位、企业控制权和管理水平八个因素。

我们的研究结论与一些学者的研究结论相似，例如，唐承鲲（2016）指出研究能力水平和消费者导向是互联网企业创新的重要影响因素，顾客参与是企业获取外部创新源、取得核心竞争力的重要途径。Luo 和 James（2014）通过探究颠覆性创新周期中企业组织内创新成果的影响因素，发现知识网络和研发水平对创新成果至关重要。Wei 和 Yang（2014）发现剥削创新和探索性创新可以有效推动商业模式创新，技术创新对商业模式创新提供动力支持。罗仲伟和任国良等（2014）的研究表明企业战略创新成功之处是在技术变革时期通过有效学习网络知识管理及提高跨界虚拟整合能力来学习分散的技术知识，对客户的体验消费做出快速反应回馈，抓住企业发展方向，最终实现颠覆式创新和价值创造。买忆媛等（2016）从互联网行业地位视角出发，发现行业地位正向影响产品创新，领导型企业获取资源和信息，并且通过学习转化为创新成果的能力较强。Stephane 和 Torben（2013）、马家喜和金新元（2014）认为控制权与合作关系是影响创新效应的两个核心变量，并将控制权分为集中控制和分散控制两个维度。徐旭（2014）进一步从股东和管理者视角出发，发现股权激励作为一种长期激励手段，可以促使股东和管理层利益趋于一致，有利于保障企业创新投入的持续性。Stata（1989）和 Hamel（2006）认为管理创新已经逐渐成为企业充分利用技术领先优势的必要条件，管理创新有利于提升企业组织效率、降低成本、增强核心竞争力。就引进型管理创新而言，获取已有创新知识，实现知识从组织外部向内部转移是关键，管理者凭借网络影响力产生经济效益是管理创新的重要渠道（苏敬勤、林海芬，2011）。综上所述，不同学者对互联网企业创新影响要素进行研究，与本章归纳总结的创新要素相符合，再次印证了结论的科学性。

（四）创新机制

互联网企业创新机制中（见图 10 - 2），商业模式创新、技术创新、营销创新和管理创新的关系两两错综交互，相伴相生，共同形成互联网企业创新机制，四个创新子系统的协同机制主要有以下表现。

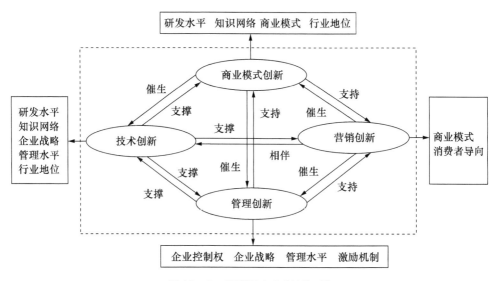

图 10 - 2　互联网企业创新机制

（1）商业模式创新突破原有的创新模式，催生技术创新和管理创新，支持营销创新。互联网企业利用现有的技术水平，通过改变运营模式、盈利模式和营销方式，获得现有技术水平下的最大利润，随着商业模式的变革和发展，旧技术和管理方式成为制约企业发展的最大"瓶颈"，互联网企业对新技术和新管理模式产生需求，于是催生了技术创新和管理模式创新，并对营销创新给予支持。

（2）技术创新为商业模式创新、管理创新和营销创新提供支撑。互联网企业通过技术创新，不断开发各部门运营所需的各项技术基础，从而拉动商业模式创新；技术创新还可以降低企业生产和运营成本，达到有效管理，促进企业管理创新；营销创新过程开发新内容等都需要技术创新做支撑和保障。

（3）营销创新催生商业模式创新和管理创新，技术创新相伴产生。营销创新是提高企业市场竞争力的有效途径，营销模式随着市场导向变化，消费者需求不断变化，在变化过程中受到商业模式和管理水平的制约，这就促使企业管理模式和商业模式的变革创新，在变革过程中技术创新相伴产生，为其提供技术保障。

（4）管理创新对商业模式创新和营销创新提供支持，为技术创新提供支撑。管理创新有利于提升企业组织效率、降低成本、增强核心竞争力，技术创新是将管理创新转化为营销创新商业模式创新的有力工具，因此管理创新为技术创新提供有力支撑，为营销创新和商业模式创新提供战略支持。

（5）商业模式创新、技术创新、营销创新和管理创新四个维度相互影响，各自有创新影响因素，又相互有直接和间接影响因素。其中商业模式创新的影响因素包括研发水平、知识网络、商业模式及行业地位；影响技术创新的因素包括研发水平、知识网络、企业战略、管理水平和行业地位；管理创新的影响因素有企业控制权、企业战略、管理水平和激励机制；影响营销创新的因素包括商业模式和消费者导向。

（6）互联网创新体系和机制是一个复杂的关系网，互联网企业的成功不是单因素创新决定的，而是多维度创新子系统协同创新的结果。

六、结论与贡献

（一）结论

通过文献回顾、互联网经济理论的梳理及多个互联网企业的案例分析，对互联网企业的创新活动、创新表现和创新影响因素进行系统归纳，对互联网企业创新机制进行深入研究，得出以下结论：

（1）通过互联网经济理论和互联网企业案例实践中创新关键因素的对标，研究发现影响互联网企业创新的因素可归结为消费者导向、知识网络、研发水平、商业模式、企业战略、行业地位、企业控制权和管理水平八大方面。

（2）互联网企业创新主要由四个维度组成，分别是商业模式创新、技术创新、营销创新和管理创新。它们之间两两相互影响，在一个大系统体系下，各自有影响因素，又受相互影响，所以影响因素有直接和间接影响。其中，商业模式创新的影响因素包括研发水平、知识网络、商业模式及行业地位；影响技术创新的因素包括研发水平、知识网络、企业战略、管理水平和行业地位；管理创新的影响因素有企业控制权、企业战略、管理水平和激励机制；影响营销创新的因素包括商业模式和消费者导向。

（3）互联网企业创新机制由互联网企业四个维度的创新影响因素组成，四个维度的创新影响因素在相互影响和各自影响作用下，通过对不同创新维度的影响，推动企业创新，即互联网企业创新机制为多维度创新子系统协同创新机制。

（二）理论贡献

（1）深化互联网企业运营理论，互联网企业运营理论是互联网企业长期发展和持续创新的基石，揭示了互联网企业成长的一般规律，推动了互联网创新技术发展，在企业战略、运营、管理、组织层面都起到了积极的促进作用。

（2）深化互联网企业创新理论，一般创新研究只是单方面的论述分析，没有把互联网企业创新从理论层面提出，本章采用互联网经济理论和互联网企业实际案例相结合的分析方法，理论和实践相互佐证，最后提炼出一套互联网企业创新机制理论体系，深化了互联网企业创新理论，为企业创新发展提供了必要的理论支撑。

（3）应用、扩展互联网经济理论。从互联网企业众多案例中提取出来新的创新模式，深化了互联网创新理论，进一步完善了互联网经济理论。

（三）实践意义

互联网创新影响因素和创新机制的研究结果有助于帮助政府和企业了解更多互联网企业创新发展影响因素和运行机制；有助于政府采取相应的政策措施，引导和鼓励互联网企业的创新活动；有助于互联网企业进行自我定位和比较，协调创新各要素，加快创新思维向创新成果的转化，为初创互联网企业创新发展提供经验和依据。

（四）研究局限

本章通过一些小案例归纳总结互联网企业的创新特征和创新表现，但 MINI 案例本身就具有局限性，研究结果也仅仅是一个初步的、探索性的命题，只具有一定范围的解释性，需要在今后的研究中对这些案例进一步深入分析和探讨。此外，本章运用互联网理论和实际案例相互佐证的方法提炼出互联网创新的表现形式和特征，对影响互联网创新的因素也进行了归纳整理，但限于案例的选取范围较窄，对案例的性质没有进行分类整理，导致结论可能不完全，解释力度不够深入，在以后的研究中可以对案例按一定的维度进行分类整理再对创新表现和影响因素进行提炼。

参考文献

[1] Achilladelis B. , Schwarzkopf A. , Cines M. . A Study of Innovation in the Pesticide Industry: Analysis of the Innovation Record of an Industrial Sector [J]. *Research Policy*, 1987, 16 (2 – 4): 175 – 212.

[2] Acquaah M. . Economic Liberalization, Entrepreneurial Development and Manufacturing Priorities in Ghana [J]. *Journal of Comparative International Management*, 2005, 8 (1): 58 – 60.

[3] Acs Z. J. & Audretsch D. B. . Innovation in Large and Small Firms: An Empirical Analysis [J]. *The American Economic Review*, 1988 (78): 678 – 690.

[4] Acs Z. J. , Audretsch D. B. . Innovation and Technological Change: An Overview [A]. In: Acs Z. J. , Audretsch D. B. (Eds.), Innovation and Technological Change: An International Comparison [C]. Ann Arbor, MI: University of Michigan Press, 1991.

[5] Afuah A. , Redefining Firm Boundaries in the Face of the Internet: Are Firms Really Shrinking [J]. *Academy of Management Review*, 2003, 28 (1): 34 – 53.

[6] Afuah A. , Tucci C. . Internet Business Models and Strategies [J]. New York: McGraw – Hill International Editions, 2001, 33 (6): 231 – 241.

[7] Aggarwal A. , Technology Imports and in House R&D Efforts: An Analysis of the Indian Experience [J]. *Research Policy* , 2000, 29 (9): 1081 – 1093.

[8] Ahuja G. , Katila R. . Technological Acquisitions and the Innovation Perform-

ance of Acquiring Firms: A Longitudinal Study [J]. *Strategic Management Journal*, 2001, 22 (3): 197 –220.

[9] Akcakaya R. . Procedure for the Assessment of R&D Performance for a Manufacturing Company [R]. Marmara University, Institute for Graduate Studies in Pure and Applied Sciences, 2001.

[10] Al – Laham A. , Schweizer L. , Amburgey T. L. . Dating before Marriage? Analyzing the Influence of Pre – acquisition Experience and Target Familiarity on Acquisition Success in the "M&A as R&D" Type of Acquisition [EB/OL]. *Scandinavian Journal of Management*, Available at: doi: 10. 1016/j. scaman. 2009 – 11 –005.

[11] Albert G. Z. , Jefferson G. H. , Chang Q. . R&D and Technology Transfer: Firm – Level Evidence Industry [J]. *Review of Economics and Statistics*, 2005, 87 (4): 780 –786.

[12] Aldrich H. E. . *Organization and Environments* [M]. Englewood, NJ: Prentice – Hall, 1979.

[13] Alt R. and Zimmermann H. . Introduction to Special Section – business Models [J]. *Electronic Market*, 2001 (11): 1.

[14] Amit R. , Zott C. . Value Creation in E – business [J]. *Strategic Management Journal*, 2001 (22): 493 –520.

[15] Anderson C. . *The Long Tail: Why the Future of Business is Selling Less of More* [M]. *New York: Hyperion*, 2006.

[16] Annette L. , Ranft Lord M. D. . Acquiring New Technologies and Capabilities: A Grounded Model of Acquisition Implementation [J]. *Organization Science*, 2002, 13 (4): 420 –441.

[17] Applegate L. M. . E – business Models: Making Sense of the Internet Business Landscape [A]. In: DicksonG Gary W, Sanctis G (Eds.). Information Technology and the Enterprise: New Models for Managers [C]. New York: Prentice Hall, 2001: 136 – 157.

[18] Argyris C. . *Organizational Learning: a Theory of Action Perspective* [M]. Addison – Welsey Publishing Company, 1978.

[19] Asia Pacific Foundation of Canada. China Goes Global: A Survey of Chinese

Companies' Outward Direct Investment Intentions [EB/OL]. *China Council for the Promotion of International Trade*, Retrieved from http://www.asiapacific.ca/analysis/pubs/pdfs/surveys/china_ goes_ global. pdf. 2005, September.

[20] Aspara J., Hietanen J., Tikkanen H.. Business Model Innovation vs Replication: Financial Performance Implications of Strategic Emphases [J]. *Journal of Strategic Marketing*, 2010, 18 (1): 39 – 56.

[21] Baden – Fuller C., Morgan M. S.. Business Models as Models [J]. *Long, Range Planning*, 2010, 43 (2 – 3): 156 – 171.

[22] Bandura A.. *Social Learning Theory* [M]. New York: General Learning Press, 1997.

[23] Barney J.. Firm Resources and Sustained Competitve Advantage [J]. *Journal of Management*, 1991, 17 (1): 99 – 120.

[24] Barney J.. Is the Resource – Based "View" a Useful Perspective for Strategic Management Research? [J]. *The Academy of Management Review*, 2001, 26 (1): 41 – 56.

[25] Bateson G.. *Step to an Ecology of Mind* [M]. New York: Ballantine, 1972.

[26] Baum J. R, Lockeb E. A, Kirkpatrick S.. A Longitudinal Study of the Relation of Vision and Vision Communication to Venture Growth in Entrepreneurial Firms [J]. *Journal of Applied Psychology*, 1998, 83 (1): 43 – 54.

[27] BEA (2005) Annual Survey of U. S. Direct Investment Abroad [EB/OL]. Retrieved from http://www.bea.gov/bea/surveys/diasurv.htm.

[28] Becker W., Peters J.. Technological Opportunities, Absorptive Capacities and Innovation [R]. *The Eighth International Joseph Schumpeter Society Conference Centre for Research in Innovation and Competition (CRIC)*, University Manchester, Manchester, 2000, 28 June – 1 July.

[29] Beneito P.. Choosing among Alternative Technological Strategies: An Empirical Analysis of Formal Sources of Innovation [J]. *Research Policy*, 2003 (32): 693 – 713.

[30] Berchicci L.. Towards an Open R&D System: Internal R&D Investment,

External Knowledge Acquisition and Innovative Performance [R]. *Research Policy*: 2012: 1 – 11.

[31] Berends J. J., Jelinek M., Reymen I. M. M. J., and Stultiens R. G. L.. Product Innovation Processes in Small Firms: Combining Entrepreneurial Effectuation and Managerial Causation [R]. Workshop to Develop A Research Agenda for Service Innovation, Keck Center of the National Academies, Washington, Dc, April, 2014 (31): 616 – 635.

[32] Betz F.. Strategic Business Models [J]. *Engineering Management Journal*, 2002, 14 (1): 11 – 27.

[33] Bhagwati J.. Export – promoting Trade Strategy, Issues and Evidence [J]. *Research Observer*, 1998, 3 (1): 1 – 57.

[34] Bikhchandani S., Sharma S.. Herd Behavior in Financial Markets: A Review [J]. *IMF Staff Papers*, 2001 (47): 279 – 310.

[35] Bikhchandani S. and Sharma S.. Herd Behavior in Financial Markets: A Review [J]. *IMF Staff Papers*, 2001 (47): 279 – 310.

[36] Blurton C.. New Directions of ICT – Use in Education [R]. In Uneso's World Communication and Information Report, 1999.

[37] Bnerjee A. V.. A Simple Model of Herd Behavior [J]. *The Quarterly Journal of Economics*, 1992 (8): 797 – 817.

[38] Boisot M.. Notes on the Internationalization of Chinese firms [Z]. Unpublished Paper, Open University of Catalonia, Barcelona, Spain, 2004.

[39] Bolton M. K.. Imitation Versus Innovation: Lessons to be Learned from the Japanese [J]. *Organizational Dynamics*, 1993, 22 (Winter): 30 – 45.

[40] Boston D. W., and Liao J.. Staining of Non – carious Human Coronal Dentin by Caries Dyes [J]. *Operative Dentistry*, 2004, 29 (3): 280.

[41] Brown J. S., Seely B., Duguid P.. The Social Life of Information [M]. *The Library Quarterly*: *Information, Community, Policy*, 2001, 71 (1): 213 – 218.

[42] Burt R S.. *Structural Holes: The Social Structure of Competition* [M]. Cambridge, MA: Harvard University Press, 1992: 32 – 57.

[43] Bygstad B.. Generative Mechanisms for Innovation – in Information Infra-

structures [J]. *Information and Organization*, 2010, 20 (3/4): 156 – 168.

[44] Calantone R. J. , Stanko M. A. . Drivers of Outsourced Innovation: An Exploratory Study [J] . *Journal of Product Innovation Management*, 2007 (24): 230 – 241.

[45] Caloghirou Y. , Kastelli I. , Tsakanikas A. . Internal Capability and External Knowledge Sources: Complements or Substitutes for Innovative Performance? [J]. *Technovation* , 2004, 24 (1): 29 – 39.

[46] Carlsson B. and Stankeiwicz, R. . On the Nature, Function and Composition of Technological Systems [J]. *Journal of Evolutionary Economics*, 1991 (1): 93 – 118.

[47] Casadesus – Masanell R. , Rican J. E. . From Strategy to Business Models and onto Tactics [J]. *Long Range Planning*, 2010, 43 (2 – 3): 195 – 215.

[48] Casadesus – Masanell R. , Rican J. E. . How to Design a Winning Business Model [J]. *Harvard Business Review*, 2011, 9 (1): 2 – 9.

[49] Cassiman B. , Colombo M. , Garrone P. , Veugelers R. . The Impact of M&A on the R&D Process: An Empirical Analysis of the Role of Technological and Market Relatedness [J]. *Research Policy*, 2005 (34): 195 – 220.

[50] Cassiman B. , Veugelers R. . In Search of Complementarity in Innovation Strategy: Internal R&D and External Knowledge Acquisition [J]. *Management Science*, 2006, 52 (1): 68 – 82.

[51] Cepeda et al. . *Analyzing an Absorptive Capacity: Unlearning Context and Information System Capabilities as Catalysts for Innovativeness* [M]. Documentos de Trabajo FUNCAS, No. 2010: 550.

[52] Chang C. , Robin S. . Doing R&D and/or Importing Technologies: The Critical Importance of Firm Size in Taiwan's Manufacturing Industries [J]. *Review of Industrial Organization*, 2006, 29 (3): 253 – 278.

[53] Chang J. , Fang X. and Yen D. C. . China's Telecommunication Market for International Investors: Opportunities, Challenges, and Strategies [J]. *Technology in Society*, 2005, 27 (1): 105 – 121.

[54] Chaudhuri S. , Tabrizi B. . Capturing the Real Value in High – Tech Acqui-

sitions [J]. *Harvard Business Review*, 1999, 77 (5): 123 – 130.

[55] Chesbrough Corporation H. , Rosenbloom R. S.. The Role of the Business Model in Capturing Value from Innovation: Evidence from Xerox Corpotates Technology Spin – off Companies [J] . *Industrial and Corporate Change*, 2002, 11 (3): 529 – 555.

[56] Chesbrough H. , Rosenbloom R. S.. The Role of the Business Model in Capturing Value from Innovation Evidence from XEROX [R]. *Corporation's Technology Spinoff Companies*, 2000.

[57] Chesbrough H.. A Better Way to Innovatios [J]. *Harvard Business Review*, 2003, 81 (7): 12 – 14.

[58] Chesbrough H.. Open Business Models: How to Thrive in the New Innovation Ladscape [J]. *Harvard Business School Press*, 2006 (43): 32 – 42.

[59] Chiara V. , Maria C.. Linking Technology Innovation Strategy, Intellectual Capital and Technology Innovation Performance in Manufacturing SMEs [J]. *Technology Analysis & Strategic Management*, 2016 (28): 524.

[60] Child J. , Markoczy L.. Host – country Managerial Behavior and Learning in Chinese and Hungarian Joint Ventures [J]. *Journal of Management Studies*, 1993, 30 (4): 611 – 631.

[61] Child J. , Rodrigues S. B.. The Internationalization of Chinese Firms: A Case for Theoretical Extension [J]. *Management and Organization Review*, 2005, 1 (3): 381 – 410.

[62] Child J. , Tse D. K.. China's Transition and Its Implications for International Business [J]. *Journal of International Business Studies*, 2001 (32): 5 – 21.

[63] Clemons E. K. , Row M. C. Information Technology and Industrial in the Coorperation [J]. *Journal of Management Information Systems*, 1992 (9): 9 – 28.

[64] Clive S. , Joyce F.. From Translational Research to Open Technology Innovation Systems [J]. *Journal of Health Organization and Management*, 2015 (29): 2.

[65] Cloodt M. , Hagedoorn J. , Kanenburg H.. Mergers and Acquisitions: Their Effect on the Innovative Performance of Companies in High – tech Industries [J]. *Research Policy*, 2006, 35 (5): 642 – 654.

[66] Cohen W. M. , Levinthal D. A.. Absorptive Capacity: A New Perspective on Learning and Innovation [J]. *Administrative Science Quarterly*, 1990 (35): 128 – 152.

[67] Comanor W. , Scherer F.. Patent Statistics as a Measure of Technical Change [J]. *Journal of Political Economy*, 1969, 77 (3): 392 – 398.

[68] Cooper R. G. , Kleinschmidt E. L.. Major New Products: What Distinguishes the Winners in the Chemical Industry [J]. *Journal of Product Innovation Management*, 1993, 2 (10): 90 – 111.

[69] Couclelis H.. *From Sustainable Transportation to Sustainable Accessibility: Can We Avoid a New Tragedy of the Commons?* [M]. Berlin: Springer, 2000: 341 – 356.

[70] Couclelis H.. Pizza over the Internet: E – commerce, the Fragmentation of Activity, and the Tyranny of the Region [J]. *Entrepreneurship and Regional Development*, 2004, 16 (1): 41 – 54.

[71] Daniel F. S.. Tacit Knowledge with Innovative Entrepre – neurship [J]. *International Journal of Industrial Organi – zation*, 2012 (30): 641 – 651.

[72] Danupol H. , Guntalee R.. The Impact of Organizational Capabilities on the Development of Radical and Incremental Product Innovation and Product Innovation Performance [J]. *Journal of Managerial Issues*, 2012 (2): 250 – 276.

[73] David J. Teece, Gary Pisano, Amy Shuen. Dynamic Capabilities and Strategic Managemen [J]. *Strategic Management Journal.* August, 1997, 18 (7): 509 – 533.

[74] Demil B. , Lecocq X.. Business Model Evolution: In Search of Dynamic Consistency [J]. *Long Range Planning*, 2010, 43 (2 – 3): 227 – 246.

[75] Deng P.. Absorptive Capacity and a Failed Cross – Border M&A [J]. *Management Research Review*, 2010, 33 (7): 673 – 682.

[76] Deng P.. Investing for Strategic Resources and Its Rationale: The Case of Outward FDI from Chinese Companies [J]. *Business Horizons*, 2007, 50 (1): 71 – 81.

[77] Deng P.. Why do Chinese Firms Tend to Acquire Strategic Assets in Interna-

tional Expansion? [J]. *Journal of World Business*, 2009 (44): 74 – 84.

[78] Dewett T., Jones G.. The Role of Information Technology in the Organization: A Review, Model, and Assessment [J]. *Journal of Management*, 2001 (27): 313 – 346.

[79] Diaz – Chao A., Sainz – Gonzalez J. Torrent – Sellens. The Competitiveness of Small Network – firm: A Practical Tool [J]. *Journal of Business Research*, 2005, 69 (5): 1769 – 1774.

[80] DiMaggio P. J., Powell W. W. The Iron Cage Revisted: Institutional Isomorphism and Collective Rationality in Organization Fields [J]. *American Sociological Review*, 1983 (48): 147 – 160.

[81] Dixon S. E. A, Clifford A.. Ecopreneurship – A New Approach to Managing, the Triple Bottom Line [J]. *Journal of Organizational Change Management*, 2007, 20 (3): 326 – 345.

[82] Doganova L., Eyquem – Renault M.. What Do Business Models Do? Innovation Devices in Technology Entrepreneurship [J]. *Research Policy*, 2009, 38 (10): 1559 – 1570.

[83] Donath R.. Taming E-Business Models ISBM Business Marketing Web Consortium [J]. *State College (PA): Institute for the Study of Business Markets*, 1999, 3 (1): 1 – 24.

[84] Dubosson – Torbay M., Osterwalder A., Pigneur Y.. E – business Model Design, Classification, and Measurements [J]. *Thunderbird International Business Review*, 2010, 44 (1): 5 – 23.

[85] Dunford R., Palmer I., Benveniste J.. Business Model Replication for Early and Rapid Internationalisation the ING Direct Experience [J]. *Long Range Planning*, 2010, 43 (5 – 6): 655 – 674.

[86] Dutton J. M., Freedman R. D.. External Environment And Internal Strategies: Calculating, Experimenting and Imitating in Organizations [J]. In R. Lamb and P. Shrivastava (eds). *Advances in Strategic Management*, 1985 (3): 39 – 67.

[87] Díaz – ChaoÁ., Sainz – González J., Torrent – Sellens J.. ICT Innovation and Firm Productivity: New Evidence from Small Local Firms [J]. *Journal of Business*

Research, 2015 (7): 1439 – 1444.

[88] Earle John S. , Pagano Ugo, Lesi Maria. Information Technology, Organization Form, and Transition to the Market [J]. *Journal of Economic Behavior & Organization*, 2006 (60): 471 – 489.

[89] Ehie I. C. , Olibe K. . The Effect of R&D Investment on Firm Value: An Examination of US Manufacturing and Service Industries [J]. *International Journal Production Economics*, 2010 (128): 127 – 135.

[90] Eisenhardt K. M. . Building Theories from Case Study Research [J]. *Academy Management Review*, 1989 (14): 532 – 550.

[91] Erickson G. , Jacobson R. . Gaining Comparative Advantage through Discretionary Expenditures: The Returns to R&D and Advertising [J]. *Management Science*, 1992 (38): 1264 – 1279.

[92] Ernst H. , Vitt J. . The Influence of Corporate Acquisitions on the Behavior of Key Inventors [J]. *R&D Management*, 2000, 30 (2): 105 – 119.

[93] Escribano A. , Fosfuri A. , Tribó J. A. . Managing External Knowledge Flows: The Moderating Role of Absorptive Capacity [J]. *Research Policy*, 2009, 38 (1): 96 – 105.

[94] Experimenting and Imitating in Organizations [J] . In R. Lamb and P. Shrivastava (eds.) . *Advances in Strategic Management*, 1985 (3): 39 – 67.

[95] Fan J. P. H. , M. O. Rui and M. Zhao. Rent Seeking and orporate Finance: Evidence from Corruption Cases [Z] . Working Paper, The Chinese University of Hong Kong, 2006.

[96] Fang P. . The Refrigerator Industry in China and Strategies for Chinese Companies [R]. Unpublished MBA dissertation, *University of Birmingham*, 2002.

[97] Flanagan K. , Uyarra E. , Laranja M. . Reconceptualising the "Policy Mix" for Innovation [J]. *Research Policy*, 2011, 40 (5): 702 – 713.

[98] Fligstein N. . The Spread of the Multidivisional Form among Large Firms, 1919 – 1979 [J]. *American Sociological Review*, 1985 (50): 377 – 391.

[99] Fry L. W. , Smith D. A. . Congruence, Contingency, and Theory Building [J]. *Academy of Management Review*, 1987 (12): 117 – 132.

[100] Fu X. L.. *China's Path to Innovation* [M]. Cambridge: Cambridge University Press, 2015.

[101] Gallego J. M., Gutierrez L. H., Lee S. H.. A Firm – Level Analysis of ICT Adoption in an Emerging Economy: Evidence from the Colombian Manufacturing Industries [J]. *Industrial & Corporate Change*, 2011 (24): 191 – 221.

[102] Gambardella A., McGahan A. M.. Business – Model Innovation: General Purpose Technologies and Their Implications for Industry Structure [J]. *Long Range Planning*, 2010, 43 (2 – 3): 262 – 271.

[103] George P., Chapman M.. IBM's Global CEO Report 2006: Business Model Innovation Matters [J]. *Strategy & Leadership*, 2006, 34 (5): 34 – 40.

[104] Geppert M.. Paths of Managerial Learning in the East German Context [J]. *Organization Studies*, 1996, 17 (2): 249 – 268.

[105] Ghemawat P.. *Commitment: the Dynamics of Strategy* [M]. New York: Free Press, 1991.

[106] Girma S.. Absorptive Capacity and Productivity Spillovers from FDI: A Threshold Regression Analysis [J]. *Oxford Bulletin of Economics and Statistics*, 2005, 67 (3): 281 – 306.

[107] Glass A. J., Saggi K.. International Technology Transfer and the Technology Gap [J]. *Journal of Development Economics*, 1998 (55): 369 – 398.

[108] Gordijn J., Akkermans J. and Van Vliet J.. Designing and Evaluating E – business Models [J]. *IEEE Intelligent System*, 2001, 16 (4): 11 – 17.

[109] Granstrand O., SjÖlander S.. The Acquisition of Technology and Small Firms by Large Firms [J]. *Journal of Economic Behavior and Organization*, 1990 (13): 367 – 386.

[110] Greenstein S. M., Spiller P. T.. Estimating the Welfare Effects of Digital Infrastructure [R]. Nber Working Dissertation, 1996.

[111] Griffith R., Harrison R. and Van Reenen J.. How Special is the Special Relationship? Using the Impact of U. S. R&D Spillovers on U. K. Firms as a Test of Technology Sourcing [J]. *American Economic Review*, 2006 (96): 1859 – 1875.

[112] Griliches Z.. Patent Statistics as Economic Indicators: A Survey [J]. *Jour-

nal of Economic Literature, 1990, 28 (4): 1661 – 1707.

[113] Grillitsch M., Tödtling F., Höglinger C.. Variety in Knowledge Sourcing, Geography and Innovation: Evidence from the ICT Sector in Austria [R]. Papers in Regional Science, 2015, 94 (1): 25 – 43.

[114] Guan J. C. and Ma N.. Innovative Capability and Export Performance of Chinese Firms [J]. *Technovation*, 2003 (9): 737 – 747.

[115] Guan J. C. et al.. Technology Transfer and Innovation Performance: Evidence from Chinese Firms [J]. *Technological Forecasting & Social Change*, 2006 (73): 666 – 678.

[116] Gulati R., Singh H.. The Architecture of Cooperation: Managing Coordination Costs and Appropriation Concerns in Strategic Alliances [J]. *Administrative Science Quarterly*, 1998 (43): 781 – 814.

[117] Guns B.. *The faster learning organization: Gain and Sustain the Competitive Edge* [M]. San Francisco: Jossey – Bass, 1996.

[118] Gurbaxani V., Whang S.. The Impact of Information Systems on Organizations and Markets [J]. *Communications of the ACM*, 1991, 34 (1): 59 – 73.

[119] Guthrie D.. Organizational learning and Productivity: State Structure and Foreign Investment in the Rise of the Chinese Corporation [J]. *Management and Organization Review*, 2005 (1): 165 – 195.

[120] Hagerstrand T.. What about People in Regional Science? [J]. *Paper and Proceedings of the Regional Science Association*, 1970 (24): 7 – 21.

[121] Hamel G.. *Lead the Revolution* [M]. Harvard Buiness School Press, 2000: 156 – 198.

[122] Hamel G.. The why, what and How of Management Innovation [J]. *Harvard Business Review*, 2006, 84 (2): 72 – 84.

[123] Harrigan Kathryn R.. *Strategic Alliances and Partner a Symmetries' in Cooperative Strategies in International Business* [M]. New York: Lexington, 1988.

[124] Haunschild P, Miner A. S.. Modes of Interorganizational Imitation: the Effects of Outcome Salience and Uncertainty [J]. *Administrative Science Quarterly*, 1997 (Sep): 472 – 500.

［125］ Hausman J. , Hall B. , Griliches Z. . Econometric Models for Count Data with an Application to the Patents – R&D Relationship ［J］. *Econometrica*, 1984 (52): 909 – 938.

［126］ Hawkins R. . The "Business Model" as a Research Problem in Electronic Commerce ［A］. STAR (Socio – economics Trends Assessment for the Digital Evolution) IST Project, Issue Report No. 4, SPRU – Science and Technology Policy Research ［C］, 2001.

［127］ He W. , Lyles M. . China's Outward Foreign Direct Investment ［J］. *Business Horizons*, 2008 (51): 485 – 491.

［128］ Henderson R. , Cockburn I. . Scale, Scope, and Spillovers: The Determinants of Research Productivity in Drug Discovery ［J］. *The Rand Journal of Economics*, 1996, 27 (1): 32 – 59.

［129］ Heshimati A. , Yang W. . Contribution of ICT to the Chinese Economics Growth ［J］. *Ratio Working Papers*, 2006 (91): 231 – 278.

［130］ Hitt M. A, Lei D. . Strategic Restructuring and Outsourcing: The Effect of Mergers and Acquisitions and LBOs on Building Firm Skills and Capabilities ［J］. *Journal of Management*, 1995, 21 (21): 835 – 859.

［131］ Hitt M. A. , Harrison J. R. , Ireland R. D. , Best A. . Attributes of Successful and Unsuccessful Acquisitions of U. S. Firms ［J］. *British Journal of Management*, 1998 (9): 91 – 114.

［132］ Hitt M. A. , Hoskisson R. E. , Ireland R. D. , Harrison J. S. . Effects of acquisitions on R&D Inputs and Outputs ［J］. *Academy of Management Journal*, 1991, 34 (3): 693 – 706.

［133］ Hitt M. A. , Hoskisson R. E. , Johnson R. A. , Moesel D. D. . The Market for Corporate Control and Firm Innovation ［J］. *Academy of Management Journal*, 1996, 39 (5): 1084 – 1119.

［134］ Hitt M. A. , Ireland R. D. . Achieving and Maintaining Strategic Competitiveness in the 21st Century: The Role of Strategic Leadership ［J］. *The Academy of Management Executive*, 1999 (1): 43 – 57.

［135］ Homburg C. , Bucerius M. . A Marketing Perspective on Mergers and Acquisitions: How Marketing Integration Affects Postmerger Performance [J]. *Journal of Marketing*, 2006, 69 (1): 95 – 113.

[136] Horowitz A. S.. The Real value of VARS: Resellers Lead a Movement to a New Service and Support [J]. *Marketing Computing*, 2005, 16 (4): 31 – 36.

[137] Hossain M.. Open Innovation: so far and a Way forward World [J]. *Journal of Science, Technology and Sustainable Development*, 2013 (10): 30 – 41.

[138] Hu A. and Jefferson G. H.. Returns to Research and Development in Chinese Industry: Evidence from State – owned Enterprises in Beijing [J]. *China Economic Review*. 2004, 15 (1): 86 – 107.

[139] Huber G. P.. Organizational Learning: The Contributing Processes and the Literature [J]. *Organization Science*, 1991 (2): 88 – 115.

[140] Hultink E. J., Robben H. S. J.. Measuring New Product Success: The Difference that Time Perspective Makes [J]. *The Journal of Product Innovation Management*, 1995 (12): 392 – 405.

[141] Jin J. and von Zedtwitz M.. Technological Capability Development in China's Mobile Phone Industry [J]. *Technovation*, 2008, 28 (6): 327 – 334.

[142] Johnson M. W., Christensen C. M., Kagermann H.. Reinventing Your Business Model [J]. *Harvard Business Review*, 2008, 86 (12): 57 – 68.

[143] Judge G. G., Hill R. C., Griffiths W. E., Lütkepohl H. H., Lee T.. *Introduction to the Theory and Practice of Econometrics* [M]. 2nd ed, Wiley: New York, 1988.

[144] Kale P., Singh H.. Building Firm Capabilities through Learning: The Role of the Alliance Learning Process in Alliance Capability and Firm – Level Alliance Success [J]. *Strategic Management Journal*, 2007 (28): 981 – 1000.

[145] Kamien M. I., Schwarz N. L.. *Market Structure and Innovation* [M]. Cambridge: Cambridge Univ. Press, 1982.

[146] Kaplan K. S. Norton D. P.. *The Strategy – focused organization* [M]. Harvard Business School Press, Boston, MA, 2001.

[147] Katrak H.. Developing Countries' Imports of Technology, In – house Technological Capabilities and Efforts: An Analysis of the Indian Experience [J]. *Jour-*

nal of Development Economics, 1997, 53 (1): 67 – 83.

[148] Katz M. L. , Shapiro C. . Network Externalities, Competition, and Compatibility [J]. *American Economic Review*, 1985 (75): 424 – 440.

[149] Kemeny T. . Does Foreign Direct Investment Drive Technological Upgrading? [J]. *World Development*, 2010, 38 (11): 1543 – 1554.

[150] Kennedy R. E. . Strategy Fads and Competitive Convergence: An Empirical Test for Herd Behavior in Prime – Time Television Programming [J]. *Journal of Industrial Economics*, 2002 (50): 43 – 56.

[151] Kenyon S. , Lyons G. . Introducing Multitasking to the Study of Travel and ICT: Examining its Extent and Assessing its Potential Importance [J]. *Transportation Research Part A*, 2007, 41 (2): 161 – 175.

[152] Kim L. and Nelson R. R. (eds) . *Technology, Learning and Innovation: Experiences of Newly Industrializing Economies* [M] . Cambridge: Cambridge University Press, 2000.

[153] Kim L. . *Imitation to Innovation: The Dynamics of Korea's Technological Learning* [M]. Harvard Business School Press, Boston, Mass, 1997.

[154] *Kim Y. , Lee K. . Technological Collaboration in the Korean Electronic Parts Industry: Patterns and Key Success Factors* [J]. *R&D Management*, 2003, 33 (1): 59 – 77.

[155] Kimura F. and K. Kiyota. . Foreign – owned versus Domestically – owned Firms: Economic Performance in Japan [J]. *Review of Development Economics* , 2007, 11 (1): 31 – 48.

[156] Kiyota K. , Okazaki T. . Foreign Technology Acquisition Policy and Firm Performance in Japan, 1957 – 1970: Micro – aspects of Industrial Policy [J]. *International Journal of Industrial Organization*, 2005 (23): 563 – 586.

[157] Kostova T. . Transnational transfer of Strategic Organizational Practices: A Contextual Perspective [J] . *Academy of Management Review*, 1999, 24 (2): 308 – 324.

[158] Kotnik P. , Stritar R. . ICT as the Facilitator of Entrepreneurial Activity: An Empirical Investigation [J]. *Amfiteatru Economic*, 2015, 17 (38): 277 – 290.

［159］ Kumar P. . Green Marketing Innovations in Small Indian Firms ［J］. *World Journal of Entrepreneurship Management & Sustainable Development*, 2015, 11 （3）: 1 – 16.

［160］ Lane P. J. , Lubatking M. . Relative Absorptive Capacity and Inter – Organizational Learning ［J］. *Strategic Management Journal*, 1998 （19）: 461 – 477.

［161］ Lau A. K. W. , Baark E. , Lo W. L. W. , Sharif N. . The Effects of Innovation Sources and Capabilities on Product Competitiveness in Hong Kong and the Pearl River Delta ［J］. *Asian Journal of Technology Innovation*, 2003, 21 （2）: 220 – 236.

［162］ Lee J. . Technology Imports and R&D Efforts of Korean Manufacturing Firms ［J］. *Journal of Development Economics*, 1996, 50 （1）: 197 – 210.

［163］ Lenz B. , Nobis C. . The Changing Allocation of Time Activities in Space and Time by the Use of ICT – Fragmentation as a New Concept and Empirical Results ［J］. *Transportation Research Part A*, 2007, 41 （2）: 190 – 204.

［164］ Levinthal D. , March J. G. . The Myopia of Learning ［J］. *Strategic Management Journal*, 1993 （14）: 95 – 112.

［165］ Levitt B. , March J. . Organizational Learning, Annual ［J］. *Review of Sociology*, 1988 （14）: 319 – 340.

［166］ Levitt T. . Innovative Imitation ［J］. *Harvard Business Review*, 1966 （44）: 63 – 70.

［167］ Li H. Y. and Atuahene – Gima K. . Excelling in R&D ［J］. *Journal of Product Innovation Management*, 2001, 18 （2）: 123 – 124.

［168］ Liao S. , Wu C. C. , Hu D. C. et al. . Relationships between Knowledge Acquisition, Absorptive Capacity and In novation Capability: An Empirical Study on Taiwan's Financial and Manufacturing Industries ［J］. *Journal of In formation Science*, 2010, 36 （1）: 19 – 35.

［169］ Lieberman M. B. , Asaba S. . Why Do Firms Imitate Each Other? ［J］. *Academy of Management Review*, 2006, 31 （2）: 366 – 385.

［170］ Lieberman M. B. , Montgomery D. B. . First – Mover Advantages ［J］. *Strategic Management Journal*, 1988 （9）: 41 – 58.

［171］ Lin X. . Local Partner Acquisition of Managerial Knowledge in International

Joint Ventures: Focusing on Foreign Management Control [J]. *Management International Review* , 2005, 45 (2): 219 –237.

[172] Lin Z. et al. . How Do Networks and Learning Drive M&As? An Institutional Comparision between China and the United States [J]. *Strategic Management Journal*, 2009 (30): 1113 –1132.

[173] Linder J. Cantrell S. . Changing Business Models: Surveying the Landscape [R]. Accenture Institute for Strategic Change, 2000.

[174] Liu C. . Lenovo: An Example of Globalization of Chinese Enterprises [J]. *Journal of International Business Studies*, 2007 (38): 573 –577.

[175] Liu F. C. , Simon D. F. , Sun Y. T. et al. . China's Innovation Policies: Evolution, Institutional Structure, and Trajectory [J]. *Research Policy*, 2011, 40 (7): 917 –931.

[176] Liu X. , Buck T. . Innovation Performance and Channels for International Technology Spillovers: Evidence from Chinese High – Tech Industries [J]. *Research Policy*, 2007 (36): 355 –366.

[177] Liu X. , White R. . The Relative Contributions of Foreign Technology and Domestic Inputs to Innovation in Chinese Manufacturing Industries [J]. *Technovation*, 1997, 17 (3): 119 –125.

[178] Love J. H. , Roper S. . R&D, Technology Transfer and Networking Effects on Innovation Intensity [J]. *Review of Industrial Organization*, 1990, 15 (1): 43 –64.

[179] Luo C. , James J. G. , Kalle L. , Gregory M. R. . Early vs Late Adoption of Radical Information Technology Innovations across Software Development Organizations: An Extension of the Disruptive Information Technology Innovation Model [J]. *Information Systems Journal*, 2014 (11): 537 –569.

[180] Luo Y. . Partner Selection and Venturing Success: The Case of Joint Ventures with Firms in the People's Republic of China [J]. *Organization Science*, 1997, 8 (6): 648 –662.

[181] Löfsten H. . Product Innovation Processes and the Trade – Off between Product Innovation Performance and Business Performance European [J]. *Journal of In-*

novation Management, 2014 (17): 61 – 84.

［182］MacMillan I. C. , Zemann L. , Subba Narasimha. . Criteria Distinguishing Successful from Unsuccessful Ventures in the Venture Screening Process ［J］. *Journal of Business Venturing*, 1987 (2): 123 – 137.

［183］Madden G. , Savage S. J. . CEE Telecommunications Investment and Economic Growth. Information ［J］. *Economics&Policy*, 1998, 10 (2): 173 – 195.

［184］Magretta J. . Why Business Models Matter ［J］. *Harvard Business Review*, 2002, 80 (5): 86 – 92.

［185］Mahadevan B. . Business Models for Internet – based E – commerce: An Anatomy ［J］. *California Management Review*, 2000, 42 (4): 55 – 69.

［186］Maidique M. A. , Zirger B. J. . A Study of Success and Failure in Product Innovation: The Case of the U. S. Electronics Industry ［J］. *IEEE Transactionon Engineering Management*, 1984 (11): 192 – 203.

［187］Maidique M. A. , Zirger B. J. . The New Product Learning Cycle ［J］. *Research Policy*, 1985 (14): 299 – 313.

［188］Makino S. , Lau C. M. , Yeh R. S. . Asset Exploitation Versus Asset Seeking ［J］. *Journal of International Business Studies*, 2002, 33 (3): 403 – 421.

［189］Malhotra Y. . Knowledge Management and New Organization Forms: A Framework for Business Model Innovation ［J］ . *Information Resources Management Journal*, 2000, 13 (1): 5 – 14.

［190］Mangematin V. , Lemarie S. , J. , P. Boissin, Catherine D. , et al. . Development of SMEs and Heterogeneity of Rrajectories: The Case of Biotechnology in France ［J］. *Research Policy*, 2003, 32 (4): 621 – 638.

［191］Mangematin V. , Nesta L. . What Kind of Knowledge Can a Firm Absorb? ［J］. *International Journal of Technology Management*, 1999, 8 (3 – 4): 149 – 172.

［192］March J. G. . Exploration and Exploitation in Organizational Learning ［J］. *Organization Science*, 1991, 2 (1): 71 – 81.

［193］Maria C. , Chiara V. . Managing Intellectual Capital in Italian Manufacturing SMEs ［J］. *Creativity and Innovation Management* , 2016 (9): 408 – 421.

［194］Mariano N. , Pilar Q. . Absorptive Capacity, Technological Opportunity,

Knowledge Spillovers, and Innovative Effort ［J］. *Technovation*, 2005 （25）: 1141 – 1157.

［195］ Markides C.. A Dynamic View of Strategy ［J］. *Sloan Management Review*, 1999, 40 （3）: 55 – 63.

［196］ Marín R.. Technological Effects of Domestic and Cross – border Acquisitions in Spanish Manufacturing Firms ［R］. Discussion Paper for Third International Prime Doctoral Conference, 2006.

［197］ McDougall W.. *An Introduction to Social Psycholog* ［M］. London, Methuen & Co. , Ltd, 1928.

［198］ Michael. Dating Nodes on Molecular Phylogenies: A Critique of Molecular Biogeography ［J］. *Cladistics*, 2005, 21 （1）: 62 – 78.

［199］ Miller S. W.. *Managing Imitation Strategies: How Later Entrants Seize Markets from Pioneers* ［M］. New York: Free Press, 1994.

［200］ *Mishra S. , Gupta D. , Chaturvedi P.. Fast Breathing in the Diagnosis of Pneumonia – A Reassessment* ［J］. *Journal of Tropical Pediatrics*, 1996, 42 （4）: 196.

［201］ Morris M. , Allen J.. The Entrepreneur's Business Model: Toward a Unified Perspective ［J］. *Journal of Business Researeh*, 2003, 58 （1）: 726 – 735.

［202］ Morris M. , Schindehutte M.. The Enterpreneurs Business Model: Toward a Unified Perspedive ［J］. *Journal of Business Research*, 2005, 58 （6）: 726 – 735.

［203］ Murray F. , Tripsas M.. *The Exploratory Processes of Entrepreneurial Firms: The Role of Purposeful Experimentation. Business Strategy over the Industry Life Cycle* ［M］. New York: Elsevier Science Inc, 2004.

［204］ Nahapiet J. , Ghoshal S.. Social capital, intellectual capital, and the Organizational Advantage ［J］. *Academy of Management Review*, 1998 （23）: 242 – 266.

［205］ Narin F. , Frame J. D.. The Growth of Japanese Science and Technology ［J］. *Science*, 1989 （245）: 600 – 605.

［206］ Narin F. , Noma E. , Perry R.. Patents as Indicators of Corporate Technological Strength ［J］. *Research Policy*, 1987, 16 （2 – 4）: 143 – 155.

［207］ Nham T. , Nguyen N. , Pham G.. The Effects of Innovation on Firm Performance of Supporting Industries in Hanoi, Vietnam [J]. *Journal of Industrial Engineering and Management*, 2016 (9): 413 – 431.

[208] Nieto M. J. , Satamara L. . The Importance of Diverse Collaborative Networks for the Novelty of Product Innovation [J]. *Technovation*, 2007 (27): 367 – 377.

[209] Nonaka I. . A Dynamic Theory of Organizational Knowledge Creation [J]. *Organization Science*, 1994, 5 (1): 14 – 37.

[210] OECD. Innovation Policy and Performance: A Cross – Country Comparison [EB/OL] . http: //www. eib. org/attachments/general/events/forum _ 2005 _ article2_ en. pdf, 2005.

[211] OECD. Science, Technology and Industry Scoreboard [EB/OL]. http: // oberon sourceoecd. orgl = 11071546/cl = 21/nw = 1/rpsv/sti2007/ , 2007.

[212] Oliner S. D. , Sichel D. E. . The Resurgence of Growth in the Late 1990s: Is Information Technology the Story [J] . *Journal of Economic Perspectives*, 2000 (14): 3 – 22.

[213] Osterwalder A. , Pigneur Y. , Tucci C. L. . Clarifying Business Model: Origin, Present and Future of the Concept [J]. *Communications of the Association for Information Systems*, 2005 (15): 1 – 25.

[214] Pamela R. Haunschild. Inter – organizational Imitation: the Impact of Interlocks on Corporate Acquisition Activity [J]. *Administrative Science Quarterly*, 1993 (38): 564 – 592.

[215] Pand G. , Chapman M. . IBM's global CEO report 2006: Business Model Innovation Matters [J]. *Strategy &Leadership*, 2006, 34 (5): 34 – 40.

[216] Pappas R. , Remer D. . Measuring R&D Productivity [J]. *Research Management*, 1985 (2): 15 – 22.

[217] Peter J. , Buckley J. C. , Tan H. . Knowledge Transfer to China: Policy Lessons from Foreign Affiliates [J] . *Transnational Corporations*, 2004, 13 (1): 31 – 73.

[218] Petrovic O. , Kittl R. D. . Developing Business Models for e-Business [R]. Paper for the International Conference on Electronic Commerce Vienna

Austria, 2001.

[219] Pisano G.. The R&D Boundaries of the Firm: An Empirical Analysis [J]. *Administrative Science Quarterly*, 1990, 35 (1): 153 – 176.

[220] Prange. Ambidextrous Internationalization Strategies: The Case of Chinese Firms Entering the World Market [J]. *Organizational Dynamics*, 2012, 41 (3): 245 – 253.

[221] Prashant K.. Green Marketing Innovations in Small Indian Firms [J]. *World Journal of Entrepreneurship*, *Management and Sustainable Development*, 2015 (11): 176 – 190.

[222] Puranam P. , Singh H. , Zollo M.. A Bird in the Hand or Two in the Bush? Integration Trade – offs in Technology – grafting Acquisitions [J]. *European Management Journal*, 2003, 21 (2): 179 – 184.

[223] Rappa M.. The Utility Business Modeland Future of Computing Services [J]. *IBM Systems Journal*, 2004 (1): 25 – 31.

[224] Rayport J. F. , Jaworski B. J. , Rayport J.. *E – Commerce* [M]. New York: McGraw – Hill/Irwin, 2001.

[225] Reed R. , Defillippi R J.. Causal Ambiguity, Barriers to Imitation, and Sustainable Competitive Advantage [J]. *The Academy of Management Review*, 1990, 15 (1): 88 – 102.

[226] Reinhil de Veugelers. Collaboration in R&D: An Assessment of Theoretical and Empirical Findings [J] . *Economist*, 1998, 146 (3): 419 – 443.

[227] Rivkin J. W.. Imitation of Complex Strategies [J]. *Management Science*, 2000 (June): 824 – 844.

[228] Robinson J. P. , Kestnbaum M. , Neustadtl A.. The Internet and Other Uses of Time [M]. Oxford: Blackwell, 2002.

[229] Romer. Human Capital and Growth: Theory and Evidence [J]. *Carnegie – Rochester Conference Series on Public Policy*, 1990 (32), Spring: 251 – 286.

[230] Rothwell R. , Zegveld W.. *Industrial Innovation and Public Policy: Preparing for the 1980s and the 1990s* [M]. Oxford: Greenwood Press, 1981.

[231] Ruegg R. , Jordan G.. Overview of Evaluation Methods for R&D Programs

[R]. U. S. Department of Energy Office of Energy Efficiency and Renewable Energy, 2007.

[232] Rui H. , Yip G. S. . Foreign Acquisitions by Chinese Firms: A Strategic Intent Perspective [J]. *Journal of World Business*, 2008 (43): 213 – 226.

[233] Sabatier V. , Mangematin V. , Rousselle T. . From Recipe to Dinner: Business Model Portfolios in the European Biopharmaceutical Industry [J]. *Long, Range Planning*, 2010, 43 (2 – 3): 431 – 447.

[234] Savory C. , Fortune J. . From Translational Research to Open Technology Innovation Systems [J] . *Journal of Health Organization and Management*, 2015 (29): 200 – 220.

[235] Schandl H. , Turner G. M. . The Dematerialization Potential of the Australian Economy [J]. *Journal of Industrial Ecology*, 2009, 13 (6): 863 – 880.

[236] Schankerman M. , Pakes A. . Estimates of the Value of Patent Rights in European Countries during the Post – 1950 Period [J]. *Economic Journal*, 1986 (96): 1052 – 1077.

[237] Scharfstein D. S. , Stein J. C. . Herd Behavior and Investment [J]. *American Economic Review*, 1990, 80 (3): 465 – 479.

[238] Scherer F. M. . Corporate Inventive Output, Profitability and Sales Growth [J]. *Journal of Political Economy*, 1965, 73 (3): 290 – 297.

[239] Scherer F. M. . Firm Size, Market Structure, Opportunity and the Output of Patented Inventions [J] . *American Economic Review*, 1965, 55 (5): 1097 – 1125.

[240] Schewe G. . Imitation as a Strategic Option for External Acquisition of Technology [J] . *Journal of Engineering and Technology Management*, 1996 (13): 55 – 82.

[241] Schilling M. A. . Technological Lockout: An Integrative Model of the Economic and Strategic Factors Deriving Technology Success and Failure [J]. *Academy of Management Review*, 1998 (23): 267 – 284.

[242] Schumpeter J. A. . *Capitalism, Socialism, and Democracy* [M] . New York: Social Science Electronic Publishing, 1942.

[243] Schwanen T. , Kwan M. P.. The Internet, Mobile Phone and Space − Time Constraints [J]. *Geoforum*, 2008, 39 (3): 1362 − 1377.

[244] Schwartz M. A.. *The Imitation and Diffusion of Industrial Innovations* [M]. Ann Arbor, Michigan, 1978.

[245] Shafer S. M. , Smith H. J. , Linder J. C.. The Power of Business Models [J]. *Business Horizons*, 2005, 48 (3): 199 − 207.

[246] Shu C. L. , Zhou, K. Z. , Xiao Y. Z. , GaoS. X.. How Green Management Influences Product Innovation in China: The Role of Institutional Benefits [J]. *Journal of Business Ethics*, 2016 (2): 471 − 485.

[247] Simon L. , Davies G. A.. Contextual Approach to Management Learning: The Hungarian Case [J]. *Organization Studies*, 1996, 17 (2): 269 − 289.

[248] Simonin B. L.. Ambiguity and the Process of Knowledge Transfer in Strategic Alliances [J]. *Strategic Management Journal*, 1999, 20 (7): 595 − 623.

[249] Smith K.. Economic Infrastructure and Innovation Systems [A]. In. Edquist (Ed.), Systems of Innovation: Technologies, Institutions and Organizations [C]. London and Washington: Pinter Publishers, 1997: 86 − 106.

[250] Snow C. C. , Miles R. E.. The Role of Strategy in the Development of a General Theory of Organizations [A]. In R. Lamb (Ed.) . *Advances in Strategic Management* [C]. Greenwich, CT: JAI Press, 1983 (2): 231 − 259.

[251] Soma M. , Trevinyo − Rodriguez R. N. , Velamuri S. R.. Business Model Innovation through Trial − and − Error Learning, The Naturhouse Case [J]. *Long, Range Planning*, 2010, 43 (2 − 3): 383 − 407.

[252] Sosna M. , Trevinyo − Rodriguez R. N. and Velamuri S. R.. Business Model Innovation through Trial − and − Error Learning: The Naturhouse Case [J]. *Long Range Planning*, 2010, 43 (2 − 3): 383 − 407.

[253] Soulsby A, Clark E (1996) The Emergence of Post − communist Management in the Czech Republic [J] . *Organization Studies*, 1996, 17 (2): 227 − 247.

[254] Stalk G.. *Time − The Next Source of Competitive Advantage* [M]. Harvard Business Review, 1988 (66): 41 − 51.

［255］Stata R. . Organizational Learning – The Key to Management Innovation ［J］. *Sloan Managemet Review*, 1989, 63 （1）: 63 – 73.

［256］Stephane R. , Torben S. . Cooperation with Public Research Institutions and Success in Innovation: Evidence from France and Germany ［J］. *Research Policy*, 2013 （42）: 149 – 166.

［257］Stewart D. W. , Zhao Q. . Internet Marketing, Business Models, and Public Policy ［J］. *Journal of Public Policy & Marketing*, 2000, 19 （3）: 287 – 296.

［258］Stock G. N. , Greis N. P. , Fischer W. A. . Absorptive Capacity and New Product Development ［J］. *Journal of High Technology Management Research*, 2001, 12 （1）: 77 – 91.

［259］Sun Z. . Domestic Technological Acquisitions and the Innovation Performance of Acquiring Firms: Evidence from China ［J］. *Journal of Chinese Economic and Business Studies*, 2014, 12 （2）: 149 – 170.

［260］Svejenova S. , Planellas M. , Vives L. . An Individual Business Model in the Making: A Chef's Quest for Creative Freedom ［J］. *Long Range Planning*, 2010, 43 （2 – 3）: 408 – 430.

［261］Szalai A. . *The Use of Time: Daily Activities of Urban and Suburban Populations in Twelve Countries* ［M］. Hague: Mouton, 1972.

［262］Tallman S. B. , Ferreira M. P. . Building and Leveraging Knowledge Capabilities through Cross – border Acquisitions ［R］. Working Papers, Available at: http://www. agsm. edu. au, 2005.

［263］Tapscott D. , Lowi A. , Ticoll D. . *Digital Capital Harnessing the Power of Business Webs* ［M］. Boston: Harvard Business School Press, 2000.

［264］Tarde G. . *The Laws of Imitations* ［M］. Henry Holt, New York, 1903.

［265］Teece D. J. . Business Models, Business Strategy and Innovation ［J］. *Long Range Planning*, 2000, 43 （2/3）: 172 – 194.

［266］Thompson J. D. . *Organizations in Action* ［M］. New York: McGraw – Hill, 1967.

［267］Timmers P. . Business Models for Electronic Markets ［J］. *Journal on Electronic Markets*, 1998, 8 （2）: 3 – 8.

[268] Trucano, M.. The Trend and Experience of ICT in the Field of Education [J]. *Brief Report*, 2015 (107): 3 – 4.

[269] Tsai K., Wang J.. External Technology Sourcing and Innovation Performance in LMT Sectors: An Analysis Based on the Taiwanese Technological Innovation Survey [J]. *Research Policy*, 2009 (38): 518 – 526.

[270] Tsai K.. The Impact of Technological Capability on Firm Performance in Taiwan's Electronics Industry [J]. *Journal of High Technology Management Research*, 2004 (15): 183 – 195.

[271] Tsai W.. Knowledge Transfer in Intra – Organizational Networks: Effects of Network Position and Absorptive Capacity on Business Unit Innovation and Performance [J]. *Strategic Management Journal*, 2001 (44): 996 – 1004.

[272] Tsang E.. Managerial Learning in Foreign – Invested Enterprises of China [J]. *Management International Review*, 2001, 41 (1): 29 – 51.

[273] Tu Q., Mark A. V., Ragu – Nathan T. S., et al.. Absorptive Capacity: Enhancing the Assimilation of Time – based Manufacturing Practices [J]. *Journal of Operations Management*, 2006, 24 (5): 692 – 710.

[274] Tucker R. B.. Strategy Innovation Takes Imagination [J]. *The Journal of Business Strategy*, 2001, 53 (3): 41 – 49.

[275] Van Ark B., Broersma L., Hertog P. den.. Services Innovation, Performance and Policy: A Review [J]. *Research Series*, 2003 (6): 55 – 87.

[276] Van de Ven A. H., Drazin R.. The Concept of Fit in Contingency Theory [A]. In L. L. Cummings & B. M. Staw (Eds.), Research in Organizational Behavior [C]. Greenwich, CT: JAI Press, 1985 (7): 333 – 365.

[277] Vega – Jurado J., Gutiérrez – Gracia A., Fernández – de – Lucio I.. Does External Knowledge Sourcing Matter for Innovation? Evidence from the Spanish Manufacturing Industry [J]. *Industrial and Corporate Change*, 2009, 18 (4): 637 – 670.

[278] Venkatraman N., Camillus J. C.. Exploring the Concepts of "fit" in Strategic Management [J]. *Academy of Management Review*, 1984 (9): 513 – 525.

[279] Veugelers R.. Collaboration in R&D: An Assessment of the Oretical and

Empirical Findings ［J］. *DeEconomist*, 1998, 146（3）: 419 – 443.

［280］ Veugelers R. . Internal R&D Expenditures and External Technology Sourcing ［J］. *Research Policy*, 1997（26）: 303 – 315.

［281］ Villinger R. . Post – Acquisition Managerial Learning in Central East Europe ［J］. *Organization Studies*, 1996, 17（2）: 181 – 206.

［282］ Viscio A. J. , Pasternack B. A. . Toward a New Business Model ［J］. *Strategy & Business*, 1996, 2（1）: 125 – 134.

［283］ Wagner J. . Trading Many Goods with Many Countries: Exporters and Importers from German Manufacturing Industries ［EB/OL］. Working Paper Series in Economics, Leuphana Universität Lüneburg, 2012, http: //www. econstor. eu/dspace/escollectionhome/10419/155.

［284］ Wagner S. M. , Boutellier R. . Capabilities for Managing a Portfolio of Supplier Relationships ［J］. *Business Horizons*, 2002, 45（6）: 79 – 88.

［285］ Walker R. . *Patents as Scientific and Technical Literature* ［M］. Scarecrow Press: Lanham, MD, 1995.

［286］ Wang M. Y. . The Motivations Behind China's Government Initiated Industrial Investment Overseas ［J］. *Pacific Affairs*, 2002, 75（2）, 187 – 206.

［287］ Wei Z. L. , Yang D. , Sun B. , et al. . The Fit between Technological Innovation and Business Model Design for Firm Growth: Evidence from China ［J］. *R & D Management*, 2014（7）: 288.

［288］ Weick K. E. . *The Social Psychology of Organizing* ［M］. New York: McGraw – Hill, 1969.

［289］ Weill P. and Vitale M. R. . *Place to Space*: *Migrating to eBusiness Models* ［M］. MA: Harvard Business School Press, 2001.

［290］ Weill P. . Do Some Business Models Perform Better than Others? A Study of the Largest US Firms ⌊R⌋. MIT Sloan School of Management Working paper, 2005: 11 – 19.

［291］ Wesson T. J. . *Foreign Direct Investment and Competitive Advantage* ［M］. Cheltenham: UK7 Edward Elgar Publishing, 2004.

［292］ Wintjes R. , Nauwelaers C. . Evaluation of the Innovation Impact from Programmes with the Interacting Goals of Research Excellence and Regional Development: How to Decentrlige the Lisbon Strategy into Coherent Innovation Policy Mixes? [Z]. This Paper is Prepaired for the International Seminar on Evaluation of Science, Technology and Innovation Policy Instruments Rio de Janeiro, Brazil, December 3 to 5, 2007.

[293] Wirtz B. W., Schilke O., Ullrich S.. Strategic Development of Business Models Implications of the Web 2.0 for Creating Value the Internet [J]. *Long Range Planning*, 2010, 43 (2 – 3): 272 – 290.

[294] Wong S.. The Influence of Green Product Competitiveness on the Success of Green Product Innovation [J]. *European Journal of Innovation Management*, 2012 (15): 468 – 490.

[295] Woolthuis.. A System Failure Framework for Innovation Policy Design [J]. *Technovation*, 2005, 25 (6): 609 – 619.

[296] Wu J. B., Guo B., Shi Y. J.. Customer Knowledge Management and IT – enabled Business Model Innovation: A Conceptual Framework and a Case Study from China [J]. *European Management Journal*, 2013 (31): 359 – 372.

[297] Yin R. K.. *Case Study Research: Design and Methods* (3rd ed.) [M]. London: sage, 1994.

[298] Yin R. K.. Case Study Research: Design and Methods, Sage Publications, 2009.

[299] Yunus M., Moingeon B., Lehmann – Onega L.. Building Social Business Models: Lessons from the Grameen Experience [J]. *Long Rang Planning*, 2010, 43 (2 – 3): 308 – 325.

[300] Zahra S. A., G. George. Absorptive Capacity: A Review Re – conceptualization and Extension [J]. *Academy of Management Review*, 2002, 27 (2): 185 – 203.

[301] Zhang W.. Brand Value and Strategy [R]. Working Paper Guanghua School of Management, Peking University, China, 2003.

[302] Zhang Z. X.. Energy Prices, Subsidies and Resource Tax Reform in China [J]. *Asia & the Pacific Policy Studies*, 2014, 1 (3): 439 – 454.

［303］Zheng. The Inner Circle of Technology Innovation：A Case Study of Two Chinese Firms［J］. *Technological Forecasting and Social Change*，2014，82（2）：140 – 148.

［304］Zhou J. and Li C. H. . Dual – edged Tools of Trade：How International Joint Ventures Help and Hinder Capability Building of Chinese Firms［J］. *Journal of World Business*，2008，43（4）：463 – 474.

［305］Zollo M. ，Sing H. . Deliberate Learning in Corporate Acquisitions：Post – acquisition Strategies and Integration Capability in US Bank Mergers［J］. *Strategic Management Journal*，2004，25（13）：1233 – 1256.

［306］Zott C. ，Amit R. . Business Model and the Performance of Entrepreneurial Firms［J］. *The INSEAD Working paper*，2005（December 5）：70 – 76.

［307］Zott C. ，Amit R. . Business Model Design and the Performance of Entrepreneurial Firms［J］. *Organization Science*，2007，18（2）：181 – 199.

［308］Zott C. ，Amit R. . Designing Your Future Business Model：An Activity System Perspective［J］. *Long Range Planning*，2010，43（2/3）：216 – 226.

［309］Zott C. ，Amit R. . The Fit between Product Market Strategy and Business Model：Implications for Firm Performance［J］. *Strategic Management Journal*，2008，29（1）：1 – 26.

［310］［美］迈克尔·希特. 战略管理——赢得竞争优势［M］. 薛有志，张世云译. 北京：机械工业出版社，2009：7.

［311］［美］熊彼特. 经济发展理论［M］. 北京：北京出版社，2008：1 – 157.

［312］［美］约瑟夫·克林格. 兼并与收购：交易管理［M］. 陆猛，兰光，周旭东译. 北京：中国人民大学出版社，2000.

［313］艾志红. 坚持模仿创新发挥后发优势［J］. 郑州航空工业管理学院学报（社会科学版），2004，23（6）：105 – 107.

［314］白彦壮，郭蕾，殷红春. 企业家精神驱动下自主知识产权品牌成长机制研究——以小米科技为例［J］. 科技进步与对策，2015（12）：79 – 85.

［315］毕克新，杨朝均，艾明晔. 外部技术获取对我国制造业技术创新的影响研究——基于创新投入产出视角［J］. 工业技术经济，2012（11）：55 – 61.

［316］柴彦威，刘志林，李峥嵘等．中国城市的时空间结构［M］．北京：北京大学出版社，2002．

［317］常爱华，王希良，梁经纬，柳洲．价值链、创新链与创新服务链——基于服务视角的科技中介系统的理论框架［J］．科学管理研究，2011，29（2）：30－34．

［318］陈聪，李纪珍．科技型中小企业创新基金效果评估——以中关村地区为例［J］．技术经济，2013，32（10）：8－16．

［319］陈海琪．基于移动互联网的物业服务商业模式创新研究［D］．北京：北京林业大学硕士学位论文，2015．

［320］陈劲．突破全面创新、技术和市场协同创新管理研究［J］．科学学研究，2005（23）：249－254．

［321］陈劲．协同创新［M］．杭州：浙江大学出版社，2012：167．

［322］陈龙波，赵永彬，李垣．企业并购中的知识资源整合研究［J］．科学学与科学技术管理，2007，28（7）：97－102．

［323］陈启斐，王晶晶，岳中刚．研发外包是否会抑制我国制造业自主创新能力？［J］．数量经济技术经济研究，2015（2）：53－69．

［324］陈向东，胡萍．我国技术创新政策效用实证分析［J］．科学学研究，2004，22（1）：108－112．

［325］陈星海，何人可，杨焕．设计思维下的商业模式创新体系研究——以MIUI为例［J］．装饰，2014（8）：80－82．

［326］陈玉慧，郑孟玲，汪欣彤．龙头企业商业模式对技术创新的影响研究——以厦门汽车工程机械产业龙头企业为例［J］．经济地理，2012，32（6）：85－91．

［327］陈钰芬，陈劲．开放度对企业创新绩效的影响［J］．科学学研究，2008，26（2）：419－426．

［328］陈子凤，官建成，楼旭明，谢逢洁．ICT对国家创新系统的作用机理研究［J］．管理评论，2016，28（7）：85－92．

［329］程宏伟，张永海，常勇．公司R&D投入与业绩相关性的实证研究［J］．科学管理研究，2006（6）：110－113．

［330］程立茹．互联网经济下企业价值网络创新研究［J］．中国工业经济，

2013（9）：82 - 94.

[331] 程鹏，张桂芳，余江．知识整合能力与本土企业的快速追赶——基于华星光电的分析 [J]．科学学研究，2014，32（7）：1060 - 1069.

[332] 程卫超．商业模式创新与企业竞争优势关系的研究 [D]．乌鲁木齐：新疆财经大学硕士学位论文，2016.

[333] 程源，雷家骕．企业技术源的演化趋势与战略意义 [J]．科学学与科学技术管理，2004（9）：74 - 77.

[334] 丛丽，张建平．科技进步与创新对现代企业管理的影响研究 [J]．企业改革与管理，2016（7）：10.

[335] 单娟，程杨，李倩倩．逆向创新研究脉络梳理与未来展望 [J]．科技进步与对策，2014（21）：6 - 10.

[336] 刁玉柱，白景坤．商业模式创新的机理分析 [J]．管理学报，2012（9）：71 - 81.

[337] 丁焕明，魏凤．基于扎根理论的商业模式创新生成机理研究 [J]．西安电子科技大学学报（社会科学版），2015（5）：13 - 19.

[338] 范柏乃，班鹏．基于 SD 模拟的企业自主创新财税政策激励研究 [J]．自然辩证法通讯，2008，30（3）：49 - 56.

[339] 范承泽，胡一帆，郑红亮．FDI 对国内企业技术创新影响的理论与实证研究 [J]．经济研究，2008（1）：89 - 102.

[340] 范黎波．互联网对企业边界的重新界定 [J]．当代财经，2004（3）：17 - 22.

[341] 方厚政．企业 R&D 外包的动机与风险浅析 [J]．国际技术经济研究，2005，8（4）：19 - 23.

[342] 方金城，张秀梅，朱斌．我国中小企业商业模式创新的途径分析与实证研究——以福建中小企业为例 [J]．长春工业大学学报（社会科学版），2010，22（4）：55 - 57.

[343] 方兴东，潘可武，李志敏，张静．中国互联网 20 年：三次浪潮和三大创新 [J]．当代中国史研究，2014（5）：3 - 14.

[344] 冯锋，张雷勇，高牟，马雷．两阶段链视角下科技投入产出链效率研究——来自我国 29 个省市数据的实证 [J]．科学学与科学技术管理，2011（8）：

33 – 38.

［345］冯华，陈亚琦．平台商业模式创新研究——基于互联网环境下的时空契合分析［J］．中国工业经济，2016（3）：99 – 113.

［346］冯雪飞，董大海．商业模式创新中顾客价值主张影响因素的三棱锥模型——基于传统企业的多案例探索研究［J］．科学学与科学技术管理，2015（9）：138 – 147.

［347］傅家骥．技术创新学［M］．北京：清华大学出版社，1998：137 – 138.

［348］傅强，邹晓峰，郜琳琳．技术管理研究领域的最新进展及其评价［J］．科学学与科学技术管理，2006（4）：32 – 38.

［349］高闯，关鑫．企业商业模式创新的实现方式与演进机理——一种基于价值链创新的理论解释［J］．中国工业经济，2006（11）：83 – 90.

［350］高莉莉．企业商业模式创新路径研究［D］．武汉：武汉理工大学硕士学位论文，2010.

［351］龚丽敏，魏江，董忆，江诗松，周江华，向永胜．商业模式研究现状和流派识别：基于 1997 ~ 2010 年 SSCI 引用情况的分析［J］．市场营销，2013，25（26）：131 – 140.

［352］巩永华．ICT 助力节能减排的影响因素和途径研究［J］．价值工程，2014（31）：183 – 184.

［353］郭毅夫．商业模式创新与企业竞争优势：内在机理及实证研究［D］．上海：东华大学博士学位论文，2009.

［354］何庆丰，陈武，王学军．直接人力资本投入、R&D 投入与创新绩效的关系——基于我国科技活动面板数据的实证研究［J］．技术经济，2009（4）：1 – 9.

［355］和经纬．中国公共政策评估研究的方法论取向：走向实证主义［J］．中国行政管理，2008（9）：118 – 124.

［356］和矛，李飞．行业技术轨道的形成及其性质研究［J］．科研管理，2006，27（1）：35 – 39.

［357］胡保亮．商业模式创新、技术创新与企业绩效关系：基于创业板上市企业的实证研究［J］．科技进步与对策，2012，29（3）：95 – 100.

［358］胡红梅．经济转型中 ICT 产业对电子商务的作用［N］．中国经济时报，2014－07－22.

［359］胡永平．政府补贴、技术来源与创新绩效——基于重庆大中型工业企业的实证研究［J］．技术经济与管理研究，2014（7）：46－50.

［360］胡哲一．技术创新的概念与定义［J］．科学学与科学技术管理，1992（5）：47－50.

［361］黄江明，赵宁．资源与决策逻辑：北汽集团汽车技术追赶的路径演化研究［J］．管理世界，2014（9）：120－130.

［362］黄佐钘，许长新．管理创新在经济增长中的贡献分析——进步贡献率高于全国平均水平的原因［J］．科技与经济，2005，18（1）：11－14.

［363］吉峰，周敏．并购获取技术决策与实施流程［J］．集团经济研究，2005（3）：41－42.

［364］江静．公共政策对企业创新支持的绩效——基于直接补贴与税收优惠的比较分析［J］．科研管理，2011，32（4）：1－8，50.

［365］蒋为，陈轩瑾．外包是否影响了中国制造业企业的研发创新——基于微观数据的实证研究［J］．国际贸易问题，2015（5）：92－102.

［366］金雪军，欧朝敏，李杨．技术引进对我国 R&D 投入总量和结构的影响［J］．科研管理，2008，29（1）：97－101，163.

［367］匡跃辉．科技政策评估：标准与方法［J］．科学管理研究，2005（10）：64－70.

［368］赖元薇，傅慧芬．商业模式创新与营销定价策略研究［J］．现代管理科学，2016（4）：30－32.

［369］乐琦，蓝海林，蒋峦．技术创新战略与企业竞争力——基于中国高技术行业中本土企业与外资企业的比较分析［J］．科学学与科学技术管理，2008（10）：17－52.

［370］李东，王翔．基于 Meta 方法的商业模式结构与创新路径［J］．大连理工大学学报（社会科学版），2006，27（3）：7－12.

［371］李光泗，沈坤荣．技术引进方式、吸收能力与创新绩效研究［J］．中国科技论坛，2011（11）：15－20.

［372］李国刚，许明华．联想并购以后［M］．北京：北京大学出版社，

2010：1 –30.

［373］李国平，陈福明，仇荣国等．地方科技政策法规绩效评估与建议［J］．科技进步与对策，2009，26（2）：87 –90.

［374］李海舰，田跃新，李文杰．互联网思维与传统企业再造团［J］．中国工业经济，2014（10）：135 –146.

［375］李红．中美互联网企业商业模式创新比较研究［D］．北京：中国科学院大学博士学位论文，2011.

［376］李磊．技术引进与 R&D 的关联机制研究——以上海市大中型工业企业为例［J］．南开管理评论，2007，10（3）：70 –76.

［377］李琳．韩国的自主创新之路［J］．科学决策，2006（3）：49 –50.

［378］李培馨，谢伟．影响技术并购效果的关键因素［J］．科学学与科学技术管理，2011，32（5）：5 –10.

［379］李伟铭，崔毅，陈泽鹏等．技术创新政策对中小企业创新绩效影响的实证研究——以企业资源投入和组织激励为中介变量［J］．科学学与科学技术管理，2008，29（9）：61 –65.

［380］李文莲，夏健明．基于"大数据"的商业模式创新［J］．中国工业经济，2013（5）：83 –95.

［381］李文莲．基于社会"碎片化"的商业模式创新［J］．改革与战略，2014，（7）：53 –55.

［382］李文越．ICT 技术在交通运输行业的应用［J］．中国科技纵横，2016（3）：27 –28.

［383］李先江．营销创新对市场导向和营销绩效间关系的中介效应研究［J］．管理评论，2009（11）：52 –57.

［384］李新春，韩剑，李炜文．传承还是另创领地？——家族企业二代继承的权威合法性建构［J］．管理世界，2015（6）：110 –124.

［385］李颖灏．关系营销导向对营销创新的影响研究［J］，科研管理，2012（3）：43 –48.

［386］李玉琼，朱秀英．丰田汽车生态系统创新共生战略实证研究［J］．管理评论，2007，19（6）：15 –20.

［387］李征，赵晓巍．技术突破性、外部性与企业技术并购［J］．集团经济

研究，2007（3）：41－42.

［388］李正卫，池仁勇，Millman C..技术引进和出口贸易对自主研发的影响——浙江高技术产业的实证研究［J］.科学学研究，2010，28（10）：1495－1501

［389］李正卫.技术动态性、组织学习与技术追赶：基于技术生命周期的分析[J].科技进步与对策，2005（7）：8－11.

［390］李志强，赵卫军.企业技术创新与商业模式创新的协同研究［J］.中国软科学，2012（10）：117－124.

［391］李子奈，鲁传一.管理创新在经济增长中贡献的定量分析［J］.清华大学学报（哲学社会科学版），2002，17（2）：25－31.

［392］梁华，张宗益.我国本土高技术企业技术创新渠道源研究[J].科研管理，2001，32（6）：26－35.

［393］廖毅敏.信息通信技术应用与生产性服务业的创新发展［J］.中国信息界，2012（8）：11－15.

［394］林海芬，苏敬勤.基于内部促进者视角的管理创新引进机制研究［J］.科研管理，2010，31（6）：136－143.

［395］林毅夫.发展战略、自生能力和经济收敛［J］.经济学季刊，2002（2）：284－314.

［396］刘东.企业边界的多种变化及其原因[J].中国工业经济，2005（3）：92－99.

［397］刘国亮，赵英才.区域电信技术进步与创新的贡献率测算［J］.长春邮电学院学报，2000（3）：12－17.

［398］刘洪伟，李纪珍，王彦.技术学习成本及其影响因素分析［J］.科研管理，2007，28（5）：1－8.

［399］刘建刚，钱玺娇."互联网＋"战略下企业技术创新与商业模式创新协同发展路径研究——以小米科技有限公司为案例［J］.科技进步与对策，2016（1）：89－94.

［400］刘建新等.后发国家产业技术追赶模式新探：单路径、双路径与多路径[J].科学学与科学技术管理，2011，32（11）：93－99.

［401］刘开勇.企业技术并购战略与管理［M］.北京：中国金融出版

社，2004.

[402] 刘小鲁．我国创新能力积累的主要途径：R&D，技术引进，还是FDI？[J]．经济评论，2011（3）：88-96.

[403] 刘晓娴，胡兴球．互联网企业创新途径探讨——以亚马逊公司为例[J]．商业经济研究，2015（26）：95-96.

[404] 刘瑶，丁妍．中国ICT产品的出口增长是否实现了以质取胜：基于三元分解及引力模型的实证研究［J］．中国工业经济，2015，1（1）：52-64.

[405] 柳卸林．技术创新经济学［M］．北京：中国经济出版社，1993.

[406] 卢碧玲．企业网络、知识管理能力与技术创新绩效——基于资源的技术创新观的实证研究［D］．衡阳：南华大学硕士学位论文，2013.

[407] 卢晓勇，胡平波，李红．基于模仿创新的我国企业组织战略选择[J]．技术经济，2005（9）：58-60.

[408] 路风，慕玲．本土创新、能力发展和竞争优势——中国VCD/DVD工业的发展及其对政府作用的政策含义［J］．管理世界，2003（12）：57-82.

[409] 吕本波．基于要素协同的企业商业模式创新途径研究［J］．对外经贸，2014（4）：105-107.

[410] 罗珉，李亮宇．互联网时代的商业模式创新：价值创造视角［J］．中国工业经济，2015（1）：95-107.

[411] 罗珉，曾涛，周思伟．企业商业模式创新：基于租金理论的解释［J］．中国工业经济，2005（7）：73-81.

[412] 罗倩，李东．基于价值维度的商业模式分类方法研究——以战略新兴产业样本数据为例［J］．软科学，2013，27（7）：18-23.

[413] 罗宜美．中小企业技术创新基金项目评价方法研究[J]．科学学与科学技术管理．2007（2）：90-94.

[414] 罗仲伟，任国良，焦豪，蔡宏波，许扬帆．动态能力、技术范式转变与创新战略——基于腾讯微信"整合"与"迭代"微创新的纵向案例分析［J］．管理世界，2014（8）：152-168.

[415] 马家喜，金新．一种以企业为主导的"产学研"集成创新模式——基于合作关系与控制视角的建模分析［J］．科学学研究，2014（1）：130-138.

[416] 马九杰，薛丹琦．信息通信技术应用与金融服务创新：发展中国家经

验分析［J］. 贵州社会科学，2012（6）：47－52.

［417］马骏. 中国公共行政学研究的反思：面对问题的勇气［J］. 中山大学学报（社会科学版），2006，46（3）：73－76.

［418］买忆媛，李逸，安然. 企业家行业地位对产品创新的影响［J］. 管理学报，2016（3）：415－424.

［419］毛其淋，许家云. 政府补贴对企业新产品创新的影响——基于补贴强度"适度区间"的视角［J］. 中国工业经济，2015（6）：94－107.

［420］梅姝娥，吴玉怡. 价值网络视角下技术交易平台商业模式研究［J］. 科技进步与对策，2014（6）：1－5.

［421］牟莉莉，汪克夷，钟琦. 企业专利保护行为动机研究述评［J］. 科研管理，2009，30（3）：79－88.

［422］年志远. 中小企业技术创新的模式选择——模仿创新［J］. 科学管理研究，2004，22（6）：19－21.

［423］聂锐. 论管理对经济增长的贡献［J］. 中国矿业大学学报，2001，6（2）：67－70.

［424］彭灿. 模仿创新的特性与营销环境分析［J］. 中国科技论坛，2003（3）：32－34.

［425］彭新敏，吴晓波，卫冬苇. 基于技术能力增长的企业技术获取模式研究［J］. 科研管理，2008（3）：28－31，59.

［426］戚耀元，戴淑芬，葛泽慧. 基于技术创新与商业模式创新耦合关系的企业创新驱动研究［J］. 科技进步与对策，2015（21）：89－93.

［427］其格其，高霞，曹洁琼. 我国 ICT 产业产学研合作创新网络结构对企业创新绩效的影响［J］. 科研管理，2016（37）：110－115.

［428］秦晓蕾，杨东涛，魏江茹. 制造企业创新战略、员工培训与企业绩效关系实证研究［J］. 管理学报，2007，4（3）：354－357.

［429］曲振涛，周正，周方召. 网络外部性下的电子商务平台竞争与规制——基于双边市场理论的研究山［J］. 中国工业经济，2010（4）：120－129.

［430］任福安. 中小企业商业模式创新阻力的实证分析［J］. 经济师，2013（2）：48－49.

［431］任海云. R&D 投入与企业绩效关系的调节变量综述［J］. 科技进步与

对策，2011（3）：155－160.

［432］任海云．公司治理对 R&D 投入与企业绩效关系调节效应研究［J］.
管理科学，2011（10）：37－47.

［433］任红军，梁巧转．企业的创新能力、行业地位与员工离职意图的关系
研究［J］.南开管理评论，2005（4）：50－59.

［434］任若恩，孙琳琳．我国行业层次的 TFP 估计：1981～2000［J］.经济
学（季刊），2009（3）：925－950.

［435］芮明杰．论有效管理[J].科学学与科学技术管理，1988（6）：8－9.

［436］尚光剑．顾客价值创新驱动的商业模式变迁研究［D］.长沙：东南
大学硕士学位论文，2007.

［437］施莉，胡培．信息技术对中国 TFP 增长影响估算：1980～2003［J］.
预测，2008（3）：1－7.

［438］施培公．后发优势——模仿创新的理论与实证研究［M］.北京：清
华大学出版社，1999.

［439］司徒达贤．知识管理、创新与组织学习之研究［J］.国科会研究计
划，1999.

［440］苏敬勤，林海芬．管理创新研究视角评述及展望［J］.管理评论，
2010（9）：1343－1357.

［441］苏敬勤，林海芬．管理者社会网络、知识获取与管理创新引进水平
［J］.研究与发展管理，2011（6）：25－33.

［442］苏敬勤，孙大鹏．资源外包的理论与管理研究［M］.大连：大连理
工大学出版社，2006.

［443］孙建，吴利萍，齐建国．技术引进与自主创新：替代或互补［J］.科
学学研究，2009，27（1）：133－138.

［444］孙连才，王宗军．基于动态能力理论的商业生态系统下企业商业模式
指标评价体系［J］.管理世界，2011（5）：184－185.

［445］孙琳琳，郑海涛，任若恩．信息化对中国经济增长的贡献：行业面板
数据的经验证据[J].世界经济，2012（2）：3－25.

［446］孙玮，王九云，成力为．技术来源与高技术产业创新生产率——基于
典型相关分析的中国数据实证研究［J］.科学学研究，2010（7）：1088－1091.

[447] 孙文杰，沈坤荣．技术引进与中国企业的自主创新：基于分位数回归模型的经验研究［J］．世界经济，2007（11）：32 - 43.

[448] 孙玉涛，刘凤朝．能力导向的中国技术引进溢出效应［J］．科学学与科学技术管理，2011，32（9）：11 - 16.

[449] 孙早，宋炜．企业 R&D 投入对产业创新绩效的影响——来自中国制造业的经验证据［J］．数量经济技术经济研究，2012（4）：49 - 63.

[450] 孙忠娟，谢伟，贾哲．模仿的陷阱研究［J］．研究与发展管理，2012，24（1）：1 - 10.

[451] 孙忠娟，谢伟．中国企业技术并购的经营业绩研究［J］．科学学研究，2012，30（12）：1824 - 1829.

[452] 谈毅，全允桓．韩国国家科技计划评估模式分析与借鉴［J］．外国经济与管理，2004（6）：46 - 49.

[453] 唐承鲲，徐明．顾客参与互联网企业服务创新影响机制研究［J］．湖南社会科学，2016（3）：144 - 149.

[454] 唐春晖，唐要家．技术模式与中国产业技术追赶［J］．中国软科学，2006（4）：59 - 65.

[455] 田志龙，盘远华．高海涛商业模式创新途径探讨［J］．经济与管理，2006，20（1）：42 - 45.

[456] 汪斌，余冬筠．中国信息化的经济结构效应分析——基于计量模型的实证研究［J］．中国工业经济，2004（7）：21 - 28.

[457] 汪凌勇，杨超．国外创新政策评估实践与启示［J］．科技管理研究，2010（15）：29 - 30.

[458] 汪涛，何昊，诸凡．新产品开发中的消费者创意——产品创新任务和消费者知识对消费者产品创意的影响［J］．管理世界，2010（2）：80 - 91.

[459] 汪应洛．服务外包概论［M］．西安：西安交通大学出版社，2007.

[460] 王昌林，蒲勇健．企业技术创新中的控制权激励机制研究［J］．管理工程学报，2005（3）：52 - 55.

[461] 王东生．平台战略——重塑航运企业盈利模式［J］．中国远洋航务，2014（5）：2.

[462] 王方瑞．基于技术变革分类的技术追赶过程研究［J］．管理工程学

报，2011，25（4）：235－242.

［463］王海．中国企业海外并购经济后果研究——基于联想并购 IBM PC 业务的案例分析［J］．管理世界，2007（2）：94－119.

［464］王岚．现代工业物流企业商业模式与服务创新——多案例比较分析［J］．中国流通经济，2014（10）：36－43.

［465］王谦．中国企业技术获取型跨国并购研究［M］．北京：经济科学出版社，2010.

［466］王茜．IT 驱动的商业模式创新机理与路径研究［J］．管理学报，2011，8（1）：126－132.

［467］王琴．基于价值网络重构的企业商业模式创新［J］．中国工业经济，2011（1）：79－88.

［468］王生金．平台企业商业模式分类与演进研究——以网络平台企业为主要研究对象［D］．上海：东华大学博士学位论文，2014.

［469］王树平．基于知识管理的企业技术创新能力研究［D］．济南：山东大学硕士学位论文，2006.

［470］王文剑．中小企业 ICT 解决方案初探［J］．通信世界，2007（18）：23－24.

［471］王武军．颠覆性技术的"摇篮"高明在哪儿［N］．光明日报，2016－05－14.

［472］王鑫鑫，王宗军．国外商业模式创新研究综述［J］．外国经济与管理，2009（12）：33－38.

［473］王轩，杨天剑，舒华英．信息通信技术碳减排贡献研究［J］．中国软科学，2010（1）：144－148.

［474］王雪冬，董大海．商业模式创新概念研究述评与展望［J］．外国经济与管理，2013，35（11）：29－36.

［475］王雪冬，董大海．商业模式的学科属性和定位问题探讨与未来研究展望［J］．外国经济与管理，2012，34（3）：2－9.

［476］王艳，缪飞．基于产业融合论的企业商业模式创新驱动机制研究［J］．改革与战略，2012，28（2）：149－152.

［477］王燕妮，张永安．汽车核心企业内外创新网络对创新绩效的影响机理

研究 [J]. 经济管理, 2013, 35 (4): 141 – 152.

[478] 王燕妮. 浅谈 OTO 商业模式下传统企业营销策略创新 [J]. 大连大学学报, 2014 (2): 14 – 18.

[479] 王仰东. 科技型中小企业技术创新基金项目评价方法 [J]. 现代化工, 2005 (7): 70 – 71.

[480] 王昱尧. 中国 ICT 产业发展及其对制造业影响的经济分析 [D]. 北京: 清华大学硕士学位论文, 2005.

[481] 魏后凯. 中国区域基础设施与制造业发展的差异 [J]. 管理世界, 2001 (6): 72 – 79.

[482] 魏江, 葛朝阳. 组织技术能力增长轨迹研究[J]. 科学学研究, 2001, 19 (2): 69 – 75.

[483] 魏江, 勾丽. 集群企业的模仿特征及模仿方式探析 [J]. 科学学与科学技术管理, 2008, 29 (2): 142 – 146.

[484] 魏江, 应瑛, 刘洋. 研发网络分散化, 组织学习顺序与创新绩效: 比较案例研究 [J]. 管理世界, 2014 (2): 137 – 151.

[485] 吴贵生, 高建. 创新与创业管理 (第6辑) [M]. 北京: 清华大学出版社, 2012.

[486] 吴贵生, 刘洪伟, 王彦. 学习成本与技术学习的路径选择——基于中国光纤光缆产业技术学习的经济学考察 [J]. 科学学研究, 2007, 25 (4): 718 – 723.

[487] 吴敬琏. 中国增长模式抉择 (第4版) [M]. 上海: 上海远东出版社, 2013.

[488] 吴先明, 苏志文. 将跨国并购作为技术追赶的杠杆: 动态能力视角 [J]. 管理世界, 2004 (4): 146 – 164.

[489] 吴晓波, 姚明明, 吴朝晖, 吴东. 基于价值网络视角的商业模式分类研究: 以现代服务业为例 [J]. 浙江大学学报 (人文社会科学版), 2014, 44 (2): 64 – 77.

[490] 吴晓波, 朱培忠, 吴东, 姚明明. 后发者如何实现快速追赶? ——一个二次商业模式创新和技术创新的共演模型 [J]. 科学学研究, 2013, 31 (11): 1726 – 1735.

［491］吴晓云，李辉．我国区域创新产出的影响因素研究——基于 ICT 的视角［J］．科学学与科学技术管理，2013，34（10）：69－76.

［492］吴延兵．不同所有制企业技术创新能力考察［J］．产业经济研究，2014（2）：53－63.

［493］伍蓓，陈劲．科学、科技创新政策的含义界定与比较分析［J］．科学学与科学技术管理，2007（10）：68－74.

［494］武亚军．战略规划如何成为竞争优势：联想的实践及启示［J］．管理世界，2007（4）：118－129.

［495］武亚军．中国本土新兴企业的战略双重性：基于华为、联想、海尔实践的理论探索［J］．管理世界，2009（12）：120－136.

［496］夏清华，娄汇阳．商业模式刚性：组成结构及其演化机制［J］．中国工业经济，2014（8）：148－160.

［497］夏重川，徐静霞．我国企业战略管理的现状及对策［J］．辽宁经济，2006（3）：91.

［498］谢伟，孙忠娟，贾哲．模仿的来源，动力及过程：多案例研究［J］．创新与创业管理，2012，24（1）：1－30.

［499］谢伟，孙忠娟，李培馨．影响企业技术并购绩效的关键因素研究［J］．科学学研究，2011，29（2）：245－251.

［500］谢伟，孙忠娟，周巍，模仿的国外研究及验证［J］．科技进步与对策，2011，28（12）：156－160.

［501］谢伟，周巍，孙忠娟．制造企业模仿活动的路径及其影响因素：多案例研究［J］．科学学与科学技术管理，2011，32（12）：132－136.

［502］谢伟．管理"模仿"的方法，清华大学人文社科振兴基金项目申请报告，2006.

［503］谢伟．管理学习的定义、特点及影响因素［J］．科学学与科学技术管理，2008，29（10）：179－183.

［504］谢伟．模仿的定义、重要性及其分类［J］．科学管理研究，2008（3）：24－27.

［505］徐娜娜，徐雨森．资源、创新网络与后发企业逆向创新的协同演化——基于海尔集团的纵向案例研究［J］．管理评论，2016，28（6）：

216 – 228.

[506] 徐思雅. 服务创新能力对企业绩效的影响：商业模式新颖性设计的调节作用 [D]. 杭州：浙江大学硕士学位论文，2014.

[507] 徐伟青，黄孝俊. 口碑传播的影响力要素及其对营销创新的启示 [J]. 外国经济与管理，2004，26（6）：26 – 30.

[508] 徐欣. 企业自主研发与技术引进的协同——平衡效应 [J]. 经济管理，2013，35（7）：47 – 55.

[509] 徐旭. 大股东控制权视角下股权激励对企业创新投入的影响研究 [D]. 长沙：湖南大学硕士学位论文，2014.

[510] 严焰，池仁勇. R&D 投入、技术获取模式与企业创新绩效——基于浙江省高技术企业的实证 [J]. 科研管理，2013（5）：48 – 55.

[511] 杨锴. 企业商业模式创新的概念及原则探析 [J]. 商业文化月刊，2011（12）：176.

[512] 杨伟，刘益，沈灏，王龙伟. 管理创新与营销创新对企业绩效的实证研究——基于新创企业和成熟企业的分类样本 [J]. 科学学与科学技术管理，2011（3）：67 – 72.

[513] 杨曦东. 企业家导向、外部知识获取与产品创新的关系研究 [J]. 科学学与科学技术管理，2009（5）：51 – 55.

[514] 尤建新，陈震，邵鲁宁. 产业间 R&D 溢出对创新产出的动态效应研究——基于上海大中型工业企业的实证研究 [J]. 科学学与科学技术管理，2011（4）：52 – 57.

[515] 尤完，卢彬彬. 基于"互联网 +"环境的建筑业商业模式创新类型研究 [J]. 北京建筑大学学报，2016（3）：150 – 154.

[516] 于海波等. 中国企业开发式学习与利用式学习平衡的实证研究 [J]. 科研管理，2008，29（6）：137 – 144.

[517] 于剑，李艳伟. 管理效率、技术进步与生产率增长——基于中美航空公司的比较 [J]. 中国民航大学学报，2008，26（6）：42 – 47.

[518] 袁建国，后青松，程晨. 企业政治资源的诅咒效应——基于政治关联与企业技术创新的考察 [J]. 管理世界，2015（1）：139 – 155.

[519] 原磊. 国外商业模式理论研究评价 [J]. 外国经济与管理，2007，29

（10）：17－20.

［520］曾楚宏，林丹明.信息技术应用与企业边界的变动［J］.中国工业经济，2004（10）：69－75.

［521］曾楚宏，朱仁宏，李孔岳.基于价值链理论的商业模式分类及其演化规律［J］.财经科学，2008（6）：102－110.

［522］曾国屏，苟尤钊，刘磊.从"创新系统"到"创新生态系统"［J］.科学学研究，2013，31（1）：4－12.

［523］曾萍，宋铁波.基于内外因素整合视角的商业模式创新驱动力研究［J］.管理学报，2014，11（7）：989－996.

［524］詹湘东.知识管理与企业技术创新协同关系研究［J］.技术经济与管理研究，2011，（11）：42－45.

［525］张戟.长春高新技术产业开发区国家创新基金项目效果评价研究［D］.长春：吉林大学硕士学位论文，2004.

［526］张建.论ICT对农业的改造和影响［J］.贵州农业科学，2006，34（2）：119－120.

［527］张婧，段艳玲.市场导向均衡对制造型企业产品创新绩效影响的实证研究［J］.管理世界，2010（12）：119－130.

［528］张军，吴桂英，张吉鹏.中国省际物质资本存量估算：1952～2000［J］.经济研究，2004（10）：35－44.

［529］张立超，刘怡君.技术轨道的跃迁与技术创新的演化发展［J］.科学学研究，2015，33（1）：137－145.

［530］张米尔，田丹.从引进到集成：技术能力成长路径转变研究——"天花板"效应与中国企业的应对策略［J］.公共管理学报，2008（1）：84－90.

［531］张娜娜，付清芬，王砚羽，谢伟.互联网企业创新子系统协同机制及关键成功因素［J］.科学学与科学技术管理，2014（3）：77－85.

［532］张婷婷，原磊.基于"3－4－8"构成体系的商业模式分类研究［J］.中央财经大学学报，2008（2）：79－85.

［533］张维亚，严伟.基于结构方程模型的ICT对旅游体验影响研究［J］.技术经济与管理研究，2013（10）：3－7.

［534］张锡忠.管理也是生产力［J］.聊城师范学院学报，1996（3）：

126 – 129.

[535] 张小蒂，王中兴．中国 R&D 投入与高技术产业研发产出的相关性分析 [J]．科学学研究，2008（6）：526 – 529.

[536] 张新香．商业模式创新驱动技术创新的实现机理研究——基于软件业的多案例扎根分析[J]．科学学研究，2015，33（4）：616 – 626.

[537] 张之光，蔡建峰．国家层面信息技术价值及"生产率悖论"研究 [J]．科研管理，2013，34（7）：154 – 160.

[538] 张中元．企业技术研发外包对引入新产品的影响 [J]．国际贸易问题，2015（7）：67 – 76.

[539] 章祥荪，贵斌威．中国全要素生产率分析：Malmquist 指数法评述与应用[J]．数量经济技术经济研究，2008（6）：111 – 122.

[540] 赵付春．企业微创新特性和能力提升策略研究 [J]．科学学研究，2012（10）：1579 – 1583.

[541] 赵立龙，魏江，郑小勇．制造企业服务创新战略的内涵界定、类型划分与研究框架构建 [J]．外国经济与管理，2012（9）：59 – 65.

[542] 赵立龙，魏江．制造企业服务创新战略与技术能力的匹配——华为案例研究 [J]．科研管理，2015，36（5）：118 – 126.

[543] 赵振（2015）"互联网＋"跨界经营：创造性破坏视角 [J]．中国工业经济，2015（10）：146 – 160.

[544] 肇先，郝晓艳，长青．关于建立科技创新基金评价体系的思考 [J]．科学管理研究，2008，26（3）：20 – 23.

[545] 甄珍．外源性研发与企业绩效——基于网络资源观的研究 [D]．北京：中国人民大学硕士学位论文，2010.

[546] 郑刚，梁欣．如全面协同：创新制胜之道——技术与非技术要素全面协同机制研究 [J]．科学学研究，2006（24）：268 – 273.

[547] 郑恺．实际汇率波动对我国出口的影响——基于 SITC 比较 [J]．财贸经济，2006（9）：37 – 42.

[548] 仲为国，彭纪生，孙文祥等．政策测量、政策协同与技术绩效：基于中国创新政策的实证研究（1978～2006）[J]．科学学与科学技术管理，2009，30（3）：54 – 60 + 95.

［549］周德祥 . 公共政策评估研究述评［J］. 宁夏党校学报，2008，10（2）：62 – 65.

［550］周卫民 . 非体现型技术进步外生于经济增长吗？——管理要素的视角［J］. 科学学与科学技术管理，2011，32（9）：102 – 110.

［551］朱瑞博，刘志阳，刘芸 . 架构创新、生态位优化与后发企业的跨越式赶超——基于比亚迪、联发科、华为、振华重工创新实践的理论探索［J］. 管理世界，2011（7）：69 – 97.

［552］朱文 . ICT 产业对传统工业技术溢出效应的实证研究［D］. 南京：南京航空航天大学硕士学位论文，2014.